AMANDO
UN DIA
A LA VEZ

*366 reflexiones diarias
para descubrir el poder transformador
del amor de pareja*

CECILIA ALEGRIA
LA DRA. AMOR

ISBN-13: 978-0692363669
ISBN-10:0692363661

EN MEMORIA DE MI ESPOSO JORGE,
A QUIEN TANTO AME

AMANDO UN DIA A LA VEZ

ENERO 1

LOS PLANES DE DIOS
PARA TU VIDA MATRIMONIAL

"Porque yo sé muy bien los planes que tengo para ustedes —afirma el Señor—, planes de bienestar y no de calamidad, a fin de darles un futuro y una esperanza." (Jeremías 29:11)

La actitud de una pareja ganadora, de un matrimonio que desea sobrevivir a todas las crisis, las tormentas y las grandes pruebas de la vida conyugal, debe ser una actitud positiva, optimista, esperanzadora con respecto a su futuro. Nada mejor que el primer día del año para renovar los votos de amor de pareja, fortaleciendo los vértices del triángulo conformado por los tres elementos constitutivos del amor: EROS (pasión), FILEO (amistad) Y AGAPE (amor incondicional basado en el compromiso de amarse eternamente).

Un día como hoy es un día perfecto para meditar sobre los aspectos de nuestro amor de pareja en los que tenemos que trabajar más en pos de cambios favorables. Las parejas creyentes cuentan con una gran ventaja: un Dios todopoderoso para quien nada es imposible. Mientras EL se encuentre en el centro de nuestra relación, mientras Dios sea nuestra roca, nuestra fortaleza y nuestro socorro, no habrá problema en este nuevo año que no podamos solucionar juntos, ni obstáculo que no podamos salvar tomados de la mano.

ENERO 2

PERDONAR, OLVIDAR Y VOLVER A MIRAR SUS VIRTUDES

"No se acuerden de las cosas pasadas, ni traigan a la memoria las cosas antiguas."(Isaias 43:18)

Cuán importante es darse una segunda, tercera o enésima oportunidad como pareja cada inicio de año. Es que acaso no hemos sido perdonados por Dios una y mil veces? Al empezar un año nuevo nuestra mente debe deliberadamente hacer énfasis en las virtudes de nuestro cónyuge otra vez, por el bien de nuestra relación, por el bien de nuestro amor.

Cuántas veces en los anteriores 12 meses nos dedicamos solamente a ver los defectos de nuestro ser amado...y con lupa? Eso es lo común cuando la rutina y el aburrimiento hacen de las suyas en la relación amorosa. Es hora de dejar los anteojos oscuros de lado, ésos que nos conducen a ver lo malo en el otro.

Es hora de voltear la página. Dejemos de llorar sobre la leche derramada. Hagamos borrón y cuenta nueva. Perdonemos de corazón. Olvidemos lo sucedido. Acaso no es verdad que lo pasado, pasado está? He aquí que cuando hay amor todas las cosas son hechas nuevas a través del perdón.

Aunque puede ser muy difícil hacerlo, debe haber una renovada actitud en tu corazón de perdonar y bendecir a tu cónyuge.

ENERO 3

PROPOSITOS SEXUALES DE LAS ESPOSAS

Todo matrimonio puede ser mejorado, dándole mayor protagonismo al lecho conyugal. Una buena esposa tiene que desinhibirse para satisfacer los naturales deseos de su marido en el campo sexual. La siguiente lista de propósitos puede revitalizar su matrimonio.

1)**Hazlo más veces**

Aumentar la frecuencia de tus relaciones sexuales: 3 veces por semana es la frecuencia recomendada por los médicos.

2) **Toma la iniciativa**

Sorpréndelo, demuestra que lo deseas. Lo hará verte con otros ojos.

3) **Aprende más de sexo de buenas fuentes:** recuerda que la pornografía NO es una opción.

4) **Proponte ser multiorgásmica: Logra más de un orgasmo**

Es sólo cuestión de práctica: cuando llegues al clímax, no le pidas a tu esposo que se detenga. Relájate, descansa unos segundos y vuelvan a empezar.

5) **Viajes o escapadas de fin de semana**

Nada mas revitalizante que escaparse a un hotel perdido con jacuzzi en la habitación. Sin teléfono, sin niños, sin prisas, sólo él y tú.

Renueven su amor con mayor intimidad y placer. Recuerden que son "una sola carne".

ENERO 4
SEPULTEMOS EL PASADO Y ABRACEMOS NUESTRO CAMBIO

Este es uno de los versos más conocidos de los cristianos pero pocos aplican tan poderoso mensaje a su vida conyugal.

Qué pasa cuando una pareja acepta a Jesucristo como su Salvador y Señor al mismo tiempo?...Pues sucede algo sobrenatural sin duda...Y aunque los tiempos de cada uno sean diferentes, basta con que uno de ellos nazca de nuevo, aceptando la purificación de sus pecados a través de la sangre de Jesucristo derramada en la cruz. para que la dinámica de la relación se vea alterada completamente... y para bien, por supuesto!

Cuando uno de los dos -o mejor aún los dos- nacen nuevamente en el Espíritu, la presencia de Dios en sus vidas se vuelve más nítida, permanente e intensa. Una vez que uno de ellos o los dos están "en presencia de Dios" de manera constante, el amor hacia el otro resurge con mayor fuerza porque ahora se trata de amarse de manera sobrenatural, de la misma manera en que Dios nos ama.

Cuando aprendemos a amar a nuestra pareja como Cristo nos ama a nosotros, entonces y sólo entonces, conocemos el amor verdadero, el incondicional, el eterno.

ENERO 5

ACEPTAR AL OTRO COMO LEGITIMO YO EN LA CONVIVENCIA

En mi consulta privada suelo escuchar testimonios de hombres que se quejan porque sus esposas los quieren cambiar. "Me hace recordar tanto a mi madre", es una de las frases que más repiten. Cuando las damas justifican lo que a sus esposos tanto les desagrada, se disculpan aduciendo buenas intenciones. Y nadie duda que las tengan.

Mientras tanto, los caballeros no desean ser cambiados. Al marido le parece que si su mujer lo conoció así, si sabía cómo era él antes de casarse, contrajo matrimonio aceptándolo tal y como era. Por qué la esposa no se da cuenta de esto? Porque fue diseñada para ser "la ayuda idónea" de su esposo y no hay nada que ella anhele más que ayudarlo a ser mejor.

Cuando no lo logran, suelen asumir dos posturas:

1) Se decepcionan, se desalientan, se quedan a su lado pero frustradas y amargadas, o

2) Pierden toda esperanza con respecto al posible cambio de su hombre y optan por dejarlo.

La diferencia con la mujer cristiana es que ésta última escoge esperar en el Señor, como dice Isaías 43:31, orando, reconociendo que es Dios el único que puede cambiar a su marido.

ENERO 6

SER COMPASIVOS Y PENSAR LO MEJOR DEL OTRO

El gran ejemplo del Hijo de Dios en la cruz es el más bello, sublime y perfecto modelo a seguir cuando tenemos que perdonar a nuestro cónyuge.

Hagamos el "mea culpa" de inicio de año reconociendo que durante el año pasado Dios nos perdonó 70 veces siete o más nuestras fallas, errores, imperfecciones y pecados.

Si Dios nos sigue perdonando sin esperar que cambiemos radicalmente de la noche a la mañana sino más bien practicando compasión y misericordia con nosotros, por qué nosotros no podemos extender la misma gracia a nuestra pareja?...Ya es hora de que aprendamos a perdonar a otros de la misma manera en que nosotros hemos sido perdonados!

Reconozcamos que nuestro cónyuge no quiere hacernos daño cuando nos dice o hace algo que no nos gusta. Lo hace sin saber lo que hace. Lo dice sin saber lo que dice. Su intención no es mala. No quiere perjudicarnos o herirnos a propósito. Nuestro cónyuge no es un ser humano malévolo. Es un ser humano que se equivoca. Como tú y como yo.

Míralo con los ojos de compasión de Cristo.

ENERO 7

LA PUERTA ANGOSTA

Cuando elegimos el camino del pecado, individualmente o como pareja, cosechamos las consecuencias: oscuridad y muerte. Cuando elegimos el camino recto, la vía angosta, el sendero del Espíritu Santo, cosechamos las consecuencias: Dios nos premia con Su luz, Su paz, Su gozo y muchas otras bendiciones que sobreabundan!

Claro que la puerta angosta no suele ser placentera. Pero ése es el único camino que conduce a la vida eterna. Debemos renunciar individualmente y como pareja al egoísmo, el miedo, los malos pensamientos y las malas acciones, para caminar en el Espíritu. Crucificar la carne, como bien lo retrata Pablo en Gálatas 2:20 "Con Cristo estoy juntamente crucificado, y ya no vivo yo, mas vive Cristo en mí; y lo que ahora vivo en la carne, lo vivo en la fe del Hijo de Dios."

Uno de los grandes beneficios del matrimonio es que cuando se vive bíblicamente, es uno de los métodos más efectivos de crucificar la carme. Por qué? Porque en lo que amamos al otro desinteresadamente, nos sacrificamos por esa persona, por su felicidad y su beneficio, colocándonos en un segundo plano.

Suelo decir en los medios y en mis conferencias que el matrimonio -de la manera en que Dios lo ha concebido- es el perfecto antídoto para el egoísmo humano

ENERO 8

TODO MATRIMONIO PUEDE RESUCITAR

Muchos de mis pacientes vienen a mi consulta quejándose de que su relación está al borde de la muerte porque se van a separar o divorciar. Aducen que se les acabó el amor. Yo les digo que lo que se les ha acabado es la paciencia, la voluntad de sacrificarse por el otro, de aguantar y soportar lo que venga, con el tipo de amor AGAPE, desinteresado e incondicional, que Jesucristo nos enseñó.

La mayor parte de las veces, uno de los dos o los dos se han separado de Dios, se han secado espiritualmente, y esto ha contribuido a profundizar las crisis que todas las parejas experimentan. Lo que para otros matrimonios resulta soportable, para ellos, en el medio de su resentimiento, resulta imposible de aguantar. La primera recomendación que doy a este tipo de pareja, es que regresen, con dedicación de tiempo y verdadera devoción, a la fuente de amor que nunca se agota: Dios. Sólo con Su ayuda, con la guía de Su Palabra y Su Espíritu Santo, podemos volver a ver a nuestro cónyuge con ojos de compasión, con ojos de amor AGAPE.

No hay pareja que no pueda ser salvada de la muerte si eligen vivir en El Espíritu, acercándose a la fuente de la resurrección y la vida: Jesucristo, el Hijo de Dios.

ENERO 9

SIENDO COMPATIBLES

Cuando en mis conferencias para parejas hablo de los niveles de compatibilidad, distingo cinco niveles que facilitan la co-existencia pacífica, la satisfacción y la felicidad de pareja, siendo el más importante el espiritual.

1) El primer nivel es la atracción sexual, sin la cual los dos candidatos a pareja se quedarán de amigos solamente,

2) El segundo nivel está dado por la química (que es más importante que la atracción sexual porque cuando la pareja está fuera de la cama tiene que hacer "click" en muchos otros niveles),

3) La compatibilidad intelectual, que les dará harto tema de conversación a lo largo de la vida conyugal

4) La compatibilidad emocional, que supone estar en sintonía con los sentimientos, emociones y expectativas del otro.A mayor salud mental, mayores posibilidades de ser compatibles emocionalmente, y

5) La compatibilidad espiritual, sin la cual nada de lo anterior garantiza la supervivencia de la pareja, la preeminencia de la pareja sobre el tiempo y las crisis.

Las parejas que comparten los mismos valores, principios y objetivos espirituales y/o religiosos tienen alguien de su parte que los auxiliará en los momentos de crisis y adversidad: Dios.

ENERO 10

CUANDO LA PAREJA SE RINDE
A "SU" VOLUNTAD

Cuán fácil resultaría la vida matrimonial si las parejas se aprendieran de memoria Proverbios 3:5 y lo aplicaran a su vida diaramente. Sobre todo el hombre, quien no en vano fue creado primero y a quien Dios encargó el liderazgo de su hogar.

Cuando los varones se guían por su propia inteligencia y no reconocen a Dios en sus caminos, los problemas con la esposa afloran inmediatamente. Ella no acepta someterse a la autoridad de su esposo. Quiéralo o no, el varón está aquí cosechando lo que ha sembrado: él no se ha sometido a la autoridad divina...cómo puede luego exigir que su esposa lo respete?... Un hombre que reconoce que es el Señor es quien mejor puede orientarlo para tomar las decisiones correctas es un hombre que se somete a Dios, que se rinde a los pies de la cruz. Cuando una mujer se da cuenta de la forma en que su esposo se deja guiar por el Espíritu Santo, ella se vuelve mucho más mansa, paciente y respetuosa.

No hay mujer espiritual que se resista ante un marido que ora con ella y por ella, que la invita a leer la Biblia juntos, que es el primero en anunciarle a la familia que es domingo y todos van a la iglesia, que practica lo que predica. Un esposo así ejerce en el hogar una autoridad que viene de Dios.

ENERO 11

CUAL ES EL MEJOR METODO PARA RESOLVER NUESTROS CONFLICTOS?

"En cuanto a ustedes, los esposos, sean comprensivos con sus esposas. Denles el honor que les corresponde, teniendo en cuenta que ellas son más delicadas ... " (1 de Pedro 3:7)

Hoy tuve en consulta a una pareja joven que padece el mismo problema de la mayor parte de parejas: él pierde la paciencia cuando discuten porque para ella hay que HABLAR hasta agotar el tema (para aclarar lo sucedido y resolver el conflicto), mientras él quiere silencio para PENSAR y descansar de la sobrecarga emocional. Lo que ni el marido ni la mujer entienden es que la particular forma en que cada uno concibe la resolución de los conflictos es lo suficientemente opuesta como para agregar un motivo adicional para seguir discutiendo.

Las mujeres entienden que para resolver conflictos tienen que conversar, dialogar, expresar sentimientos. Los hombres prefieren acabar con la discusión lo antes posible para meditar acerca de lo ocurrido y buscar una solución en silencio. El varón se encierra en su cueva y desea que su mujer respete su necesidad de permanecer en ella. La esposa se atormenta y no puede hacer un alto en el camino porque desde su punto de vista nada se arreglará mientras no se hable sobre ello.

Cuál es la solución para esta especifica dificultad en

comunicarse entonces?La negociación requiere buena voluntad de ambas partes. Recomiendo que él le diga de manera suave y comprensiva, como bien sugiere el apóstol Pedro: tratándola como vaso más frágil, algo como lo siguiente: "Mujer, entiendo tu necesidad de continuar hablando sobre esto hasta que lleguemos a un acuerdo pero en este momento yo no puedo ni quiero seguir discutiendo...Te pido que me permitas pensar y meditar al respecto...Te prometo que mañana retomaremos el diálgo, de manera más calmada..." Lo ideal sería que él haga el esfuerzo de abrazarla (aunque no lo "sienta") y que fije una hora para la conversación pendiente y cumpla con lo prometido. A la esposa le corresponde respetar el deseo de su marido de no continuar con la discusión y dejar el asunto en paz.

ENERO 12

LA LUCHA DE LA ESPOSA QUE EL MARIDO DEBE LIBRAR CON ELLA

La mayor parte de los hombres no logran entender por qué la mayoría de mujeres son inseguras. La sociedad les dice a ellas que los hombres se desviven por mirar y codiciar a otras y que es por esto que la pornografía es la industria más lucrativa en internet actualmente.

Las muchas mujeres que vienen a mi consulta me confiesan que no soportan que sus maridos miren a otras mujeres estando ellas presentes. Que no aguantan que ellos sigan a la mujer seductora con su mirada. Los esposos me dicen que sus mujeres exageran la nota, que ellos no tienen ojos lujuriosos, que solamente contemplan la belleza femenina como quien contempla una obra de arte.

El punto a considerar aquí es: De qué manera puede contribuir el hombre a incrementar la seguridad de su mujer? No es a través de su mirada posada en otras mujeres, cualquiera sea la excusa que él tenga para hacer esto.

Así como los hombres exigen ser respetados, lo mismo desea la esposa. Ella anhela ser el centro de atención de su hombre. La mayoría de damas no cree que el marido se va a ir detrás de esa otra, pero se sienten dejadas de lado, desplazadas, desprotegidas. Lo que ella desea es ser la niña de sus ojos. Si el esposo hace un esfuerzo por hacerla sentir de esa manera, ella florecerá en belleza, seguridad y tranquilidad.

ENERO 13

EL MERECE TU RESPETO

Como queda claro en la Biblia, Dios no tuvo que pedirle a la esposa que amara a su marido porque es algo tan natural en ella que cae por su propio peso. Tuvo que pedirle que respetara a su esposo porque es algo que ella tiene que aprender, para la armonía en su relación de pareja y para la felicidad de su hogar.

Si la esposa practica el respeto, sus hijos también lo harán. El respeto comienza cuando una esposa honra el liderazgo de su esposo, no porque él sea superior, si no porque es la persona a quien Dios vistió de autoridad en el hogar. El respeto no está dirigido al hombre sino a la autoridad que hay en él porque Dios lo estableció así. Cuando una esposa entiende esto, respetará y se sujetará a su marido de buen agrado, porque su mirada está puesta en Dios y no en su esposo.

Una esposa respetuosa apoya, levanta y fomenta el liderazgo de su marido con palabras y acciones. Respalda su autoridad delante de sus hijos. Resalta sus capacidades. Lo alienta. Lo acepta tal como es y ora por su debilidad. No lo critica ni quiere controlar. Lo comprende en momentos de angustia o tensión. Lo trata con la mayor cortesía y delicadeza. Atiende sus necesidades sexuales, emocionales y físicas. No le echa en cara los errores del pasado. Lo admira, para que él sienta que es su héroe y el de su familia.

ENERO 14

EL TIPO DE MARIDO QUE LA MUJER RESPETA

"Porque el marido es cabeza de la mujer, así como Cristo es cabeza de la iglesia" (Efesios 5:23)

Cuando el marido se convierte en un ejemplo viviente de lo que ser un seguidor de Jesucristo supone, sobre todo porque trata a su esposa como al "vaso más frágil", sin gritarle, sin levantarle la voz, sin insultarla, sin levantarle la mano....esa mujer lo admira, lo respeta y lo aprecia de manera tal que está dispuesta a responderle dulcemente : "Lo que tú decidas, mi amor"...con sinceridad, con autenticidad, sin ninguna agenda oculta.

El líder, la cabeza del hogar, invita a su esposa, de manera gentil pero decidida, a que ella comparta un devocional con él temprano por la mañana, a que tengan un Estudio Bíblico por la noche (por lo menos una vez por semana), a que oren juntos (y no solo para bendecir los alimentos), a que vayan a la iglesia, por lo menos una vez por semana.

Ahora bien, de nada serviría que el marido haga todo esto y tenga una doble vida, que sea un "hombre de doble ánimo"(Santiago 1:8). Para ser líderes espirituales de sus mujeres, prediquen con el ejemplo. Imiten a Jesús. De esa manera a ella le resultará más sencillo someterse a su marido... como al Señor.

ENERO 15

ARMANDONOS PARA LUCHAR CONTRA EL VERDADERO ENEMIGO

Cuando las parejas que vienen a mi consulta comienzan a atacarse delante de mí y hablan pestes el uno del otro, les hago reconocer su primer error. Les digo: Se equivocaron de enemigo. Tu cónyuge no es tu enemigo, aunque por momentos lo parezca. Tu cónyuge es tu aliado o por lo menos debería serlo. En vez de estar perdiendo el tiempo atacándose, mejor sería que se tomen de la mano para atacar, conjuntamente, al verdadero enemigo: Satanás.

En el capítulo 6 de Efesios, el apóstol Pablo nos alerta a protegernos con toda la armadura de Dios contra los ataques del diablo. Parte de esta poderosa armadura son: el escudo de la fe, el casco de la salvación y la espada de la palabra de Dios.

Es la fe nuestro mejor escudo protector, fe basada en el conocimiento de las Sagradas Escrituras y la aplicación de La Palabra en nuestra vida diaria. Es nuestro casco la salvación que proviene de haber entregado nuestras vidas a Jesucristo. Y es nuestra espada la Biblia, que contiene toda la sabiduría necesaria para darnos la victoria.

Cuántos divorcios se evitarían en el mundo si las parejas decidieran protegerse con la total armadura de Dios y ganar la batalla a aquel que quiere destruir su matrimonio.

ENERO 16

QUIEN CAMBIA A QUIEN?

"¿Y por qué miras la paja que está en el ojo de tu hermano, y no echas de ver la viga que está en tu propio ojo?" (Mateo 7:3)

Una de las grandes barreras que tienen las parejas en la construcción de un matrimonio armonioso, sólido y duradero, es la tendencia de cada una de las partes de querer cambiar al otro, a su imagen y semejanza. Creemos no tener los defectos que vemos en el otro y por eso suponemos que le hacemos un gran favor cuando lo obligamos a ver los suyos, a fin de que pueda rectificar y enmendar rumbo. Las mujeres suelen ser expertas en esto.

Esta es una tendencia bastante natural y por ende enraizada en la psicología femenina. Muchas mujeres albergan la esperanza de que cambiarán a sus novios, moldeándolos a su gusto y antojo -como el alfarero moldea la arcilla- una vez que se hayan casado. Craso error. Mientras más se mencione la urgencia de su cambio, más el hombre se resistirá a ser cambiado. A él le amarga, preocupa y duele que su esposa no lo acepte tal como es.

Se siente herido en su ego y esto lo mantiene atrincherado detrás de su barrera defensiva, debilitando su conexión emocional -y hasta física- con su compañera.

El único que puede cambiar a nuestro cónyuge es Dios. Y Dios lo hará cuando esa persona desee ser cambiada. No antes. Ni siquiera Dios todopoderoso nos cambia a la fuerza. El reconocimiento de nuestros problemas y la urgencia de solucionarlos es algo que nadie más puede hacer por nosotros mismos. Cuando nuestro cónyuge reconozca que tiene un problema y que debe cambiar, para beneficio de sí mismo, su pareja y el resto de su familia, entonces Dios intervendrá en nuestra historia...si tenemos fe, si oramos por ello y si lo obedecemos rectificando nuestros caminos.

Mientras tanto, mientras esto no suceda, sería bueno que comencemos a ver la viga que tenemos en nuestro ojo en vez de observar la paja en el ojo ajeno y decidamos cambiar. Nadie puede obligarnos a cambiar. La decisión y la determinación, la perseverancia y la fuerza de voluntad para el cambio, son nuestras. Dios nos transforma a través de Su Espíritu Santo cuando reconocemos nuestro pecado, nos arrepentimos y le pedimos a Dios que nos cambie.

ENERO 17

EL PODER DE CAMBIAR UNO PRIMERO

Muchas parejas vienen a mi consulta deseando que los ayude a cambiar a sus cónyuges, cionsiderando que no hay nada que modificar en la conducta propia. La tendencia es a culpar al otro de todos los males experimentados en la relación. Pero yo les hago ver la necesidad de cambiar individualmente primero. Y de buscar la ayuda de Dios para ello.

Luego es importante reconocer que un cambio personal radical -que suponga remover defectos que perjudican a otros-, solamente puede darse con la intervención del Espíritu Santo, luego de recibir a Jesucristo como nuestro Señor y Salvador, y no antes.

Porque sólo Dios tiene el poder de cambiarnos COMPLETA, TOTAL, RADICALMENTE. Son millones los casos de alcóholicos y drogadictos, prostitutas y delincuentes, que han modificado su conducta después de convertirse al Cristianismo.

De qué manera influye nuestro cambio personal a nuestra pareja? Muchísimo! Cuando nuestro cónyuge percibe que hemos ganado la batalla a una adicción, a la ira, a los celos o a cualquier otro pecado que producía caos en la relación, se produce el segundo milagro: Nuestra pareja cambia por añadidura!

ENERO 18

CUIDADO CON LOS PEQUEÑOS ZORROS

Los pequeños zorros son aquellas insignificancias que pueden destruir la armonía de la vida en pareja y que ni siquiera ameritan la pérdida de algunos minutos de felicidad y paz conyugal.

Hoy tuve en consulta a una pareja en la cual el esposo se enoja y se altera cada vez que ella hace algún comentario sobre la forma en que él conduce el auto. El hombre dice que está harto que ella le haga comentarios tales como "Ten cuidado con ese loco que se te acerca a velocidad por la izquierda" o cosas por el estilo. De camino a la consulta, él casi choca con un auto que se le cruzó por tratar de ganarle el espacio en una hilera de carros subiendo un puente. Ella gritó como reacción natural porque se sintió asustada. El la calificó de histérica.

Lo primero que les pregunté fue: "Justifica lo sucedido que se amarguen el día?'...Lo sucedido justifica sentirse ofendido y hacerle más daño a la relación todavía?...No es acaso mejor dejar pasar, olvidar y continuar viviendo el día como si nada hubiera pasado?...Al fin al cabo, no hubo choque automovilístico alguno y los dos salieron ilesos del incidente, no?...

No podemos permitar que insignificancias de este tipo vengan a destruirnos y a destruir nuestro amor...

ENERO 19

CUIDADO CON LA PRINCIPAL CAUSA DE LA INFELICIDAD CONYUGAL

"No codiciarás la mujer de tu prójimo"
(Deuteronomio 5:21)

La principal causa de divorcio en los Estados Unidos y en casi todo el mundo entero es el adulterio. La infidelidad destruye los cimientos de confianza e intimidad que se forjan en la relación amorosa. El que traiciona a su cónyuge no solamente destroza el corazón de su pareja traicionada, sino que también se enemista con Dios porque Dios detesta el adulterio.

En Mateo 19, el mismo Jesucristo explicó que la única causal de divorcio aprobada por Dios es el adulterio o la inmoralidad sexual. *"Y yo os digo que cualquiera que repudia a su mujer, salvo por causa de fornicación, y se casa con otra, adultera; y el que se casa con la repudiada, adultera."* (Mateo 19:9)

El grave problema de la sociedad moderna es que Internet y las redes sociales están incrementando las oportunidades de ser infieles. Ya son miles los casos de parejas divorciadas en USA por infidelidad cibernética.

Un marido que ama a su mujer LA PROTEGE Y PROTEGE LA RELACION. La pornografía, el ciber sexo y cualquier material que lo conduzcan a desear a la mujer de su prójimo y no a la propia pueden ser consideradas actividades adúlteras.

ENERO 20

LA LENGUA PUEDE DAR VIDA O MATAR

"La muerte y la vida están en poder de la lengua..." (Proverbios 18:21)

Han sufrido ustedes como pareja, en su matrimonio, en su noviazgo o enamoramiente el terrible daño de una lengua descontrolada?... Las palabras cortantes, insultantes e hirientes, el tono furibundo, déspota o sarcástico al hablar, parecen una espada afilada que destroza el corazón de quien las oye.

"Cuando no tengas nada bueno que decir, muérdete la lengua" ha sido uno de los consejos mas sabios que mi madre me dio de niña y que luego fue ratificado por mis lecturas bíblicas. Hay que cuidar con esmero cada frase que sale de nuestras bocas y mordernos la lengua antes de decir algo que pueda molestar, ofender o herir a nuestro ser amado.

Si nos es difícil practicar algo aparentemente tan simple, nada mejor que pedirle a Dios en oración que nos conceda dos de los frutos del espíritu que más benefician la comunicación con nuestra pareja: Paciencia y Dominio Propio.

La persona paciente aguanta, tolera y soporta las cosas que el otro hace o dice que le desagradan...La persona con dominio propio se auto controla de manera tal que no permite que salgan de sus labios palabras de las que luego se arrepentirá.

ENERO 21

LA LEY DE LA SEGUNDA PRIORIDAD

"Por tanto dejará el hombre a su padre y a su madre y se unirá a su mujer y serán una sola carne" (Génesis 2:24)

Para los creyentes, sobre todos para los cristianos, la primera prioridad en sus vidas es Dios y la segunda, si están casados, será su cónyuge. Luego, en tercer lugar, siguen los hijos. Esto es lo que Dios nos pide para que tengamos una familia feliz. Este es su diseño.

Cuando DIOS diseñó el matrimonio lo hizo con la intención de que el matrimonio fuera la unión, la relación mas importante de todas las relaciones humanas, la relación mas especial en la que un ser humano pueda involucrarse para el resto de su vida. A los hijos Dios nos los da prestados por un tiempo. Cuando crecen, la ley natural de la vida es que dejen el hogar paterno. Y cuando el nido está vacío, papá y mamá se dan cuenta de que son dos extraños viviendo bajo el mismo techo. Triste final. Por otro lado, si los padres no son felices, no tienen una relación balanceada y saludable, los hijos lo percibirán tarde o temprano y serán también infelices por esa causa.

Muchas mujeres latinas tienen una escala de prioridades trastocada, debido a la influencia de la cultura machista, la que les inculca desde niñas que nadie mas importante en sus vidas que sus hijos. Esto supone dejar de lado a sus maridos, por lo menos mientras los niños son pequeños y esto hace que los esposos se sientan desplazados. Algunos maridos hasta se muestran celosos.

El segundo problema asociado a este desplazamiento es que el caballero en cuestión, el que se siente desplazado, olvidado y hasta rechazado en algunos casos, no se atreve a decírselo a su mujer. Como consecuencia de esto, acumula y acumula amargura y resentimiento....hasta que un día ya no puede aguantar más y estalla como volcán en erupción, expresando sentimientos hostiles hacia ella....o se aleja de la madre de sus hijos para conseguirse un amante. De allí que la ley de la Segunda Prioridad sea de tanta importancia. La pareja no puede hacerle mejor regalo a sus hijos que amarse el uno al otro.

ENERO 22

QUE NO NOS SEPAREN LOS PROBLEMAS ECONOMICOS

" Pero busquen primero Su reino y Su justicia, y todas las otras cosas les serán añadidas"
(Mateo 6: 33)

Si los matrimonios vivieran este versículo como una verdad absoluta y creyeran firmemente en que Dios es su gran proveedor y no les va a fallar, se evitarían muchos de los grandes conflictos que las parejas enfrentan como consecuencia de los problemas financieros.

Uno de los nombres de Dios es precisamente Jehová Jireh , que significa El Senor proveerá. Cuando Satanás nos ataca con pensamientos de temor porque perdimos el empleo o no tenemos lo suficiente como para cubrir nuestras necesidades materiales, resulta vital recordar que en el pasado Cristo NUNCA NOS HA FALLADO y que tampoco lo hará ni en nuestro presente ni en nuestro futuro. Que las carencias actuales serán compensadas luego en esta vida o en la vida futura en SU tiempo, no en el nuestro.

Cuando Satanás logra que la pareja pelee regularmente por el tema económico, es hora que el marido le diga a su mujer lo que ella tanto necesita escuchar:

"No temas, mujer....Dios está con nosotros....*y si Dios es por nosotros, quién contra nosotros*? (Romanos 8:31)... El le tiene que explicar que es hora de unirse como un equipo para responder a los ataques del enemigo con la palabra de Dios en los labios.

Un versículo bíblico de gran poder para los momentos de crisis financiera se encuentra en Filipenses 4:11-13 donde el apóstol Pablo nos revela su experiencia de contentamiento con la voluntad de Dios para su vida: *"No lo digo porque yo esté necesitado, pues he aprendido a contentarme con lo que tengo. Sé lo que es vivir en la pobreza, y también lo que es vivir en la abundancia. He aprendido a hacer frente a cualquier situación, lo mismo a estar satisfecho que a tener hambre, a tener de sobra que a no tener nada. A todo puedo hacerle frente, gracias a Cristo que me fortalece."*

ENERO 23

LA TRIPLE "ER" EN LA INTIMIDAD

ER en inglés es la sigla que designa al "Emergency Room" de los hospitales y clínicas. Cuando los esposos se estancan en el terreno sexual y ya no sienten la misma conexión que antes, es aconsejable recurrir a estas 3 "R"s y 3 "E"s que paso a describir.

Las 3 "E"s son: *Experimentar, Explorar y Escuchar* al otro para comprender y satisfacer mejor sus necesidades.

Las 3 "R"s son: *Reproducir* (todo lo que de bueno tuvo nuestra práctica sexual), *Reconectar* (emocionalmente) y *Renunciar* al egoísmo anteponiendo la felicidad del otro a la nuestra.

Cuando las parejas se van a casar, mucha gente les dice que la pasión que sienten el uno por el otro no les va a durar. Puede que esto sea parcialmente cierto porque durante los primeros meses la catarata de hormonas conocida como "química", los tenía embelesados, en una situación de fascinación que los volvía "ciegos".

Una vez que se conoce a la persona lo suficientemente bien como para descubrir sus defectos, la hormona de la euforia,la dopamina, no es producida en iguales cantidades. Hay inclusive una disminución del apetito sexual con los pasos de los años... La buena noticia es que cuando una pareja se ama con un amor basado en la fidelidad, la amistad y el compromiso, la pasión puede ser reavivada.

CUIDADO CON LA FORMA EN QUE NOS DESFOGAMOS

El género femenino difiere en muchas cosas del masculino. Una de éstas es la forma en la que las mujeres desfogan sus tensiones y/o frustraciones. Ellas lo hacen a través del llanto. Pero a los hombres les disgusta que ellas recurran a las lágrimas sin necesidad alguna (de acuerdo a la percepción masculina de la realidad).

El genero masculino desfoga sus frustraciones y/o tensiones a través de la ira. Si la mujer responde en su mismo lenguaje, la cólera del hombre se enciende mas aun. Lo aconsejable es que ella calle para que el fuego de la ira no tenga leña con la cual seguir alimentando la hoguera. El dominio propio es uno de los frutos del espíritu que la mayor parte de los hombres necesita más.

Una de las formas en que un esposo peca enojándose con su mujer es cuando le levanta la voz, la insulta y la humilla, en público o en privado. Si la ira escala a violencia física, peor aún. El marido que reacciona agresivamente frente a algo que su mujer dijo o hizo y que no le gustó demuestra con claridad su falta de madurez espirutual. Nada mejor para una pareja que llegar a un nivel de elevación espiritual tal que nada ni nadie altere la paz interior de la que gozan.

ENERO 25

NO ANGUSTIARSE POR LO QUE NO PODEMOS CONTROLAR

Es común en la vida matrimonial, preocuparse por las cosas materiales, los planes y los requerimientos de la vida familiar, sobre todo cuando se tienen varios hijos, como si con preocuparse se pudiera solucionar algo.

Hay un adagio que reza: Si tu problema no tiene solución, para qué te preocupas. Si tu problema sí tiene solución, para qué te preocupas.

Jesús sabía hasta qué punto los seres humanos somos proclives a angustiarnos por cosas que ní siquiera merecerían algo de nuestro tiempo y nuestro pensamiento.

¿Cuántas veces, en el Evangelio, Jesús dice "no teman"? No hay nada que temer, no hay por qué sentir angustia o ansiedad. Nunca hay espacio para el temor cuando lo que se hace es ponerse en las manos de un Dios omnipotente y misericordioso que nos ama incondicional y permanentemente.

El miedo es opuesto a la fe. Donde hay miedo no hay fe y no hay perfecto amor. Todas las relaciones de pareja atraviezan por etapas de gran dificultad. El miedo no ayuda a solucionarlas. La fe sí.

Nuestra confianza absoluta no está depositada en nuestro cónyuge que nos va a fallar sino en Cristo que nunca falla.

ENERO 26

3 CONSEJOS PARA MEJORAR LA VIDA SEXUAL EN EL MATRIMONIO

Muchas de las parejas que vienen a verme a consulta se sienten "desconectadas" porque no hacen el amor desde hace mucho tiempo.

Por falta de intimidad emocional las mujeres no quieren tener relaciones con sus esposos. Por falta de relaciones sexuales, los esposos no logran conectar emocionalmente con sus mujeres y el círculo vicioso se reproduce.

Para ellos algunas recomendaciones prácticas:

1) Ponga al otro primero, dejando el egoísmo y en el caso de los hombres, el machismo. Es el deber del hombre lograr el orgasmo de su esposa primero y luego pasar al propio.

2) No tema ser repititivo(a). Reproduzca las posturas, juegos, besos y caricias que les producían mayor placer en los mejores momentos de su vida sexual.

3) Estudie y explore el territorio hasta dominarlo. Conviértete en un maestro en el conocimiento del cuerpo de su cónyuge. Esta es la ventaja de ser fieles y estar casados:

La generosidad es la clave del éxito. Mientras más procures el placer, la satisfacción y la felicidad de tu cónyuge, mayores las probabiidades de que tu relación sea buena, feliz y duradera.

ENERO 27

EN BUSCA DEL RESPETO Y EL AMOR PERDIDOS

"Por lo demás, cada uno de vosotros ame también a su mujer como a sí mismo; y la mujer respete a su marido." (Efesios 5:33)

En su libro "Amor y respeto" el psiquiatra cristiano Dr. Emerson Eggerichs expone de manera clara y directa lo que muchos ya sabían pero no se habían atrevido a declarar abiertamente: Mientras la mujer anhela ser amada, el hombre necesita "desesperadamente" ser respetado. La palabra desesperadamente aparece en la carátula de su libro, versión en inglés, como subtítulo.

El Dr. Eggerichs explica las características de un círculo vicioso en el cual el hombre que no se siente respetado no ama a su mujer de la forma en la que ella desea ser amada....y la mujer que no se siente amada no brinda a su hombre el respeto que él cree merecer y de la manera en que él lo entiende. La paradoja de tal círculo vicioso es que mientras uno de los dos no dé el primer paso hacia el cambio, ambos seguirán entrampados en el mismo patrón de conducta repetitivo, con semejantes o mayores niveles de frustración y distanciamiento.

Por el contrario, las parejas que practican lo que el apóstol Pablo sugiere en Efesios 5:33 viven dentro de un circulo virtuoso en el cual a mayor respeto de la mujer hacia su marido, mayores expresiones de afecto de él hacia ella. Y cuando el marido ama a su mujer de la forma en que ella ansía ser amada, la esposa respeta a su esposo casi naturalmente, sin mayor esfuerzo.

La pregunta clave sería: Quién inicia el círculo virtuoso? Quién da el primer paso en este patrón de amor y respeto tan benéfico para ambos?...Suele darlo quien tiene la inteligencia emocional más desarrollada y asume el reto del cambio personal -a veces con una alta dosis de sacrificio- para cosechar frutos en un futuro, de acuerdo a los planes de Dios para la vida de esa pareja. Con que uno de ellos cambie, el proceso de transformación se inicia. El círculo vicioso se verá roto y habrá esperanzas para un círculo virtuoso.

ENERO 28

DIOS ABORRECE EL DIVORCIO

"El Señor Dios de Israel, el todopoderoso, dice: «¡Cuiden, pues, de su propio espíritu, y no sean infieles; pues yo aborrezco al que se divorcia de su esposa y se mancha cometiendo esa maldad!»
(Malaquías 2:16)

No hay inversión ni decisión más importante en la vida, después de nuestra relación con Dios, que nuestro matrimonio. Nunca es demasiado tarde para entregarse a la tarea de salvar la relación amorosa. Decidan vivir para siempre con su cónyuge: ustedes NO se van a divorciar.

"Así que no son ya más dos, sino una sola carne; por tanto, lo que Dios juntó no lo separe el hombre." (Mateo 19:6)

El divorcio no es una opción. Divorcio debe ser una palabra inexistente en su relación, inclusive antes de casarse. Actualmente los matrimonios no duran porque las personas ya se casan con la idea que si el matrimonio no funciona, ellos pueden divorciarse, y de esa manera no invierten en la mejora del matrimonio y tira la toalla demasiado rápido. Entienda que usted asumió un compromiso ante Dios.

Su conyuge merece una atención exclusiva, dedique su esfuerzo, su atención, su amor, su tiempo y su sacrificio. Decida hacer de esta relación la mejor y mas importante de su vida Reprográmese, no permita que otros matrimonios que fallaron dicten el futuro del suyo. Decida no ser como la mayoría. Invierta en su matrimonio lo que sea necesario: libros, seminarios, terapia, retiros,etc.

Amar es una decisión Crea que Dios tiene un plan para su vida y para la vida de su cónyuge Dios conoció a su cónyuge mucho antes que usted. Dios ama a su pareja más que usted mismo. ¿Si él o ella es tan importante para Dios, porque no lo es para usted? Mire a su cónyuge como Dios lo ve: con ojos de compasión y misericordia

"Estando persuadido de esto, que el que comenzó en vosotros la buena obra la perfeccionará hasta el día de Jesucristo" (Filipenses 1:6)

ENERO 29

EL DIVORCIO ES EL PROBLEMA, NO LA SOLUCION

"Pero yo os digo que todo el que repudia a su mujer, a no ser por causa de infidelidad, la hace cometer adulterio; y cualquiera que se casa con una mujer repudiada, comete adulterio."
(Mateo 5:31-32)

El divorcio es el problema y no la solución para la crisis matrimonial de la agitada época en que vivimos. El divorcio se ha extendido como epidemia y hasta los cristianos recurren a él para "solucionar" su insatisfacción matrimonial yendo en contra de los planes de Dios para nuestra vida conyugal.

La única causal bíblica de divorcio es el adulterio. Es el mismo Jesucristo quien en Mateo 5: 31-32 establece esta causal cuando se refiere a lo que era una norma en el Antiguo Testamento: "Ellos le dijeron: Entonces, ¿por qué mandó Moisés DARLE CARTA DE DIVORCIO Y REPUDIARLA? El les dijo: Por la dureza de vuestro corazón, Moisés os permitió divorciaros de vuestras mujeres; pero no ha sido así desde el principio. Y yo os digo que **cualquiera que se divorcie de su mujer, salvo por infidelidad, y se case con otra, comete adulterio**".

Ahora bien, cuando se discute el tema del adulterio como causal de divorcio, hay que precisar que de acuerdo a la propia definición de Jesús, ser adúltero no implica solamente tener relaciones sexuales con alguien que no es el cónyugue. Jesús se refirió el concepto actual de **infidelidad emocional** en Mateo 5 :28

"Pero yo os digo que todo el que mire a una mujer para codiciarla ya cometió adulterio con ella en su corazón."

Finalmente, cabe resaltar que si bien Dios aborrece el divorcio, sabemos que la misericordia divina perdona al divorciado e inclusive al adúltero arrepentido. De allí que entre los verdaderos cristianos sí resulta posible perdonar el adulterio y evitar el divorcio. Recomiendo combinar la terapia de pareja y la consejería espiritual para lograr sanar las heridas y restaurar el matrimonio, con la gracia de Dios y la sabiduría del Espíritu Santo.

ENERO 30

SUFRIMIENTO = CAMINO DE SANTIFICACION EN EL MATRIMONIO

"Estas cosas les he hablado para que en Mí tengan paz. En el mundo tendrán tribulación; pero confíen, Yo he vencido al mundo."
(Juan 16:33)

Si antes de casarse se imaginaron que luego de la boda ustedes "vivirían felices y comerían perdices", luego de algunos años de convivir con la misma persona bajo el mismo techo y conocer sus defectos y enfrentar mil y un conflictos con ella, descubren que el cuento de hadas era eso mismo, un cuento de hadas y que la realidad del matrimonio es tan difícil y compleja como el camino de la cruz.

Tal vez les sirva de consuelo saber que la vía angosta de la santidad está cargada de sufrimiento y sacrificio. Los cónyuges se santifican en el sufrimiento, crucificando su orgullo y egoísmo para priorizar el bienestar y la felicidad del otro. El matrimonio bien llevado, basado en el AMOR INCODICIONAL, conduce a los esposos por el camino de la santidad, en la medida en que cada uno crucifica su ego para vivir amando a otro ser humano -tal y como es- tanto como a sí mismo.

Santificarse en el matrimonio significa vivir el amor y dar el amor en Cristo en todo momento, en medio del trabajo, la diversión, el dolor, la enfermedad y la crisis económica. Para lograr esto es necesario que los esposos pongan los medios que están de su parte para lograr la santificación: no dejarse llevar por el egoísmo, fomentar el amor entre ellos, vivir la fidelidad conyugal, practicar los frutos del espíritu (amor, gozo, paz, paciencia, benignidad, bondad, fe, mansedumbre y dominio propio), ejercitar las virtudes humanas (humildad, optimismo, sinceridad, generosidad, laboriosidad), amar a Dios y al prójimo, orar, leer la Palabra de Dios, obedecer los mandamientos y vivir cada día siendo fieles a la Palabra.

Lo que define realmente al matrimonio cristiano es el hecho de que un hombre y una mujer dejen la propia vida y se entreguen mutuamente, de un modo total, como Cristo lo hizo con su Iglesia. Juntos forman una nueva unidad, viviendo ya otra vida. No son solamente dos en una sola carne, son dos en una sola vida, comulgando en un solo espíritu. Es una verdad ampliamente reconocida en el mundo cristiano que se necesitan tres para que un matrimonio sobreviva a las tribulaciones del mundo: un hombre, una mujer y Dios.

ENERO 31

CUARTOS SEPARADOS?

Hoy quisiera poner sobre el tapete la discusión sobre una moda, recomendada por algunos psicólogos y terapistas de pareja, que sugiere a los casados no solamente optar por dormir en camas separadas sino inclusive aún más en habitaciones separadas.

Es comprensible que se tome esta medida cuando uno de los dos está enfermo y el otro corre el riesgo de contagiarse. Eso es lógico. También cuando uno de los dos padece algún trastorno mental. Pero en condiciones normales, aún para aquellas parejas en que el marido ronca, hay otras soluciones menos radicales y más satisfactorias.

Las desventajas de dormir en cuartos separados son varias. La primera es que la tentación de ver pornografía se torna mayor para el hombre que no tiene a su esposa al lado -quien suele tener una laptop, PC o por lo menos un celular conectado al Internet-.

La segunda desventaja es que disminuye el contacto físico en la pareja. Dormir en la misma cama resulta una costumbre muy saludable para mantener la conexión emocional y física.

Y finalmente, se va contra del principio de UNIDAD establecido en la Palabra de Dios. El Señor les dice a los esposos que son UNA SOLA CARNE y como tal debe actuar.

FEBRERO 1

LAS 8 ETAPAS DE LA RELACION (I)

Entender que el amor se transforma con el tiempo nos permite descartar el mito de que el amor de pareja muere. Las etapas que describo no tienen que darse una detrás de otra y no todas las parejas atraviesan las ocho. Hoy veremos las 4 primeras:

1. Deslumbramiento o fascinación

Es la etapa de esa "química" que genera magnetismo entre los dos. Es intensa pero pasajera. Generalmente dura de 3 a 6 meses. Como máximo un año.

2. Amistad y conocimiento del otro

Comienzas a descubrir lo que le gusta o disgusta, sus rutinas y costumbres. Aparecen sus amigos, familiares y conocidos como parte del paquete relacional.

3. Apertura emocional y progresiva decepción

Llegan a intercambiar secretos personales, asuntos íntimos, historias de familia, traumas y frustaciones. Aparecen algunas cosas que te desagradan de tu pareja. Comienzas a conocerle los defectos y te das cuenta de que esa persona no era para nada perfecta.

4. Conflicto y negociación

Las peleas, los malentendidos, las crisis, todo lo negativo parece ocupar ahora un primer lugar. La disputa por el control de la relación es explícita y los momentos de confrontación son frecuentes.

FEBRERO 2

LAS 8 ETAPAS DE LA RELACION (II)

Continuando con las 4 últimas etapas, nos corresponde mencionar la:

5. Colaboración

Cuando los esposos se convierten en socios y hay mayor preocupación por el tema financiero, por generar vías de crecimiento económico que le brinden estabilidad a la familia. Se comparten las obligaciones y se reparten las responsabilidades y

6. La Reunión

Cuando los hijos se van. La pareja tiene que plantearse el reto de volver a gozar de la compañía mutua. Es una fase muy positiva y oportuna para reforzar la relación e inclusive encender, con renovados bríos, la llama de la pasión.

7. Comunicación honesta, abierta y profunda

Esta es la etapa avanzada donde aprendemos a aceptar al otro como letítimo yo en la convivencia, demostrando que hemos madurado como pareja. La comunicación se vuelve profunda y no hacen falta las palabras para que los corazones dialoguen.

8. Trascendencia de la pareja: Consumación

Cuando luego de tanta prueba pasada juntos, la relación de pareja se consolida y se encuentra un tipo de dicha y satisfacción que es difícil de hallar en ninguna otra parte.

FEBRERO 3

LAS 5 "As" DEL EXITO (I)

Las 5 "As" que coadyuvan al éxito en nuestra relación amorosa son:

1) **Arrepentimiento**.- Constante, permanente, pidiendo perdón al otro por nuestras faltas, por las palabras hirientes, por los pecados que afectan a nuestra pareja.

Este arrepentimiento debe ser mutuo. Es probable que los dos tengan que hacerlo muchas veces a lo largo del matrimonio. El arrepentimiento debe venir acompañado por el propósito de enmienda, un sincero deseo de cambio manifiesto en hechos.

En la relación de pareja, El primero en pedir perdón es el más valiente.... El primero en perdonar es el más generoso....y el primero en olvidar es el más feliz!!!!!

2) **Aprecio y Agradecimiento**.- A pesar de saber que nuestro ser amado nos fallará, tanto como nosotros le fallaremos, nuestro aprecio hacia esa persona debe estar centrado no en lo que ella hace sino en quien ella es: un regalo de Dios, una creatura de Dios que El nos confía para que la amemos tanto como El la ama. Y porque apreciamos el obsequio que el Padre Celestial nos ha dado, también manifestamos **Agradecimiento**. Mañana veremos las otras tres.

FEBRERO 4

LAS 5 "As" DEL EXITO (II)

Al arrepentimiento, al aprecio y al agradecimiento, se le suman las siguientes 3 "A"s:

3) **Afecto**.- Una de las maneras más efectivas de expresar cuánto apreciamos a una persona está dada por las MANIFESTACIONES DE AFECTO. No interesa tanto si tengo o no ganas de ser afectuoso(a) con mi cónyuge, lo que importa es que decidamos superar nuestra falta de ganas porque la otra persona necesita sentirse amada. Es como si dejáramos de regar una planta porque no tenemos ganas de regarla. Qué pasará con la planta entonces?: se morirá por falta de agua. El afecto -expresado en contacto físico: caricias, besos, abrazos e intimidad sexual- es el agua que riega el alma de nuestra persona amada.

4) **Afirmación**.- Otra de las vías para lograr el éxito en nuestra relación amorosa es el camino de la afirmación del otro a través de palabras que lo eleven y edifiquen. *"No salga de la boca de ustedes ninguna palabra mala (corrompida), sino sólo la que sea buena para edificación"* (Efesios 4:29). Se trata de que abramos la boca para elogiar, para decirle al otro cuánto lo amamos, para decirle al otro: "Estoy orgullosa de tí".

5) **Amen**.- Esta palabra nos recuerda la extrema importancia de orar incesantemente, de manera individual y como pareja.

FEBRERO 5

IMPORTANCIA DE LAS CARICIAS SIN OBJETIVO SEXUAL

Hoy voy a asignarles una tarea para llenar el tanque del amor de aquellos cuyo principal LENGUAJE DEL AMOR es el CONTACTO FISICO: **Duplicar la cantidad de caricias y abrazos al ser amado durante una semana completa.**

Veamos algunas ideas de cómo ambos pueden mejorar su nivel de conexión con el otro aumentando la cantidad de caricias. He aquí algunas sugerencias a practicar durante los próximos 7 días:

Para los hombres: Llevarla a la cama cargada en sus brazos, depositarla en la cama (de ser posible, considerando el peso de ambos) y abrazarla con la ropa puesta por un buen rato sin decir palabra. Acariciarle el cabello mientras ven TV o en cualquier otro momento del día o la noche.

Para las mujeres: Sentarse o acostarse a su lado cuando ve TV, darle besos en el cuello y acariciarle el pecho y los brazos y darle la mano mientras miran la tele o están sentados en el auto.En la relación de pareja se necesitan estas caricias cotidianas que nos recuerdan que el amor sigue ahí. Una caricia en el hombro para reconfortar y un roce en el rostro acompañado de una mirada para decir "te quiero" sin ni siquiera hablar.

FEBRERO 6

LAS TRES "C" DEL EXITO EN LA RELACION DE PAREJA

Las siguientes 3 "Cs" que son muy importantes para que la relación mejore, se mantenga y, en algunos casos, se salve.

1) **Comunicación:** Esta "C" todo el mundo la conoce pero muy pocos la practican. Porque la verdadera comunicación es la del intercambio de mensajes que va mas allá de la enumeración de los hechos del día. Es la expresión de nuestros pensamientos, emociones y necesidades de manera empática, conectando con nuestra pareja. Es la comunicación íntima, la que revela el alma.

2) **Compatibilidad:** Se refiere a ese conjunto de factores bioquímicos, emocionales, sociales y hasta racionales que hicieron posible la atracción y luego la cosumación de la pareja que hoy son. Practiquen ese viejo arte de "mirar con los ojos del alma" -mirando a la pareja en la profundidad de su mirada- y tal vez se encienda nuevamente la llama del amor o crezca.

3) **Compromiso:** Esta última "C" garantiza que las otras dos se cumplan y les permitan fortalecer su relación, y disfrutar cada vez más del Amor de Pareja. Lo único que permite que se mantengan unidos y avanzando firmes con el poder del amor verdadero es EL COMPROMISO, que reside en el núcleo del amor.

FEBRERO 7

POR QUE HAY TANTOS DIVORCIOS: LA VERDADERA RAIZ DEL PROBLEMA (I)

En numerosas entrevistas de radio y TV me han preguntado cuáles son, en mi opinión, las principales causas de la alta tasa de divorcios. Mi respuesta incluye una serie de variables pero no la principal porque no sé si hablo directamente a cristianos o por lo menos a creyentes. Pero dado que este website pertenece a una radioemisora cristiana, voy a atreverme a decir aquí lo que no puedo decir cuando los medios me entrevistan en público.

La principal causa de la alta tasa de divorcios es la campal batalla del enemigo, del maligno, de Satanás, contra la primera institución creada por Dios como institución SAGRADA: el Matrimonio. Inclusive antes de crear la iglesia, Dios creó el matrimonio.

El primer libro de la Biblia, Génesis, lo explica claramente. Dios creó la tierra, los cielos, los mares, la vegetación, los animales y al hombre. El hombre ejerció dominio sobre la naturaleza y Satanás no se atrevió a tentarlo. Pero cuando Dios creó a la mujer para Adán, cuando le creó su AYUDA IDONEA, entonces **Satanás introdujo el pecado EN EL MATRIMONIO.**

Porque el pecado de desobediencia fue cometido por ambos como PAREJA. Eva fue tentada y Eva tentó a Adán. Adán NO supo ser el LIDER ESPIRITUAL de Eva. No supo asumir el rol para el cual fue creado. De haberlo sido, la ubiera amonestado y no hubiera desobedecido a Dios obedeciendo a su mujer.

Cuando Dios confronta a Adán, como cabeza de la mujer, y le pregunta porqué pecó, **Adán le echa la culpa a su mujer. Y esto suele suceder en casi todos los matrimonios cuando están al borde del divorcio**. El hombre le echa la culpa a la mujer de todos sus propios males y de los problemas familiares. Mientras tanto, la mujer no sabe respetar a su marido ni mucho menos someterse a él porque, de acuerdo a ella, él NO es el líder de su hogar. Ella no lo deja ser líder porque él no sabe ser líder. Ella "lleva los pantalones" en la casa y él la culpa de su propia inercia. Se acaba aquí la historia? Claro que no! La continuaremos mañana...

FEBRERO 8

POR QUE HAY TANTOS DIVORCIOS: LA VERDADERA RAIZ DEL PROBLEMA(II)

Dios castigó a la mujer haciéndola dependiente de su marido (*"tu deseo te llevará a tu marido, y él tendrá autoridad sobre ti"*, Génesis 3:16). y por eso, por más que ellas intenten decir que se sienten completas sin un hombre en sus vidas, la mayor parte de mujeres no son felices sin el amor de un hombre y por tanto dependen de él, aunque afirmen lo contrario. (Por otra parte, **LA MUER FUE CREADA PARA EL HOMBRE y no viceversa!**).

La mujer rechaza el castigo divino intentando dominar al hombre y **la lucha por el control de la relación convierte al matrimonio en un lugar de desencuentros cotidianos.** El apóstol Pablo se afana en decirle a las mujeres, en numerosos versículos de sus cartas, que SE SOMETAN A SUS MARIDOS, porque esto es lo que la mayor parte de las mujeres NO está dispuesta a hacer en primera instancia. Ellas pueden reconocer en teoría que sus esposos son la cabeza de sus hogares, pero en la práctica ellas quieren dirigir, ordenar y decidir por su cuenta y riesgo.

El hombre siente que debido a esta BATALLA POR EL PODER, su mujer no le demuestra ningún respeto. Y en cuanto él no se siente respetado, le es mucho más difícil amar a su esposa.

Ojo caballeros!: Dios reconoció en el Edén que "No es bueno que el hombre esté solo" y entonces le creó una ayuda idónea. "Y el hombre dijo: *"Esta es ahora hueso de mis huesos, Y carne de mi carne. Ella será llamada mujer, Porque del hombre fue tomada."* (Génesis 2:23).

Paradójicamente, el hombre se siente incompleto sin una esposa, porque la necesita. Por eso Pablo no le da ningún otro encargo a los esposos que EL AMOR a sus idóneas: *"Esposos, amen a sus esposas, así como Cristo amó a la iglesia y se entregó, dando Su vida por ella"* (Efesios 5:25) Sin amor del esposo hacia su mujer, sin respeto de la esposa hacia su marido, el círculo vicioso no tiene cuando acabar y mientras tanto Satanás sigue haciendo de las suyas. Y cuando el enemigo ataca al matrimonio sabe que ataca la familia y con ella a la sociedad toda.

Por ende, como bien diría el apóstol Pablo: *"Porque nuestra lucha no es contra sangre y carne, sino contra principados, contra potestades, contra los poderes de este mundo de tinieblas"* (Efesios 6:12) ... es hora de que marido y mujer se unan en lucha conjunta contra Satanás en vez de combatirse el uno al otro.

FEBRERO 9

QUIEN MANDA A QUIEN EN LA RELACION DE PAREJA?

"Vuestro atavío no sea el externo ... sino el interno, el del corazón, en el incorruptible ornato de un espíritu afable y apacible, que es de grande estima delante de Dios." (1 Pedro 3:3-4)

Es cuestión de uno o dos años. La lucha por el poder va a surgir. La pregunta: "Quién manda a quién" aparecerá en la mente de los esposos y usualmente será él quien sienta que su esposa lo quiere controlar, dominar, mandar o manipular...aunque ella no lo quiera en realidad....Qué sucede entonces en la cabeza y el corazón del esposo? Por qué la mujer que fue un ángel para él al inicio de la relación se convierte en una bruja de un momento a otro?

Los comentarios negativos de ella significan mucho para él. Críticas, cuestionamientos y quejas motivan discusiones serias. Ella parece no estar satisfecha nunca. Ella ve los defectos de él sobredimensionados. Y se los echa en cara...

Y si hay algo que desagrada a los hombres es ese tonito mandón, ese tono de superioridad, ese tono de madre hablando al hijo pequeño que no sabe lo que hace y tiene que aprender de ella... Señoras! Por favor: Stop! Corten esa falta de respeto o van a terminar destruyendo sus matrimonios e inclusive a sus propios esposos!

Ahora bien, hay casos en los que las mujeres solamente sugieren, recomiendan o aconsejan al marido con discreción y diplomacia pero también son consideradas mandonas, manipuladoras y controladoras... No será tal vez en este caso un problema del ego masculino? No será que los hombres no aceptan que nadie les sugiera lo que tienen que hacer en una determinada situación? Si el problema es el machismo y el ego masculino, la mujer no tiene culpa alguna en este enredo...Recordemos que la Biblia nos dice que la mujer es la AYUDA IDONEA del marido, por lo que si lo único que ella quiere hacer es "ayudarlo" porqué es condenada y llamada "controladora"?

De acuerdo a La Biblia, las mujeres no tienen por qué desear controlar al marido... Esta es la solución para el problema del temor de los hombres a ser controlados por sus mujeres. Pero primero, para llegar a este punto, el hombre se somete a Cristo y al hacerlo se convierte en un líder espiritual tan servicial y humilde como su sumisa esposa. Necesitamos hombres que sean los líderes espirituales de sus esposas en los hogares cristianos...Y uno de los conceptos asociados al liderazgo espiritual es la servidumbre y la humildad!

FEBRERO 10

CUANDO SATANAS TE ENCADENA AL ALCOHOL (I)

El alcoholismo es un tipo de enfermedad espiritual con repercusiones físicas que destruye todo lo que toca.

El alcoholismo consiste en un consumo excesivo de alcohol de forma prolongada con dependencia del mismo. Es una enfermedad crónica producida por el consumo incontrolado de bebidas alcohólicas, lo cual interfiere en la salud física, mental, social y/o familiar así como en las responsabilidades laborales.

El consumo de alcohol trae consecuencias muy graves, es así que la mitad de accidentes de tránsito están asociados a su consumo, debido a que desde la primera copa se producen alteraciones cerebrales como la percepción incompleta de los campos visuales, la falla en la coordinación y el equilibrio, la lentitud en los reflejos, entre otros. El alcoholismo se relaciona con un gran número de enfermedades, siendo la más importante la cirrosis hepática, la malnutrición, gastritis, cardiopatías, cánceres, disfunción eréctil, menopausia precoz y problemas en el desarrollo fetal si se consumen bebidas alcohólicas durante el embarazo.

El alcohólico no solo se hace daño a sí mismo, sino también a su pareja y a sus hijos. De allí la necesidad de mantenerse sobrios.

FEBRERO 11

CUANDO SATANAS TE ENCADENA AL ALCOHOL (II)

¿Qué dice la Biblia acerca de consumir alcohol en exceso? La embriaguez es un pecado, tal como lo afirma el Apostol Pablo en 1 Corintios 6:9-11 *"¿No sabéis que los injustos no heredarán el reino de Dios? No erréis; ni los fornicarios, ni los idólatras, ni los adúlteros, ni los afeminados, ni los que se echan con varones, ni los ladrones, ni los avaros, ni los borrachos, ni los maldicientes, ni los estafadores, heredarán el reino de Dios."*

La Escritura no necesariamente prohíbe a un cristiano beber cerveza, vino, o cualquier otra bebida que contenga alcohol. Los cristianos están llamados a evitar la embriaguez *"No se emborrachen, pues perderán el control de sus actos. Más bien, permitan que sea el Espíritu Santo quien los llene y los controle."* (Efesios 5:18)

La Biblia condena la embriaguez y sus efectos (Proverbios 23:29-35). La Escritura también prohíbe a un cristiano hacer cualquier cosa que pudiera tentar a otros (1ª Corintios 8:9-13). Es por esta causa que muchos cristianos no ofrecen alcohol en sus fiestas. Resulta extremadamente difícil sostener que un cristiano que bebe alcohol en exceso agrade a Dios.

FEBRERO 12

FIJANDO LOS LIMITES QUE NOS AYUDARAN A NO CAER

"Sobre toda cosa guardada, guarda tu corazón; Porque de él mana la vida."
(Proverbios 4:23)

Qué quiso decir el autor de este versículo bíblico? A qué se refería específicamente? Si se tratara de aplicar esta cita a las relaciones de pareja y más en particular al matrimonio, creo que indica la importancia de prevenir, de evitar caer en tentaciones, de cuidar nuestro corazón para nuestro cónyuge, de reservarlo y preservarlo para nuestra pareja.

Hay que establecer claros límites que no podremos sobrepasar una vez casados. Uno de éstos tiene que ver con el "rendir cuentas" a nuestro cónyuge de a dónde vamos, con quién estaremos y a qué hora regresaremos. No será entonces necesario esperar a que el otro nos pregunte para responderle. Se trata de anticiparnos a su duda. De esta forma crece la confianza mutua: en la certeza de que el otro NADA NOS OCULTA, de que no hay secretos entre nosotros, de que SOMOS UNO ANTE DIOS Y LOS HOMBRES.

Otro de los límites importantes para que el matrimonio funcione bien se relaciona con la LEY DE LA PRIORIDAD.

Nadie, con la excepción de Dios, puede ni debe ser más importante que nuestro cónyuge en nuestras vidas. El ocupa el segundo lugar, después de Jesús, y después vienen nuestros hijos. No se debe ni puede tener una AMISTAD INTIMA con alguien del sexo opuesto que no sea nuestro cónyuge. El mejor amigo de una mujer casada es su marido. La mejor amiga de un hombre casado es su esposa.

Resulta fundamental huir de la tentación para "guardar nuestro corazón" y todo nuestro ser para el ser al que nos entregamos en santo matrimonio. Si una compañera de la oficina le atrae físicamente, el hombre casado evita quedarse a solas con ella, e inclusive la confronta diciéndole que no quiere perjudicar su matrimonio, si acaso ella le coquetea. Mas vale ser exagerados en este respecto que caer en un affair y destrozar al ser que más amamos.

FEBRERO 13

DIME COMO BESAS Y TE DIRE ...

A mi consulta vienen con frecuencia parejas en las que la mujer se queja de que su hombre no la quiere besar o no sabe besar. Y esto es lamentable porque para cualquier mujer el beso es uno de los elementos de la relación de pareja que mejor comunican la pasión, el amor y la conexión entra ambos.

Las parejas que se cuidan debido a sus profundas convicciones religiosas me preguntan cómo pueden saber si van a ser sexualmente compatibles una vez casados. Una de las maneras de presagiarlo es por la forma en que nuestra pareja nos besa y lo que sentimos al ser besados.

La capacidad de expresar amor que el beso transmite es evidente, bella y sublime. El mejor beso es aquel que se da con el alma, en el que uno se entrega al otro sin reservas y quiere complacerlo. Hay hombres que son muy agresivos al besar y a sus mujeres no les gusta. Pero también son muchas las mujeres que se quejan porque sus maridos no las besan "con ganas".

Otra idea que quisiera que consideren es la importancia de aprender a degustar los besos, de probar toda la riqueza de sensaciones que ellos procuran. Recuérdale a tu ser amado que te encanta ser besado(a) y que sus besos te ayudan a mantener tu tanque del amor lleno!

FEBRERO 14

IDEAS ROMANTICAS PARA TU VALENTIN

Las sugerencias que comparto aquí con ustedes son sobre todo para los caballeros quienes habrán de esmerarse en cortejar a sus damas como en la época en la que intentaban conquistar sus corazones.

He aquí algunos sencillos consejitos de bajo costo:

-Dejarle en el parabrisas de su auto una rosa con una tarjeta llena de las palabras dulces que a ella le agrada leer.

-Si tienes las llaves de su auto, podrías llenarlo con globos.

-Publica en su Facebook un poema de amor que refleje tu sentir, junto con tu saludo o un album con las mejores fotos de ambos juntos.

-Llévale el desayuno a la cama con una flor y una tarjeta romántica.

-Envíale un ramo de rosas rojas a su oficina para que se lo muestre a sus compañeras de trabajo.

-Prepara el dormitorio: velas perfumadas, música suave, pétalos de rosa sobre la cama, fresas con chocolate y champagne. Baila con ella un bolero antes de hacerle el amor. Un solo consejo para las damas: Si el presupuesto se los permite, reserve una noche en un motel u hotel y conviértanse en una tigresa, en la amante de las fantasías sexuales de su esposo!

FEBRERO 15

ETERNAMENTE ENAMORADOS

En mi opinión, una de las razones más frecuentes por las que las parejas se divorcian es porque no comprenden ni mucho menos están dispuestos a vivir diariamente el concepto de AMOR AGAPE.

Cuando se celebra en el mundo entero EL DIA DE LOS ENAMORADOS, lo que se exalta es el concepto de AMOR=ROMANCE o de AMOR+PASION que raramente dura "hasta que la muerte nos separe". El concepto que sí garantiza mayor estabilidad, armonía y durabilidad es el de AMOR=SACRIFICIO...pero ese no "vende".

Aplaudamos hoy a aquellos esposos que cumplen sus bodas de oro y se siguen amando porque sin duda ellos conocen el AMOR QUE TODO LO SOPORTA. Entreguemos un premio a los cónyuges que siguen unidos a pesar de que uno de ellos quedó minusválido debido a una enfermedad o a un accidente. Reconozcamos con palmas a los que se siguen amando en medio de la pobreza porque entienden el valor del compromiso adquirido. Imitemos a aquellos que se han perdonado mutuamente a pesar de las pruebas y tormentas.

El amor AGAPE, el amor sacrificado, el amor incondicional es el que TODO LO PERDONA...y en honor de ese tipo de amor eterno celebremos hoy.

FEBRERO 16

COMO VAN TUS PROPOSITOS DE PAREJA PARA EL AÑO NUEVO? (I)

La mayor parte de nosotros llenamos nuestros corazones y mentes de buenos pensamientos y deseos de cambio cuando finaliza un año, esperando que las cosas mejoren en el próximo.

Si ustedes no escribieron sus propósitos de pareja para el año nuevo, nunca es demasiado tarde para empezar. Aqui van algunas sugerencias para que se inspiren o re-inspiren.

Lo primero que debemos hacer es reconocer que hablamos lenguajes diferentes y que cada uno tiene que intentar hablar el lenguaje del otro para poder construir una relación sólida, de largo plazo.

Los propósitos se pueden dividir en 3 categorías:

- Qué decir y qué no decir con más frecuencia
- Qué tenemos que corregir o cambiar
- Qué hacer para mejorar la relación de pareja

En el plano de la comunicación verbal:

- Decir mas frecuentemente "te amo"
- Dar las gracias constantemente
- Elogiar a nuestro ser amado por lo que hace y dice que nos agrada.

Qué tal van? Cuál de estos aspectos tiene que ser apuntalado? Mañana continuaremos evaluando nuestro avance.

FEBRERO 17

COMO VAN TUS PROPOSITOS DE PAREJA PARA EL AÑO NUEVO? (II)

Qué tal vamos en el plano referido a lo que tenemos que corregir como pareja? Evaluamos ahora nuestros avances en los siguientes puntos:

- Procurar no repetir las cosas que hemos dicho y hecho que al otro NO le gustan

- Proponernos cambiar esos aspectos de nuestra personalidad que al otro no le agradan (por ejemplo si a nuestro hombre no le gustan las quejas o críticas...porqué seguimos con eso?)

En el plano del hacer y de la comunicación no verbal:

- Más manifestaciones de afecto

- Más actos de servicios a favor de otro

- Una actitud más positiva y de búsqueda de armonía

- Más tiempo juntos

- Más calidad (y cantidad) de momentos íntimos para reavivir la llama de la pasión en nuestro matrimonio.

Lo ideal es que cada miembro de la pareja escriba sus propósitos y luego los comparta con su cónyuge, amorosa y sinceramente, dando pie a una conversación honesta y enriquecedora.

FEBRERO 18

CUANDO RECORDAR LOS ERRORES DEL PASADO HACE DAÑO

Uno de los errores más frecuentes que cometen las parejas es recurrir a situaciones dolorosas del pasado, errores cometidos por uno o por ambos, heridas causadas con o sin intención, y resucitarlas, trayéndolas de un pasado lejano o cercano, pero pasado al fin.

Mi recomendación más específica al respecto es que cuando discutan, cada vez que haya una pelea en curso o en ciernes, se digan uno al otro que no se vale mencionar asuntos del pasado. La discusión o pleito debe referirse sólo a los hechos del presente.

Si ustedes son cristianos, deben saber que cada vez que nos equivocamos y llegamos arrepentidos a los pies de la cruz a confesar nuestras faltas y a pedirle perdón a Dios, EL no escatima en perdonarnos todas y cada una de las veces. "*Y nunca más me acordaré de sus pecados y transgresiones.*" (Hebreos 10: 17)

He aquí la clave de la supervivencia de la pareja: el olvido, que es una de las condiciones del verdadero perdón. Olvidar implica echarle tierra a lo pasado y no escarbar en ella cada vez que nos sentimos heridos por el otro. Se trata de no abrir una herida cerrada o en camino de cerrar. Lo pasado, pasado está. Echale tierra. Pasa la página. Comienza a escribir una nueva historia en una página en blanco.

FEBRERO 19

LA CURIOSIDAD MATO AL GATO

Algunos de los hombres que vienen a mi consulta suelen justificar su infidelidad en la soledad que sienten aun cuando están acompañados. La falta de conexión con la pareja, el enfrentar el rechazo de su compañero(a) o la ausencia de intimidad física o emocional, puede detonar esa búsqueda sexual, esa ilusión con una persona virtual.

Empieza como un juego y luego se comienzan a notar cambios de actitud y de interés mientras la persona conoce ese otro mundo desconocido.

Cuando una persona empieza a tener problemas en el vínculo de pareja estable, una forma de desahogarse es vía Internet. Cuando la persona tiene una necesidad que no está siendo cubierta, que puede ser de cercanía o comunicación con la pareja, este tipo de relaciones la cubren, en apariencia.

En las relaciones estables puede haber monotonía, desgaste, en tanto que en los vínculos vía Internet se da lo novedoso. Hay quienes tienen este tipo de relaciones cuando están en la crisis de la edad madura.

Pero nada justifica la infidelidad.

Para combatir las suposiciones, la pareja debe tener acceso a la información del otro para que ambos la discutan neutral y voluntariamente.

FEBRERO 20

LA LEY DE LAS BUENAS INTENCIONES

"Consideren bien todo lo verdadero, todo lo respetable, todo lo justo, todo lo puro, todo lo amable, todo lo digno de admiración, en fin, todo lo que sea excelente o merezca elogio. "Piensen en eso" (Filipenses 4:8)

Al principio de la relación amorosa, ambos miran con lupa las virtudes del otro y pasan por alto los atisbos de defectos. Ambos se ponen sus anteojos de color rosa y sin hacer mayor esfuerzo se fijan en todo aquello que es bueno y encantador en su pareja y descartan lo que aparece como negativo sin brindarle la menor importancia.

A partir del segundo año nada ni nadie puede contener la clara visión de los defectos del ser amado que ahora saltan a la vista como flechas ponzoñosas. Nos duele reconocer que nos decepcionamos, que la persona que nos parecía perfecta no lo es en lo más mínimo y nos desalienta pensar que tal vez no llegue a cambiar las cosas que de ella ahora nos molestan tanto. En este nuevo escenario, tiramos los anteojos de color rosa a la basura, nos ponemos los anteojos negros y comenzamos a mirar con lupa los defectos del otro y pasar por alto sus virtudes.

Mientras más los esposos o novios enfatizan en lo negativo, mayores probabilidades de caer en la tentación de pensar que el otro tiene malas intenciones en lo que dice o hace que nos disgusta o espanta. Cómo puede ser que esa persona de la que nos enamoramos haya cambiado tanto "para mal"?

En realidad no ha empeorado, en realidad es la misma de antes, lo que sucede es que no la conocíamos lo suficiente, simple y llanamente.

Es nuestro deber practicar LA SEGUNDA LEY DE LA RELACION DE PAREJA EXITOSA: LA LEY DE LAS BUENAS INTENCIONES. Esta dice que nuestro cónyuge no desea herirnos ni dañarnos intencionalmente, que por el contrario sus intenciones son buenas hacia nosotros porque nos ama. Lo que dice o hace no responde a un premeditado deseo de ofendernos o herirnos.

La primera ley, mencionada en el texto correspondiente al 21 de enero en este libro, es la LEY DE LA SEGUNDA PRIORIDAD que indica que nuestro cónyuge es la segunda persona mas importante, la segunda relación más significativa en nuestras vidas, después de Dios. Teniendo en cuenta estas dos leyes, podremos enfrentar con mayor compasión, calma y equilibrio, los defectos de nuestro ser amado, esperando que él haga lo propio con los nuestros.

FEBRERO 21

QUISIERAS SER EL HEROE DE TU ESPOSA?

Muchos hombres quisieran ser los héroes de sus familias. Casi todos estarían dispuestos a sacrificar sus propias vidas con tal de salvar las de su esposa y sus hijos. Sin embargo, si les preguntáramos a las esposas qué tipo de heroísmo desearían ver en sus maridos, ellas solicitarían actos de sacrificio y éstas serían algunas de sus respuestas:

- Que sea mi héroe siéndome fiel

- Que sea mi héroe dejando de lado sus prioridades para ponerme a mí por encima de ellas

- Que sea mi héroe entregándome más tiempo para comunicarnos y más colaboración en las tareas de la casa y el en cuidado de los niños

- Que sea mi héroe practicando el dominio propio y controlando su ira cuando algo lo moleste

- Que sea mi héroe brindándome más afecto para saciar mis ansias de ser amada

Qué tal si hoy mismo haces algo heroico por ella...Por qué no le preguntas a tu esposa cómo podrías ser su héroe...

FEBRERO 22

5 HABITOS PARA UNA VIDA SEXUAL SALUDABLE EN EL MATRIMONIO

Así como lavarse los dientes, ducharse, hacer las cuatro comidas, tratar de descansar 8 horas diarias, existen una serie de pautas cotidianas que ayudan a promover una vida sexual plena y saludable en el matrimonio.

A continuación, algunos hábitos que resultan esenciales:

1. Estar informados.- La información apropiada disminuye la incertidumbre y, por ende, nos aleja de la ansiedad. Hay que informarse para prevenir y disfrutar sin riesgos ni temores. Es importante saber sobre anticonceptivos y otras medidas preventivas.

2. Conocer y aceptar nuestro cuerpo.- Esto promueve la confianza y eleva la autoestima.

3. Hacer deportes o ejercicios aeróbicos.- La actividad física no sólo fomenta la salud y predispone el cuerpo a un mayor rendimiento, flexibilidad y fortaleza; sino que, además, es un estimulante seguro y natural.

4. Dar prioridad a la higiene.- No está de más decir que la limpieza frecuente de los genitales es clave. Los cuidados deben extremarse en los momentos previos y apenas terminado el acto.

5. Consulta médica.- Si necesita ayuda, ¡búsquela!

FEBRERO 23

CUIDADO CON LA LENGUA VIPERINA

"No salga de vuestra boca ninguna palabra mala, sino sólo la que sea buena para edificación..."
(Efesios 4:29)

Nada peor que una mala palabra dicha en un tono agresivo o violento.

Las Sagradas Escrituras nos enseñan muy claramente que hay una relación estrecha entre las palabras que decimos y lo que nos sucede en nuestra vida. La Biblia nos dice que la lengua tiene poder, con nuestras palabras podemos:

- Edificar o destruir   - Sanar o herir
- Bendecir o maldecir - Dar vida o matar

"Panal de miel son los dichos suaves; Suavidad al alma y medicina para los huesos." (Proverbios 16:24) *"La lengua apacible es árbol de vida . . ."* (Proverbios 15:4a)

Las palabras que hablamos pueden traer: Alivio, Animo, Consuelo, Sanidad, Restauración, Bendición y Vida, cuando son positivas y edificantes.

Por otro lado, si creemos bien, vamos a hablar bien, si creemos mal, vamos a hablar mal. Nuestras palabras revelan lo que hay en nuestro corazón.

Hablemos para construir, bendecir y edificar al otro y nuestra comunicación de pareja será afectiva y efectiva.

FEBRERO 24

CEREBROS DIFERENTES,
INTELIGENCIAS DIFERENTES (I)

De sobra es conocido el hecho de que hombres y mujeres somos muy diferentes. Cada uno tiene unas necesidades emocionales específicas y espera cosas muy distintas de su relación y de su pareja. Las grandes diferencias están basadas en la configuración de nuestros cerebros. Curiosamente, debido a esta diferenciación, los cerebros de hombres y mujeres se complementan. Lo que le falta a uno lo tiene el otro.

Los hombres tienen una inteligencia abstracta ligeramente superior a la de las mujeres. Esto los hace buenos para las matemáticas, la computación, las ciencias exactas. Los hombres tienen una inteligencia espacial superior a la de las mujeres, por eso son tan buenos con los mapas.

Las mujeres tienen una inteligencia emocional superior a la de los hombres, por eso son mejores para expresar sentimientos y triunfar en el campo de las relaciones humanas. Es debido a estas grandes diferencias que la comunicación entre marido y mujer suele parecer mas un campo de batalla que la expresión de amor e intimidad.

FEBRERO 25

CEREBROS DIFERENTES,
INTELIGENCIAS DIFERENTES (II)

Una de las formas en que las diferencias en las configuraciones cerebrales se manifiesta es en la forma en que los géneros se comunican.

Los hombres hablan con titulares mientras que las mujeres comunican hasta los mas mínimos detalles.

Los hombres generalmente no gustan de expresar sus emociones mientras que las mujeres no paran de hablar de ellas.

Los hombres emplean en promedio 7,000 palabras al día mientras que las mujeres llegan a usar 20,000.

Mientras que las mujeres quieren solucionar sus problemas de pareja hablando, los hombres prefieren pensar y para eso suelen encerrarse en sus cuevas y no salir hasta reducir la ansiedad que el problema les produce.Mientras la mujer más presione a su hombre para que hable, sin respetar su espacio y sus tiempos, mayores probabilidades de que la comunicación entre ellos sea suficiente.

La solución? Que la mujer acepte la necesidad emocional de su marido y que el esposo, para no herirla, le diga alguna palabra de afecto y le prometa hablar sobre el tema, para solucionar el problema o diferencia entre ambos, más adelante.

FEBRERO 26

RECONOCER Y EXPRESAR DE FORMA ADECUADA NUESTRAS EMOCIONES

En su conocida obra "Los hombres son de Marte, las mujeres de Venus", el psicólogo americano John Gray distingue y enumera las necesidades afectivas de hombres y mujeres.

El primer problema está en la falta de conciencia de estas diferencias emocionales. Ignoramos que esto es así y suponemos, de manera equivocada, que el otro tiene las mismas necesidades y los mismos deseos, por lo que no sabemos responder adecuadamente a los ajenos. Surgen entonces los malentendidos, los reproches y los rencores, por esa falta de conocimiento y comprensión del otro. Si no conocemos nuestras diferencias, no podemos satisfacer nuestras respectivas necesidades de forma positiva. Ambos estamos dando amor, pero no en la forma en que el otro desea.

Hombres y mujeres tenemos necesidades emocionales que requieren ser satisfechas. Cuando estas necesidades emocionales son satisfechas, la persona se siente amada y respetada. Cuando no lo son, el otro se siente rechazado o maltratado.

El éxito de una pareja depende, en gran medida, de su capacidad para reconocer y expresar de forma adecuada sus emociones.

FEBRERO 27

ELLA NO QUIERE CONTROLARTE

El primer paso para mejorar nuestra relación de pareja es ser conscientes de las diferencias individuales de cada uno. El simple hecho de pertenecer a un sexo u otro determina las necesidades emocionales que exigen ser satisfechas. Si ya contamos con esta información, tenemos ventaja para poder responder de la manera más saludable a lo que el otro espera de nosotros, sin olvidarnos, por supuesto, de lo que nosotros queremos dar y queremos recibir. Y todo ello, desde la comprensión, la generosidad y el afecto. Al fin y al cabo, en esto consiste el amor.

Cuando una mujer no sabe qué necesidades básicas tiene que cubrir y le da al hombre un amor preocupado en lugar de un amor confiado, puede sin saberlo estar boicoteando la relación.

Hay casos en los cuales la intervención de la mujer en la vida de su esposo no es extrema pero él lo percibe así de todas maneras. Aquí el problema es del esposo. Señor, por favor, no confunda la expresión de los propios sentimientos de su esposa con un ataque o una crítica destructiva. Aprenda a escuchar sus críticas constructivas, comentarios y sugerencias. No se sienta controlado por gusto. Ella no está tratando de controlarlo, está tratando de ayudarlo.

FEBRERO 28

DECLARACIONES PARA RENUNCIAR AL PECADO SEXUAL (I)

Si alguno de los dos en su matrimonio ha participado o está participando de algún pecado sexual es de gran utilidad repetir las siguientes declaraciones en voz alta, acompañadas de versículos bíblicos, para ganar la batalla contra el enemigo.

Renuncio a todo pecado sexual, especialmente a aquellos en los que me he visto envuelto en el pasado, tales como fornicación, masturbación compulsiva, pornografía, perversión y adulterio, en el nombre de Cristo Jesús.

Destruyo todas las maldiciones relacionadas con adulterio, fornicación, perversión, lujuria, incesto, violación, abuso sexual y poligamia en el nombre de Cristo Jesús.

Ordeno a todos los espíritus de lujuria y perversión salir de mis genitales, mis ojos, mi boca, mis manos y mi mente, en el nombre de Cristo Jesús.

"Huyan de la inmoralidad sexual. Cualquier otro pecado que el hombre comete, ocurre fuera del cuerpo; pero el que comete inmoralidad sexual peca contra su propio cuerpo" (1 de Corintios 6:18-20)

FEBRERO 29

DECLARACIONES PARA RENUNCIAR AL PECADO SEXUAL (II)

"Mi cuerpo es el templo del Espíritu Santo y como tal lo preservo limpio y puro."(1 Corintios 6:19-20)
Destruyo todo vínculo impuro con amantes y parejas sexuales en el nombre de Cristo Jesús.

Presento mi cuerpo al Señor como un sacrificio vivo (Romanos 12:1).

Rechazo y repudio el espíritu de soledad que puede conducirme a tener relaciones sexuales fuera de la voluntad de Dios, en el nombre de Cristo Jesús.

Asumo poder sobre mis pensamientos y ato todos los pensamientos sexuales impuros con la ayuda del Espíritu Santo.

Hago **cautivo todo pensamiento para que se someta a Cristo**.. (2 Corintioss 10:5)

"Porque nada de lo que hay en el mundo —los malos deseos del cuerpo, la lujuria de los ojos y la arrogancia de la vida— proviene del Padre sino del mundo." (1 Juan 2:16).

Me considero muerto al pecado, pero vivo para Dios en Cristo Jesús. Por lo tanto, no permito que el pecado reine en mi cuerpo mortal, ni obedezco sus malos deseos. (Romanos 6:6-12)

Estoy crucificado con Cristo. *"Ya no soy yo quien vive, sino Cristo quien vive en mi."* (Gálatas 2:20)
Amen!

MARZO 1

EN LO FAVORABLE Y EN LO ADVERSO

Ayer me tocó asistir a una boda significativa debido a la forma en la que los novios se enamoraron. Se conocieron en el 2012 en un sitio de *Online Dating* cristiano y rápidamente descubrieron que compartían un gran amor por Dios. Eso fue lo que mas los unió. Cuando él decidió venir a verla (pues Evan vivía en Nueva York y Lucía en Miami), la bella joven sufrió un paro cerebral que la condujo al hospital. Además. ella tenía una operación al corazón programada para esas fechas. Recuperada del primer paro, fue operada del corazón y cuando despertó tenía la mitad del cuerpo paralizada, casi no podía ver ni hablar. Ella temió que Evan no iba a venir a verla cuando se enterara, pero ocurrió lo contrario. El llegó y en vez de salir corriendo, se quedó a su lado. A diferencia de la mayor parte de historias de amor, ésta se inició en la enfermedad y en lo adverso, y el amor triunfó sobre la prueba. En la bella boda los votos de amor eterno tuvieron una mayor significación aún.

En el matrimonio, marido y mujer son como dos porciones de arena de diferente color mezcladas en un vaso. Una vez mezclados, los granos ya no se pueden separar, son una misma arena. Si más parejas tomaran sus votos de matrimonio como un PACTO inquebrantable, tendriamos menos divorcios.

MARZO 2

SUFRIMIENTO Y AUTO-NEGACION EN EL MATRIMONIO

El matrimonio es un camino de perfeccionamiento A TRAVES DEL SUFRIMIENTO y un sendero de AUTO NEGACION, en el cual cada cónyuge muere a sí mismo cada día para poner en primer lugar a su ser amado.

Y por qué es que se tiene que sufrir? Claro que resulta mucho mas atractivo imaginar una relación amorosa sin conflictos, sin problemas y sin crisis pero ésta no sería de este mundo. Se sufre, primero y ante todo, porque EL MATRIMONIO ES EL MEJOR ANTIDOTO PARA EL EGOISMO. Cuando uno se casa pierde buena parte de su libertad en la medida en que el otro cuenta inclusive más que uno mismo.

El matrimonio es una institución sagrada creada por Dios que convierte a dos personas en UNA, en un solo cuerpo, en una sola carne. Y como tal deberían actuar. Por eso es que el apóstol Pablo dice que el marido tiene que amar a su mujer como a su propio cuerpo y que quien ama a su esposa a sí mismo se ama. El matrimonio requiere auto-negación porque implica sacrificio de cada una de las partes para adaptarse a la otra en búsqueda de hacerla feliz. Cuando cada una procura la felicidad del otro, el resultado es bello y perfecto: los dos son felices.

MARZO 3

COMPASION, COMPASION, COMPASION

Con frecuencia me llegan a consulta, mujeres solas, abaditas por el desamor de sus maridos. Me rompió el corazón la historia de una joven de 25, cuyo bebé tiene dos añitos y ella no se atreve a dejar a su actual compañero porque no quiere que se quede sin padre. A los 15 se vino sola a los Estados Unidos. Sí, sola, sin tener ni siquiera familia o amigos. Su actual compañero, el padre de su hijo, se emborracha y la trata mal. Cuando le pedí que me contara la historia de su esposo, el drama era aún mayor. El chico llegó solo a los Estados Unidos a los 12 años. Sí, solo, a los 12! Y se metió con traficantes de drogas. También tuvo padre alcóholico y violento. Los patrones se repiten.

Entre otras cosas le pedí que sintiera compasión por su marido, que lo mirara con los ojos de Jesús, que comprendiera que su conducta en alguna medida está condicionada por el sufrimiento de su pasado y su crianza. Le pedí también que tuviera compasión por su hijito, porque el bebé sí quiere a su padre y le podría hacer mucho daño la separación. Le di un Plan de Superación Espiritual para que sea Dios quien toque el corazón de su hombre y lo cambie. Nada es imposible para Dios y El siempre responde a las oraciones de sus siervos fieles. En Su tiempo.

MARZO 4

LLENANDO EL TANQUE DEL AMOR DE NUESTRO CONYUGE

A la mayor parte de los hombres le encantan los autos. Todos sabemos que para que un auto funcione bien requiere un adecuado mantenimiento y tener gasolina en el tanque. Lo mismo sucede con el matrimonio.

Las mujeres tienen un tanque que debe ser llenado con AMOR, porque las mujeres nacemos para amar y ser amadas. Cuando una mujer no funciona bien puede deberse a que su tanque de amor está vacío.

Mientras tanto, el tanque del hombre se llena con respeto.Para que él funcione adecuadamente en la relación matrimonial necesita ser respetado, admirado, valorado y honrado. Cuando la esposa no muestra respeto por su marido, su tanque se va quedando vacío hasta que ya no puede brindar amor a su esposa.

Y aquí llegamos al primer gran escollo en la relación matrimonial: **El círculo vicioso de la falta de amor y la falta de respeto**. Cuando la mujer no se siente amada deja de respetar a su marido y cuando el marido no se siente respetado deja de expresar amor hacia su esposa. El matrimonio cristiano es llamado a cortar este círculo vicioso y pasar al círculo virtuoso: Mientras la esposa muestra más respeto a su marido, más el esposo le manifiesta su amor. Mientras el marido más la ama, su mujer más lo respeta.

MARZO 5

EN LA SALUD Y EN LA ENFERMEDAD

Uno de los momentos en el que el amor incondicional de pareja suele ponerse más a prueba es cuando uno de los dos se enferma. Y peor si la enfermedad es grave. Es entonces cuando se manifiesta la autenticidad de los votos matrimoniales.

Hace poco tuve en consulta a un hombre que dice haberse enamorado de una mujer a la que le dobla la edad porque su esposa de mas de 20 años se ha vuelto celosa e irritable. Tratando de entender lo que podría estar pasando en la mente de su mujer. le pregunté por ella y sus circunstancias y me contó que recientemente había sufrido la extirpación de un seno como consecuencia de un cáncer.

Le expliqué que su esposa había sufrido un shock emocional al perder un seno y el cabello y que esa era la razón de sus celos...Le pedí que fuera a pedirle perdón, que le prometiera que no iba a ver más a la otra, que le suplicara para ir a la iglesia juntos y hacer terapia de pareja. Tal vez ella responda que no. Y estará en su derecho en caso de no querer darle otra oportunidad.

De nada sirve cuidar de la salud de nuestro ser amado si a la vez no cuidamos de su salud emocional, mental y espiritual. De qué sirve darle medicina para el cuerpo... si le matamos el alma...

MARZO 6

QUE LOS HIJOS NO LO DESPLACEN

Con frecuencia los maridos se sienten dejados de lado por sus mujeres, las que inclusive ya no los satisfacen sexualmente, porque están muy cansadas de tanto cuidar a los niños, especialmente si son bebés y los están amamantando.

Nadie le pide a las mujeres que se conviertan en mártires y traten de satisfacer a sus esposos tanto como cuando no habían pequeños en casa. Pero tampoco se trata de relegarlos.. Si hacían el amor todos los días, el ritmo no tiene por qué bajar a una vez por semana después de nacido un hijo. La esposa debe hacer un esfuerzo por demostrarle a su cónyuge que él sigue ocupando un lugar preponderante en su vida. Ahora bien, también es importante que el marido sea más comprensivo y que no espere que su mujer tenga la misma fogocidad que antes de quedar embarazada, ni que le brinde los mismos mimos.

Resulta vital también que el esposo la ayude con las tareas domésticas y el cuidado de los otros niños (de haberlos) o hasta del mismo bebé, para que ella tenga la posibilidad reponerse. Una mujer agradecida tiene muchos más deseos de hacer el amor a su marido..

MARZO 7

CUANDO EL SILENCIO COMUNICA
RESPETO O RECHAZO

A veces pensamos que el silencio es la ausencia de comunicación, aunque en realidad más bien podríamos decir el silencio, también es comunicación, solo que carece de palabras. El silencio como tal, transmite un mensaje, aunque en realidad no siempre es aquel que queremos transmitir, y no siempre nuestra pareja entiende aquello que con él, le queremos decir.

Muchas veces necesitamos apartarnos, calmarnos, tomar distancia y serenarnos, para volver a retomar la comunicación o el contacto, pero muy por el contrario de aquello que en realidad queremos, nuestra pareja puede interpretar que no queremos estar con él o con ella, o hacer suposiciones que poco o nada tienen que ver con la realidad. Es por ello que se hace indispensable que pueda hablarlo con mi pareja, que pueda entender mis razones, y que una vez que estemos clamados y serenos podamos hablar de aquello que pasó, o de aquello que nos pasa y se nos hace difícil de decir en un momento determinado.

Mantener el silencio como **LEY DEL HIELO** puede generar grandes distancias que luego son muy difíciles de acortar, no logramos hablar de lo que nos molesta, y callarnos no es de ninguna manera lo que soluciona el conflicto, y por el contrario nos llenamos de rabia.. Y es que no por no hablar de lo que nos molesta el problema desaparecerá, se trata de poder hacerle frente a las diferentes opiniones.

Pero... ¿por que se origina este silencio? ¿qué es lo que nos impide la comunicación? Qué pasa cuando somos nosotras las que usamos el silencio como herramienta de manipulación y castigo?

El silencio se puede ocasionar por resentimiento, por sentimientos de desvalorización, por desamor, porque no me siento valorada, por temor a la descalificación, por miedo a la respuesta de mi pareja, por desesperanza, por apatía, por inseguridad hacia mí misma o mi relación, por depresión, por miedo a comunicarme y decir aquello que pienso.

Cuando el silencio se convierte en nuestra forma habitual de resolver los problemas, o cuando ya no recuerdo cuando fue la última vez que hablamos, es necesario hacer un alto y reflexionar sobre la necesidad de terminar con la ley del hielo de una vez por todas.

MARZO 8

EL VASO MAS FRAGIL

*" Y vosotros, maridos , igualmente, convivid de manera comprensiva con vuestras mujeres, como con un vaso más frágil..."(*1 de Pedro 3:7)

La recomendación del apóstol Pedro a los maridos supone, entre otras cosas, reconocer primero y ante todo su fragilidad. La mujer suele ser mucho más sensible, sentimental y emotiva que el hombre y por ende mucho más vulnerable emocionalmente. Por eso es que la segunda necesidad emocional mas importante para las mujeres es LA SEGURIDAD, después del AFECTO (la ternura, el cariño).

El mayor regalo que un marido puede hacerle a su esposa es brindarle seguridad a través del valor que ella considera prioritario: la FIDELIDAD. No hay mujer que se sienta mas segura que aquella que sabe que su hombre le es fiel...y no solo lo es sino que también lo aparenta.

Mi reconocimiento para aquellas mujeres que, a pesar de la liberación femenina, han sabido mantener su cualidad de vaso más frágil, haciendo gala de feminidad y ternura, demostrando que pueden ser fuertes sin por ello dejar de ser sensibles y hasta vulnerables. Bienaventuradas aquéllas que aceptan su fragilidad como un don y no como una carga.

MARZO 9

EL UNICO FACTOR QUE ASEGURA EL EJERCICIO DEL AMOR INCONDICIONAL EN LA RELACION DE PAREJA

Hace poco fui a ver al cine una película sobre la vida de Jesús titulada "Hijo de Dios". Una verdadera obra de arte, tanto desde la perspectiva del contenido como de la forma, del estilo, de la fotografía, de la recreación de época y de la actuación. No creo que muchos críticos de cine se animen a ir a verla para recomendarla. Pero no importa.

El propósito del film no es recaudar ganancias, ni siquiera recuperar la inversión finaciera. Su principal objetivo es difundir el Evangelio, la Buena Nueva de la encarnación del Verbo, quien en el principio era Dios y estaba con Dios. La segunda persona de la Trinidad: el Hijo, quien se hizo carne, Emanuel, Dios con nosotros, quien nos dio acceso a la vida eterna. La misericordia infinita del Padre permitió la inmolación del Cordero de Dios. Y cuando Jesucristo ascendió al Padre nos dejó su Espíritu Santo como Gran Consolador. Benditos los que vienen en nombre del Señor...Bienaventurados los perseguidos por Su causa, porque de ellos es el Reino de los Cielos!

Muchas parejas han asistido a ver la película y ya me han llegado testimonios conmovedores de lo que su mensaje ha motivado en ellas: arrepentimiento.

Arrepentimiento por haberse alejado de la única fuente posible de armonía, paz, estabilidad y duración en el matrimonio: el Hijo de Dios.

Porque las **parejas cristocéntricas** saben, por experiencia propia, que no hay problema que no tenga solución si Jesús está en el medio de ellos. Y las que experimentaron esta paz y luego cayeron en garras del enemigo todavía están a tiempo de volver a llevar su cruz y seguir al Salvador del mundo diariamente. Nunca es demasiado tarde para volver a El.

Y aquellos que se consideran cristianos: católicos, protestantes, evangélicos, sin importar la denominación, pero se han dejado llevar por el mal, cayendo en tentaciones, alejándose del camino de la cruz, el Rey de Reyes y Señor de Señores les extiende los brazos y les dice una vez más: *"Vengan a Mí, todos los que están cansados y cargados, y Yo los haré descansar."* (Mateo 11:28)

Señor, perdónanos. Como el Hijo Pródigo regresamos a Ti arrepentidos, a rendirnos a los pies de la cruz, a someternos a Tu voluntad para nuestras vidas porque sabemos que sólo Tú eres Santo y sólo Tú puedes redimirnos del pecado y, por tu gracia bendita, concedernos vida eterna. Amen.

MARZO 10

3 MECANISMOS DEFENSIVOS

Son procedimientos inconscientes que utiliza el yo para enfrentar la angustia o ansiedad. Los 3 mecanismos defensivos mas comunes son:

Refugiarse en su cueva

Mientras la mujer quiere solucionar el problema hablando, el hombre prefiere solucionarlo pensando, alejándose, refugiándose en su espacio, manteniendo una distancia prudente de su mujer...y mientras más lo presionemos para salir, más huirá.

Negación

Es un mecanismo de defensa relativamente simple, es negarse a creer que el acontecimiento amenazante ocurrió o que la condición existe. Un ejemplo es del hombre que se niega a reconocer que tiene problemas con su pareja y por ende no acepta la opción de una terapia. Es la política del avestruz (que esconde la cabeza en la tierra para no ver).

Proyección

Es el mecanismo mediante el cual un individuo atribuye a otro sus propios impulsos y deseos inaceptables y de esa forma se los oculta a si mismo.

Los hombres tienden a culpar a sus mujeres de sus propias faltas, como mecanismo de defensa para preservar su ego. Las mujeres gustan de aconsejar a su hombre y pecan al darle órdenes.

MARZO 11

EL DOLOR DE LA DOBLE VIDA

Una pareja joven que vino a pedirme consejo definía su problema como falta de confianza. Ella no confiaba en él porque temía que tuviera otra. Su esposo ya no le hacía el amor y cuando se lo hacía, parecía que estaba cumpliendo con un deber conyugal por el cual ya no sentía ninguna atracción. Él terminó confesando que estaba descubriendo su atracción hacia su mismo sexo. El mundo se le vino abajo a la muchacha. Ese tipo de traición le parecía mucho más grave que la infidelidad con otra mujer.

Ahora resulta que los hombres se escudan en la forma proselitista en que la sociedad liberal presenta el homosexualismo como una opción más, casi tan inocua como cambiarse el color del cabello. Craso error. La Biblia define en numerosos versículos, tanto del Antiguo como del Nuevo, al homosexualismo como un pecado que Dios aborrece. Pero Dios perdona al pecador arrepentido. Y solo quien reconoce su desvarío, sometiéndose y siendo obediente a Dios, puede regresar a los brazos de su Padre Celestial.

Nada peor que la doble vida, que la incoherencia de quien se define de una manera pero vive de otra. Hay que actuar con congruencia. Que nuestro sí sea un sí claro y nuestro no un no tajante y rotundo.

MARZO 12

QUE TU TRABAJO NO TE ALEJE DE TU FAMILIA

"Porque donde está tu tesoro, allí también estará tu corazón" (Mateo 6:21)

La primera ley que siempre les explico a las parejas que vienen a verme a consulta es la LEY DE LA PRIORIDAD. Les pregunto abiertamente: ¿Qué preferirían tener: un matrimonio feliz o una carrera exitosa? Y les anuncio que UNA ADECUADA ESCALA DE PRIORIDADES LOS PUEDE SALVAR DEL DIVORCIO!

¿Aceptaríamos un extraordinario éxito profesional a cambio de una malograda vida conyugal? Si tomaste más de tres segundos para responder esta pregunta, es probable que tu escala de valores no sea la cristiana. La dedicación marital es mucho más importante que cualquier otra cosa al determinar el bienestar personal, la felicidad y la entrega al prójimo. Si tienes un matrimonio exitoso, no importa cuántos contratiempos profesionales tengas que sobrellevar,serás razonablemente feliz y contribuirás a la felicidad de tu familia. Si tienes un matrimonio fallido, no importa cuántos triunfos alcances; te mantendrás considerablemente insatisfecho.

Lo único realmente importante que dejaremos en este mundo son nuestras cónyuges e hijos. Todo lo demás se descompone o se devalúa.

Y si algo he aprendido de los muchos trabajos donde he estado, es que no importa si hemos sacrificado nuestras vidas por la empresa; en tiempos de crisis económica es prácticamente imposible que esta lealtad sea recíproca. No hay nadie que en su lecho de muerte haya deseado dedicarle mas tiempo al trabajo pero sí a la familia, especialmente al cónyuge y a los hijos. Está tu dedicación al trabajo y desarrollo profesional perjudicando tu relación de pareja? Se queja tu pareja de que no tienes tiempo para ella?

Analicemos uno de los lenguajes del amor (que suele ser uno de los principales de las mujeres): TIEMPO COMPARTIDO. Cuando el marido no tiene tiempo para su mujer le dice (con hechos) que no la ama aunque le compre muchos zapatos y le pase su tarjeta de crédito para que gaste! La moraleja que obtenemos de este tema es que si nuestra prioridad después de Dios no es nuestro matrimonio, lo más probable es que perdamos la inversión más importante de nuestras vidas a corto, mediano o largo plazo.

MARZO 13

MUJER RESPETA A TU MARIDO(I)

"Por lo demás, cada uno de vosotros ame también a su mujer como a sí mismo; y *la mujer respete a su marido.*" (Efesios 5:33)

Dios no tuvo que pedirle a la esposa que amara a su marido porque es algo tan natural en ella que cae por su propio peso. Tuvo que pedirle que respetara a su esposo porque es algo que ella tiene que aprender..

El hombre necesita respeto tanto como la mujer necesita amor incondicional. Los estudios sicológicos revelan que un hombre que no se siente respetado en su hogar es un hombre que se siente poco motivado a responder hacia su mujer como ella desea.

Según el diccionario, entendemos por respeto: "Considerar, reconocer, aceptar, apreciar y valorar las cualidades de una persona, que se acompaña de obediencia y admiración profunda hacia ella."

El respeto comienza cuando una esposa honra el liderazgo de su esposo, no porque él sea superior, si no porque es la persona a quien Dios vistió de autoridad para el hogar. En otras palabras, el respeto no está dirigido al hombre sino a la autoridad que hay en él porque Dios lo quiso así. Cuando una esposa entiende esto, respetará a su marido de buen agrado, porque su mirada está puesta en Dios y no en su esposo.

MARZO 14

MUJER RESPETA A TU MARIDO (II)

Para muchas mujeres el concepto de respeto no es fácil de entender. He aquí algunos ejemplos de cómo manifestarlo:

• Apoye, levante y fomente la autoridad y el liderazgo de su esposo con palabras y acciones.

•Respalde su autoridad delante de sus hijos, respetando sus decisiones. Sea una aliada de su esposo.

• Valore y resalte sus capacidades, talentos y dones. Aliéntelo constantemente para que las pueda desarrollar.

• Acéptelo como es, aprecie lo bueno en él y ore por su debilidad. No lo critique ni quiera controlar todo lo que hace.

• Muestre interés por sus proyectos y ayúdelo a realizarlos. Acompáñelo a que haga lo que le gusta.

• Trátelo con la mayor cortesía y delicadeza.

• Escuche con atención sus inquietudes y aconséjelo de acuerdo con la palabra de Dios.

• Compréndalo en momentos de debilidad, angustia o tristeza.

• Atienda sus necesidades sexuales, emocionales y físicas.

• Admírelo, para que él sienta que es su héroe y el de su familia. Un hombre respetado es un hombre feliz.

MARZO 15

CUIDADO CON IRRITARNOS FACILMENTE

Una de las cosas que suelen ocurrir con mayor frecuencia en los matrimonios de más de 2 años es que ante la menor cosita, ante el más pequeño disgusto, uno de los dos o los dos se irritan y se ofenden con mayor facilidad que lo que ocurriría con cualquier otra persona. Por qué sucede esto? Una de las razones es que, lamentable pero cierto, en cuando vivimos bajo el mismo techo con una persona a la que decimos amar, llegamos a tenernos tal confianza y a conocernos tan bien que optamos por no "cuidar las apariencias" como lo hacíamos antes, optamos por ser más "naturales" (o menos fingidos) y con ello sale a relucir nuestro lado malo con mucha mayor nitidez. Ya no nos interesan tanto los buenos modales, ya no prestamos atención a los detalles que a la otra persona le importan, nos relajamos y en ocasiones perdemos inclusive la consideración por el otro.

Luego, con el paso de los años, las pequeñas cosas que nos parecían encantadoras y hasta entrañables en la persona amada, ahora nos resultan irritantes, como por ejemplo su excesiva locuacidad (es una cotorra que no para de hablar!) o su estilo parco al narrar lo ocurrido en el día (es un hermético al que hay que sacarle las palabras con cucharita!).

Y lo peor se da cuando uno de ellos o ambos se sienten ofendidos ante la menor cosita. En cuanto se ofenden fácilmente, la relación se sigue resquebrajando, porque ahora se sienten ofendidos por el tono con el que el otro respondió o por la falta de respuesta, casi todo es objeto de enojo y rencor. Los malos entendidos se prolongan por días, la ley del hielo los tiene congelados por largas horas y las heridas abiertas no tienen cuándo cerrar.

Qué hacer ante tanta irritación y enojo? Lo primero que hay que reconocer es que por lo menos uno de los dos debe cambiar esa tendencia a enojarse fácilmente. El camino es, como dicen en inglés, el de "*let it go*" (dejar pasar). No aferrarse al fastidio. Hacer *switch* (cambio de tuerca) lo más velozmente posible, librarse de la emoción negativa, desembarazarse de ella, librarse de la carga que supone cualquier sentimiento de rencor o desamor. Elegir sonreir. Elegir perdonar. Elegir olvidar. Practicar el amor incondicional.

MARZO 16

CAMBIANDO DE ACTITUD:
DE JUICIO A COMPASION

Quién no ha experimentado alguna vez el juicio amargo de un familiar, posiblemente de la propia pareja, quien nos dice del mal que nos vamos a morir porque está harto(a) de nuestros defectos y carencias?

Quién no ha juzgado alguna vez a otro ser humano, condenándolo antes de saber la verdad completa o inclusive parte de la verdad que explicaría su conducta? A nadie le gusta ser juzgado, pero todos somos proclives a juzgar.

En el camino de la elevación espiritual, nos volvemos más compasivos. La compasión nos conduce a practicar con otros el tipo de perdón que Dios nos brinda diariamente, a pesar de nuestra condición de pecadores reincidentes. Dios nos pide perdonar a otros tal y como El nos ha perdonado siempre.

Practicando la compasión, dejamos de juzgar para pasar a comprender qué puede haber motivado que esas personas nos hirieran. Entendemos que ellas han sufrido traumas, golpes, decepciones y padecimientos que determinan, en alguna medida, la forma en que nos maltrataron. Esas personas fueron víctimas de otros. Se trata de gente herida que nos hiere sin querer.

MARZO 17

CUANDO LA IRA DESTRUYE
TODO A SU PASO

"que cada uno sea pronto para oír, tardo para hablar, tardo para la ira..."(Santiago 1:19)

La mayor parte de parejas que visitan mi consulta se quejan del mismo problema: ellos reaccionan con ira cuando ellas los contradicen o les hacen saber que no están de acuerdo. En el fondo de sus corazones, un alto porcentaje de hombres sueñan con una mujer sumisa que les diga "amén" a todo lo que deciden o quieren hacer. Y hay ocasiones en las cuales el varón se enoja sin aparente motivo (de acuerdo a ella) porque la esposa le da recomendaciones, sugerencias o consejos que a él le suenan a crítica, ataque, cuestionamiento o reclamo. O sea: ella cree "aconsejar" mientras que él se siente "controlado", "manipulado". Esta percepción tan diferente de la misma realidad es la primera piedra de tropiezo en la relación de pareja. Si a esto le sumamos que hay días en que los dos están más predispuestos a encender la hoguera del pleito, no debiera extrañarnos que la mayoría de matrimonios terminen ardiendo.

Finalmente, hay que considerar otras dos diferencias de género: Las mujeres han sido entrenadas para canalizar y liberar sus frustraciones y tensiones a través del llanto, el que actúa a manera de catarsis.

Por su parte, dado que a los hombres les está prohibido llorar, buena parte de ellos recurre a la ira como mecanismo de desfogue del stress laboral, de las frustraciones que provienen de su entorno y sobre todo de las frustraciones relacionadas con su vida conyugal. Y peor aún si al stress se le suma el alcohol. Porque la bebida lo desinhibe y lo torna más agresivo todavía. En resumen, no se trata de justificar la ira masculina. Se trata de entender por qué suelen ser ellos los que utilizan este mecanismo con mayor frecuencia. Aunque con el apogeo del movimiento de liberación femenina, las mujeres entraron, desafortunadamente, a competir con sus hombres en materia de volumen de voz, gritos e insultos. Craso error.

Lo que un hombre iracundo necesita para calmarse es una mujer mansa. No estoy sugiriendo que la mujer se deje maltratar físicamente. Sostengo que si calla será mucho más probable que el pleito no escale, que la hoguera no se encienda produciendo un incendio fatal. Lo que un hombre iracundo necesita para calmarse es alcanzar la paz interior. Y no hay otro camino para llegar a este objetivo que la vía espiritual. *"...pues la ira del hombre no obra la justicia de Dios."* (Santiago 1:20)

MARZO 18

LIMITES DE LA VIDA SEXUAL EN EL MATRIMONIO: LO QUE NO EDIFICA

Como bien dice Pablo en 1 de Corintios 10: 23, en la vida del cristiano que vive bajo la gracia de Dios y camina con el Espíritu Santo *"Todo es lícito, pero no todo es de provecho. Todo es lícito, pero no todo edifica"*. No hay dudas de que Dios ha establecido que el matrimonio es algo honroso y, por tanto, es algo que debe traer honor y gloria al Señor. Hebreos 13:4 dice: *"Sea el matrimonio honroso en todos, y el lecho matrimonial sin mancilla, porque a los inmorales y a los adúlteros los juzgará Dios"*. Consecuentemente, sin importar cuáles sean las prácticas sexuales en que incurran los esposos, entendemos que estas deben ser hechas en santidad. En la Palabra de Dios no hay límites específicos señalados en cuanto a las relaciones sexuales dentro del matrimonio, pero sí hay algunos principios que deben tomarse en cuenta: Las relaciones anales no son lícitas. Se entiende que el ano ha sido diseñado por Dios como un órgano de desecho y no de placer, hasta el punto que sus fibras están constituidas de tal manera que su fisiología natural es de permitir que los excrementos puedan ser expulsados hacia afuera, y no de permitir que algo pueda ser introducido a través del orificio anal. El apóstol Pablo también nos dice en Romanos 1:26 que *"Dios los entregó a pasiones degradantes; porque sus mujeres cambiaron la función natural por la que es contra la naturaleza"*. Este versículo probablemente llama la atención sobre dos cosas diferentes: a) La práctica del lesbianismo; y b) La práctica del sexo anal, porque claramente dice que la mujer cambió la función natural por aquella que es contra la naturaleza, y el sexo anal lo es.

Es sexo contra natura cuando se procede contra la naturaleza del acto, contra lo que Dios ha dispuesto como la vía natural. considerado como una práctica abominable a los ojos de Dios (no así de los mundanos). Dios destruyó a Sodoma precisamente por esa práctica. Y la sodomía no lo es solo entre varones, sino también entre un hombre y una mujer. Al tener relaciones anales el varón con su mujer, por mucho que sea su esposa, la está sodomizando, y él se convierte en sodomita (1 Timoteo 1:10)

Es evidente que este pasaje habla sobre relaciones sexuales entre hombre y mujer. Pero encontramos que nos advierte de "una función natural", de "una función contra la naturaleza"; y "el uso natural de la mujer". Si queremos agradar a Dios con nuestra conducta sexual, nada mejor que NO hacer lo que Su Palabra prohibe.

MARZO 19

EN EL MATRIMONIO DIOS NOS REFINA, PODA Y SANTIFICA (I)

"Porque Tú nos has probado, oh Dios; Nos has refinado como se refina la plata." (Salmo 66:10)
Los que se casan creyendo que el matrimonio va a ser un lecho de rosas, suelen fracasar. Lo que nadie les dice a los novios es que su nuevo status civil conllevará mucho sufrimiento basado en sacrificio personal constante. A todos nos cuesta renunciar al egoísmo. Y cuando se ama de verdad a alguien, se ama a esa persona "a pesar de", "por encima de", con generosidad y entrega.

En este proceso de renuncia a la satisfacción de los propios gustos, necesidades e intereses para poner primero los de nuestro cónyuge, el matrimonio es el equivalente a un crisol en el que nuestro espíritu se refina como el oro o la plata se refinan en el crisol u horno que los separa y purifica.

*"...Los refinaré como se refina la plata, Y los probaré como se prueba el oro.."(*Zacarías 13:9)
Dios nos refina porque nos ama. Porque quiere vernos crecer en santidad. Y en el caso de los casados, el crisol suele ser la difícil convivencia de dos seres humanos que, como pecadores al fin, son egoístas por naturaleza y tienen que librarse de las impurezas del egocentrismo para pasar a amar al otro como a su propio cuerpo.

MARZO 20

EN EL MATRIMONIO DIOS NOS REFINA, PODA Y SANTIFICA (II)

Los grandes personajes de la Biblia pasaron todos por el crisol. Todos fueron probados. Hoy son inmortales porque fueron refinados como el oro, en el fuego de la aflicción, y salieron victoriosos. *"El crisol es para la plata y el horno para el oro, pero el SEÑOR prueba los corazones."* (Proverbios 17:3)

Los corazones de los esposos suelen estar conectados de una forma sumamente bella e íntima por un tiempo corto, muy corto, lamentablemente, porque nadie los ha entrenado para las pruebas que tendrán que pasar juntos, porque no se han preparado individualmente, en manos del Espíritu Santo, para una vida de sacrificio, esfuerzo, entrega desinteresada y sometimiento a la voluntad de Dios.

"Muchos serán purificados, emblanquecidos y refinados. Los impíos procederán impíamente, y ninguno de los impíos comprenderá, pero los entendidos comprenderán." (Daniel 12:10)

Y aquellos que no se acercan a Dios lo suficiente, aquellos que no colocan a Jesús en el centro de su relación, suelen ser los que duran menos. A mayor conexión espiritual, a mayor comunión de la pareja en el Señor, mayores probabilidades de que salgan del crisol victoriosos.

MARZO 21

LA ADICCION AL SEXO DESTRUYE MATRIMONIOS

Cada segundo, un promedio de 30,000 personas están viendo porno en internet actualmente. El 42.7% de los usuarios de internet ven o han visto pornografía por esa vía. El 89% de todos los sitios web pornográficos son producidos en USA. La industria de la pornografía recauda 13 billones de dólares anuales en ganancia. Sexo es el tema o asunto número uno para búsquedas en Google. La edad promedio de inicio en la pornografía es de 11 años en los Estados Unidos.

El 72% de las visitas a sitios web pornográficos son hechas por hombres. Aproximadamente hay 200,000 adictos a la pornografía en los EEUU(definiéndose como adicción el dedicar mas de 11 horas semanales a ver ese tipo de material). Mas del 50% de quienes ven pornografia pierden interés en tener relaciones sexuales con su pareja. El uso de pornografía incrementa las probabilidades de infidelidad sexual en un 300%. El 56% de los divorcios incluyen a gente que ve pornografía.

Es triste ver como el enemigo ha ganado terreno en cuanto a la vida sexual del cristiano. Tratar de salir de esta atadura no es fácil, ya que la pornografía está diseminada en por toda la red. Pero sí hay vías de salida y las veremos a lo largo de este libro.

MARZO 22

CUIDADO CON LAS LUCES AMARILLAS EN TU MATRIMONIO

Te preguntas porqué no puedes ser feliz con tu pareja? Presta atención a las principales señales de que la relación va por mal camino:

La rutina está apagando la pasión y ya casi no se buscan sexualmente.

Los dos o uno de los dos comienza a utilizar palabras ofensivas al dirigirse al otro.

Pretenden que todo va bien para que otros no sufran...pero la procesión va por dentro.

Los problemas de la calle o el trabajo se traen a la casa y se descargan en el otro.

Se ataca a la pareja echándole la culpa de lo malo... "Tú nunca te acuerdas de" es una frase típica.

Se profetiza que el otro nos va a fallar...como en el caso de la infidelidad...hasta que el otro termina haciendo lo que tanto pensamos.

Cuidado con las luces amarillas...Están a tiempo de detectarlas y de evitar que su matrimonio termine en la luz roja del divorcio, que es un mal que Dios aborrece, tal como nos lo dice La Biblia en Malaquias 2:16. Acude a terapia de pareja antes de que sea demasiado tarde! Y no olvides la consejería espiritual como parte importante del proceso de restauración de la relación.

MARZO 23

LAS CRISIS DE PAREJA SON NORMALES E INEVITABLES

Estás cansada (o) de pelear y pelear con tu pareja? Parecen ustedes perros y gatos cuando discuten? Se aman pero no logran ponerse de acuerdo en casi nada? De los vínculos interpersonales que llegamos a establecer los seres humanos, la relación de pareja es una de las más intensas, más difíciles de sobrellevar y equilibrar pero a la vez la que más satisfacciones nos puede dar. Implica compartir proyectos, visiones del mundo, ideas, actitudes, emociones, afectos, sensaciones, etc. Por lo que es inevitable que se presenten desacuerdos en la dinámica de la misma. El desacuerdo es parte de la relación. Encontrar una pareja que esté de acuerdo en todo es como encontrar una aguja en un pajar.

Todas las parejas pasan por momentos de crisis, de inestabilidad, de ajustes, y que no pueden ser atribuidos a una sola causa, sino que los conflictos suelen iniciarse cuando las expectativas que tiene un miembro de la pareja hacia el otro, no se cumplen. La decepción entra a tallar en la relación y con ella todos los otros males.

Las parejas se unen pensando que su relación no va a cambiar, que él o ella serán los mismos toda la vida, que la unión será por siempre y para siempre; sin embargo, cambia la pareja, la relación, el amor, los estilos de acoplamiento, cambia la rutina, cambian los intereses, cambian las modas, y si los miembros del binomio amoroso no se adaptan a dichos cambios, ello puede llevarlos a estados de crisis y como consecuencia al rompimiento del vínculo emocional. La elección de estar en pareja implica inevitablemente compartir la vida con otro. Aprender a negociar y a confrontar las diferencias es una buena estrategia preventiva de crisis.

Pero más importante aún: Acercarse más a Dios, es mi primera recomendación para evitar las discusiones y llegar a acuerdos rápidos con la pareja. *"Tú guardarás en completa paz a aquel cuyo pensamiento en Tí persevera"* (Isaías 26:3 NVI)

Te reto a experimentar un descubrimiento asombroso: Cuanto más tiempo pasas a solas con Dios, mejor te llevamos con tu ser amado!

Cuando se eleva el nivel de la discusión en tu matrimonio significa que alguien no está pasando el tiempo que debería con el Señor. Es así de simple. Entonces, lógicamente, debemos acercarnos más a Dios si queremos evitar las discusiones y superar las crisis con éxito.

MARZO 24

7 RAZONES QUE EXPLICAN POR QUE HAY MUJERES FRIGIDAS

¿Cuáles son las barreras más comunes por las cuales las mujeres no pueden responder sexualmente ante sus maridos? Hay 7 razones principales:

Primero, a la mujer no se le da el tiempo o la atención necesaria para que ella responda.

Segundo, la mujer no recibe la estimulación correcta.

La tercera razón común para la frustración sexual (la falta de experimentar un orgasmo) es el temor. Puede ser el miedo a fallar y no experimentar un orgasmo nunca. La cuarta razón por la cual una mujer no responde sexualmente es porque ella no se siente atractiva. Un quinto factor que impide a algunas mujeres alcanzar el orgasmo puede ser un trauma profundamente psicológico, como el haber sufrido una experiencia de abuso sexual o una violación, lo que la inhibe y bloquea mentalmente

La sexta causa para la falta de una respuesta en la mujer es el conflicto en su relación. Si ella no siente que la relación es cuidada y nutrida puede sentir que él no merece poseerla. La última razón por la cual una mujer no experimenta una relación de satisfacción con su esposo es la inhibición religiosa. Pero Dios creó el sexo para el matrimonio y esta certeza debiera ser suficiente para descongelarla.

MARZO 25

LE FALTA AMBICION A TU MARIDO Y NO PROGRESA COMO QUISIERAS?

Esta es una situación mucho más generalizada de lo que las mujeres creen y la causa no está basada necesariamente en que el esposo sea ocioso y no quiera trabajar. Hay muchos maridos buscando empleo que no lo encuentran, pero por semanas y hasta meses, lo que genera un círculo vicioso de desánimo, desgano y apatía en ellos. Es como si perdieran la fe y la esperanza. Y cuando la pierden, las probabilidades de encontrar empleo son aún mucho menores.

Otros tienen la excusa de que no encuentran el empleo que merecen, que todos los que aparecen no son de su rubro o especialidad o que están en lugares apartados o que ofrecen miserias como compensación financiera, etc. Se trata de que los esposos se pongan de acuerdo sobre lo que verdaderamente interesa: O se pierde mas tiempo esperando por el trabajo ideal o se acepta lo que el mercado ofrece y se continúa buscando mientras se tiene un ingreso, por módico que sea.

Otra situación que se presenta con frecuencia en los tiempos actuales es que la mujer trabaja mucho más (y gana más) que el hombre de la casa y esto repercute, sobre todo cuando son machistas, sobre la auto-estima masculina, más aún si la esposa se lo echa en cara.

Nada peor que una esposa que le da órdenes a su marido porque se siente con el derecho que le da el dinero que trae a casa. Esta negativa actitud femenina contribuye a postrar más al hombre. No lo ayuda a levantarse del sofá y "ponerse las pilas", porque de acuerdo a su perspectiva: "nada de lo que haga la hará feliz o la tendrá satisfecha".

Finalmente, no se trata tampoco de echarle la culpa a la dama. Pero hay que reconocer que la mayoría de varones NO se sienten satisfechos con la idea de no ser los principales proveedores. No es que les falte ambición "a propósito". Una mujer sabia alienta a su hombre para que salga adelante, haciéndolo sentir respetado -a pesar de las circunstancias-, elogiándole lo positivo, motivándolo a buscar nuevas oportunidades laborales y mordiéndose la lengua para no decir lo negativo o hiriente. Un hombre que es respetado de esta manera tiene muchas más probabilidades de conseguir un empleo....y bueno!

MARZO 26

SOBRE SWINGERS, THREESOMES Y OTROS DESVARIOS SEXUALES

De tanto en tanto llegan a mi consulta parejas con graves problemas sexuales. Hace poco una joven madre de 2 niños pequeños, casada con un hombre de 40, me vino a confiar el dolor que le producía que su esposo la hubiera "usado" para participar en "Threesomes"(sexo de a 3) y "Swingers"(intercambio de parejas con fines sexuales), haciéndola perder su dignidad y la admiración que le tenía a él cuando se casaron. Puede un hombre que cree y dice amar a su mujer obligarla a participar en semejantes desvaríos sexuales? Mi respuesta es un rotundo NO. Desde la perspectiva moral, tal hombre está faltándole el respeto a su esposa, aprovechándose de su debilidad para oponerse (algunos las manipulan, otros las amenazan) conduciéndolas a hacer algo que las denigra en su condición de seres humanos.

En el título de este artículo califico estos actos de DESVARIO porque son una "Monstruosidad, una cosa que sale del orden regular y común de la naturaleza."(*Definición de la RAE*). Mucho más aún si nuestra perspectiva es la cristiana. Y en en esta perspectiva baso mi opinión sobre estos engendros que destruyen LA EXCLUSIVIDAD DE LA RELACION CONYUGAL y su carácter sagrado.

Es un fenómeno innegable que aquellas sociedades y culturas que han rechazado el conocimiento de un Dios personal han caido en inmoralidades de cualquier índole, en orgías, promiscuidad y prostitución. En los Estados Unidos de hoy la tendencia a la inmoralidad sexual está causando graves estragos en la institución familiar, destrozando matrimonios. Como bien nos recuerda el apóstol Pablo en 1 Corintios 7:2: «*pero a causa de las fornicaciones, cada uno tenga su propia mujer, y cada una tenga su propio marido.*» Dios manda la santificación del espíritu y del cuerpo del creyente, porque el cuerpo es el templo del Espíritu Santo y como tal no debe ser profanado por la inmoralidad sexual. (1 de Corintios 6:19)

Pablo nos exhorta una y otra vez: "¡Apártense de la fornicación!". Fornicación quiere decir inmoralidad sexual. Específicamente consta de cualquier acto sexual entre dos personas que no estén casadas el uno con la otra. Dios manda abstenerse de la fornicación, de cualquier relación sexual fuera del matrimonio. Por qué es la inmoralidad sexual tan condenable? Porque *"Todos los demás pecados que un hombre comete están fuera del cuerpo, pero el que fornica contra su propio cuerpo peca."* (1 de Corintios 6:8).

MARZO 27

CELOS MASCULINOS VS. CELOS FEMENINOS

Con regularidad concedo entrevistas sobre este tema en shows de la radio y la TV Hispanas en Miami y es, en general, una de las consultas más frecuentes entre las damas que vienen a verme en busca de consejo. Es vox-populi que la mayor parte de mujeres sufre de celos en algún momento de su vida. Pero los hombres también saben ser celosos. De diferente manera que las mujeres, por supuesto.

Mientras que la mujer no tolera que su hombre mire a otras, de manera descarada, en su presencia; los celos varoniles tienen que ver con que otros miren a su mujer con lujuria. El varón no teme tanto que su esposa contemple a otros hombres porque sabe que esa no es la debilidad femenina. El conoce a los de su género. Los machos miran y a las hembras les interesa ser miradas. De allí que el hombre celoso le pida a su mujer que se cubra, que no muestre exageradamente las curvas o la piel, que no llame la atención con su manera de vestir para que otros no la deseen.

Por su cuenta, la dama quisiera ponerle a su hombre anteojeras (como las que usan los caballos para no mirar a los costados) pues le parece una falta de respeto que él no le brinde toda su atención ocular.

También le incomoda inmensamente que doble el cuello para seguir a otra con la mirada.

Y no se trata de que sea mal pensada y crea que su marido se devora lujuriosamente a cuanta belleza pasa por delante, sino que siente que compite con esas beldades por su atención. Y ese es el problema central para la mujer celosa: no es que le preocupe tanto que su hombre se vaya con una de ésas (porque sabe que están de pasada) pero sí teme que la comparación no la favorezca y que las otras capturen la atención de su hombre, que sólo a ella debiera pertenecerle. Ese es el origen de los celos femeninos. La inseguridad que se deriva de la comparación y la competencia con otras mujeres, sobre todo las más jóvenes.

En términos generales, esto es lo que gran parte de hombres y mujeres experimentan en materia de celos. Ambos se deben de apoyar para superar estas inseguridades juntos y recurrir a ayuda especializada si los celos crecen sin control. Hay quienes sufren de celos patológicos y requieren de tratamiento. Y sobre esto hablaremos mañana.

MARZO 28

COMO CONTROLAR LOS CELOS

Vamos a ver algunas estrategias para poder controlar los celos o ayudar a los que los padecen y quieren deshacerse de ellos.

1) Pensar lo mejor del otro.- Debemos evitar los pensamientos negativos y sobre todo los que son destructivos, ya que este tipo de pensamientos lo único que hacen es alimentar los celos. Cada vez que surja un pensamiento de este tipo lo cambiaremos por otro que nos aporte seguridad y confianza.

2) Analizar la irracionalidad de nuestros pensamientos tóxicos.- La sustitución debe ser realista. La conseguiremos analizando los pensamientos tóxicos, dándonos cuenta que son irracionales, que no se encuentran basados en nada tangible, que los produce nuestra imaginación..

3) Reconocer nuestro error y pedir perdón.- Una vez que nos hemos enfrentado a nosotros mismos y hemos aclarado muchas cosas, nos daremos cuenta de cómo nos estamos comportando con nuestra pareja y el daño que le hemos hecho.

Pidamos perdón a nuestra pareja anunciando que retomaremos de nuevo nuestro autocontrol emocional para beneficio de la relación. Si no logramos superar el problema al cabo de unos meses, será recomendable acudir a la ayuda de un especialista.

MARZO 29

COMPATIBILIDAD SEXUAL

Existe cuando marido y mujer consiguen entenderse y complacerse en la cama. Pero, ¿cómo saber si hay compatibilidad sexual? He aquí 6 parámetros que nos permiten reconocerla:

1)**Lo que se piensa sobre el sexo: conceptos erróneos o correctos**

Tener conceptos similares o estar abierto a escuchar las opiniones del otro en esta materia, es fundamental para garantizar las compatibilidad sexual.

2) **Libido = alto, mediano o bajo apetito sexual**

Tener deseos sexuales compatibles llevará claramente al entendimiento sexual, y aunque en principio pueda parecer difícil, muchas parejas logran la sintonía en este ámbito, sobre todo cuando se aman y están dispuestos a adaptarse al otro para hacerlo feliz.

3) **Los problemas de raíz: Frecuencia**

Una situación común es que al principio de la relación exista sexo frecuente y a medida que avanza el mismo vaya disminuyendo hasta representar un problema para uno o ambos miembros de la pareja.

4) **La compatibilidad emocional repercute en la satisfacción sexual:** Si la pareja se lleva bien fuera de la cama, conectan durante el día con gestos de afecto y se comunican bien, lo más probable es que se lleven muy bien en la cama.

5) **Hablar, compartir, no callar, no poner al otro a adivinar**

A veces la disminución o pérdida del interés sexual se debe a factores que pueden corregirse en pareja, por lo que es importante hablar acerca de lo que nos gusta, de nuestra manera de ver el sexo y de lo que nos gustaría recibir en cada encuentro.

6) Tomarlo en serio y buscar ayuda

Si tú y tu pareja no se entienden más, todo es una discusión tras otra y llegar a un acuerdo parece imposible, es normal que busquen la ayuda de un terapeuta, pues necesitan que alguien los oriente con el fin de entenderse mejor. Lo mismo ocurre en el sexo, la compatibilidad sexual es un estado de armonía en la cama, donde ambos se entienden y conectan y es tan importante como la relación fuera de ella, por eso si presentan problemas y no saben cómo solucionarlos, lo mejor es acudir a un especialista.

MARZO 30

PALABRAS QUE ABREN HERIDAS QUE TARDAN MUCHO EN CERRAR

En Mateo 5:21-22, Jesús nos muestra los parámetros de la vida del cristiano, donde inclusive insultar equivale a matar, lo que hoy se conoce como "abuso verbal".

En la mayoría de las parejas que vienen a verme a consulta, suelen ser los hombres los que usan la ira como mecanismo de desfogue para sus frustraciones y tensiones.. Pero también hay mujeres que recurren a ella para ponerse "al nivel" de sus hombres, peleándose con ellos con un volumen de voz alto e insultando tanto o más que ellos. Craso error. Lo peor que puede hacer el ofendido es defenderse con más insultos.

Quien usa insultos y malas palabras para referirse al otro, actúa como una persona sin dominio propio, sin paz interior.

Es hora de que aprendamos a mordernos la lengua antes de proferir necedades.Es hora de que busquemos otros mecanismos de desfogue que no sean destructivos. Nuestros labios deben ser empleados sólo para EDIFICAR a los demás. Es muy cierto que *"La muerte y la vida están en poder de la lengua..."* (Proverbios 18:21) Es que acaso queremos matar a quien decimos amar más?...

MARZO 31

EL TORTUOSO CAMINO DE LA PURIFICACION SEXUAL

Son varias las parejas que han venido a mi consulta en los primeros 3 meses del año a solicitar mi ayuda en el campo de las adicciones sexuales.

Una de ellas está conformada por dos cristianos cuarentones, casados desde hace más de una década, con dos hijos adolescentes. El fue adicto a la pornografía por algunos años de su matrimonio, lo que lo condujo a serle infiel a su esposa "en la práctica" teniendo algunos affairs extra matrimoniales. Se arrepintió cuando fue descubierto hace unos meses y su mujer le planteó el divorcio. Ahora está haciendo todo lo correcto para purificarse sexualmente, participando de dos grupos de Estudios Bíblicos para hombres en su iglesia y de un grupo de "*Recovery*" (para adictos), aparte de memorizar versículos bíblicos para ganarle la batalla al enemigo cuando éste lo ataca.

Pero el problema se ha trasladado ahora a su esposa quien vive obsesionada con que los ojos de su marido no apunten a ninguna otra mujer que no sea ella.

Esta es una reacción muy común entre las mujeres de los adictos a la pornografía.

Se convierten en hiper sensibles y sumamente vulnerables a todo lo que para ellas tenga el aspecto de tentación para sus hombres.

De allí que una de las metas del hombre que ha decidido cambiar -y dejar por completo de lado la adicción- sea incrementar su paciencia hacia su mujer.

Porque lo que ella sufre ahora es directa consecuencia de sus propias acciones. El está cosechando lo que sembró: Desconfianza. Y la restauración de la confianza es uno de los pasos más difíciles dentro del tortuoso camino de la purificación sexual de una pareja.

El camino de la restitución pasa por el compromiso de ella de DECIDIR PERDONAR, OLVIDAR Y VOLVER A CONFIAR deliberadamente, como acto volitivo, como decisión basada en la fe en que Dios está obrando sobre su marido y que no hay nada imposible para Dios.

El camino de la restauración pasa por el compromiso de él de no mirar, de apartar los ojos de la fruta prohibida, de no caer en la tentación de la segunda mirada que es para el adicto a la pornografía el equivalente del primer trago para el alcohólico. Abstinencia total de imágenes seductoras es parte esencial de la dieta para la purificación del alma.

ABRIL 1

CUANDO COMPARAR TE SIRVE PARA SER AGRADECIDO

Una pareja que vino a verme a consulta me presentó su problema como mayúsculo pero luego de una hora y media de consejería comprendieron que era una minucia, al lado de los conflictos y dramas de parejas con crisis mayores. El criterio comparativo sirve. Bien dicen que la gente cree que "el pasto es siempre más verde al otro lado". Harían mejor en comparar lo que ellos tienen versus lo que a otros les falta.

Tienes un marido fiel pero poco ambicioso? Con toda seguridad tu vecina te lo cambiaría por el suyo, emprendedor pero mujeriego. Tienes una mujer piadosa al lado a la que no le gusta salir a bailar? Pregúntale a tu amigo si no la cambiaría por su mujer libertina que regresa a casa a altas horas de la noche porque salió con las amigas y él no sabe donde está...

Es hora de que aprendamos a valorar lo que nuestro cónyuge aporta a la relación, sus virtudes, sus características positivas, su lado bueno, digno y valioso...y veamos esta faceta luminosa con lupa, magnificándola, en vez de agrandar sus defectos.

Crees que tú y tu cónyuge no se llevan bien últimamente? Que te parecería saber que hace algún tiempo tuve un paciente cuya mujer, bastante más robusta que él, le gritaba, insultaba y hasta pegaba?...Cómo te suena el caso de la mujer cuyo marido la maltrata y abusa de ella verbalmente desde que se despierta hasta que se acuesta?... Consideras que tú o tu cónyuge tambalean en el importante área de la fidelidad y no saben si podrán restaurar la confianza entre ustedes? Qué tal si te cuento de una pareja que se divorció por adulterio, en la que ella fue infiel 3 veces y él en 2 ocasiones , en la que ella quedó embarazada de otro hombre...y que al cabo de 2 años recibieron a Jesús como su Salvador y se volvieron a casar? Ellos se perdonaron todo, decidieron poner el pasado atrás, volvieron a empezar y ahora llevan 27 años juntos...y felices!

No exageres tus problemas. No veas con lupa los defectos de tu ser amado. No magnifiques las cosas sin importancia. Elige tus batallas. No te desgastes en situaciones irrelevantes. Haz énfasis sobre lo positivo y bueno de tu relación. Decide que nada ni nadie te quitarán la paz y el gozo del Señor. Y dale gracias a Dios por tu cónyuge, quien -a pesar de sus defectos y falencias- es una de tus mayores bendiciones!

ABRIL 2

CUANDO LA MINORIA NOS ATACA POR DEFENDER NUESTROS PRINCIPIOS

Se dice que Estados Unidos es el país de la libertad de expresión y que las opiniones discrepantes deben ser respetadas. Pero esto no ocurre en los medios de comunicación plagados de voces liberales y libertinas donde una personalidad como La Dra Amor es acusada de homofóbica sólo por discrepar con la idea del matrimonio gay que una minoría defiende. Entonces resulta que la minoría que defiende tanto su derecho a decir "sus" verdades no acepta que otras personas tengan derecho a defender las suyas. Lo que sustenté recientemente en un show de TV referido a los homosexuales no fue una idea mía sino un criterio sustentado en La Biblia, la Palabra de Dios.

El apóstol Pablo hace dos menciones del homosexualismo sumamente claras en Romanos 1:27 y en 1 de Corintios 6:9-10 . En Romanos dice *"De la misma manera, también los hombres, dejando las relaciones naturales con la mujer, se encendieron en sus pasiones desordenadas unos con otros, cometiendo actos vergonzosos, hombres con hombres, y recibiendo en sí mismos la retribución que corresponde a su extravío"* ...

y luego es aún más enfático en cuanto al tipo de castigo a quienes cometen este pecado en 1 de Corintios:*"¿No sabéis que los injustos no heredarán el reino de Dios? No erréis; ni los fornicarios, ni los idólatras, ni los adúlteros, ni los afeminados, ni los que se echan con varones,ni los ladrones, ni los avaros, ni los borrachos, ni los maldicientes, ni los estafadores, heredarán el reino de Dios."*

Quien se dice católico o cristiano y no acepta que el apóstol Pablo fue el más importante divulgador del cristianismo en su época y un verdadero seguidor de Cristo, no debería definirse así mismo como tal. Por otro lado, uno de los requisitos fundamentales de quien se llama cristiano es el reconocimiento de La Biblia como La Palabra de Dios. Y las Sagradas Escrituras están llenas de referencias condenatorias del homosexualismo como pecado. En el Antiguo Testamento, Sodoma y Gomorra fueron borradas del mapa por sus prácticas de inmoralidad sexual. De allí que un sinónimo de homosexual sea "sodomita" (por la práctica del sexo anal).

Dios condena al pecado, no al pecador arrepentido. Los cristianos no discriminamos a los homosexuales. Pero tampoco podemos aprobar algo que Dios desaprueba sólo por estar a la moda, o caerle bien a las minorías.

ABRIL 3

CUANDO DEJAMOS DE ADMIRAR

Una de mis pacientes nuevas me confió que ha dejado de admirar a su esposo desde hace mucho. No es noticia que me asombre. La mayor parte de matrimonios que comienzan a experimentar el "desenamoramiento" ingresan a la decepción, desengaño y desalientos repetitivos gracias a la pérdida de la admiración mutua, ese factor que al comienzo de la relación les permitió experimentar fascinación y deslumbramiento por el otro. La luna de miel suele durar entre 6 meses y un año. Los que logran prolongarla más deben darse por dichosos.

Y es que en la medida en que más y mejor conocemos a otro ser humano, más nos damos cuenta de que no es para nada perfecto, de que tiene mil y un defectos, faltas, fallas, complejos y traumas que lleva como carga pesada sobre sus espaldas y que de ahora en adelante nosotros seremos los depositarios de sus mecanismos de desfogue: ira, venganza, ironía, vocabulario soez, trato despectivo, sarcasmo, melodrama, llanto reiterado, abuso físico o cualquier otro medio que esa persona use para "descargar" sus frustraciones e insatisfacciones diarias.

Mientras más elevado espiritualmente esté un ser humano, mayores probabilidades de que ejerza control sobre esos mecanismos de desfogue, practicando la paciencia y el dominio propio -dos frutos del espíritu muy difíciles de lograr- en el medio de la vivencia de un amor generoso, entregado e incondicional por el cónyuge y los hijos.

Pero si nuestra pareja todavía está dominado por las debilidades de la carne, lo más probable es que suframos mucho en nuestra vida en común. Pues resulta que aquella persona que creíamos nos iba a proteger, ahora es nuestro principal abusador.

Qué admiración puede quedar en pie después de semejante constatación?...Por eso mi principal consejo para las parejas es -sobre todo para los hombres que están más predispuestos a descargar sus frustraciones con mecanismos de desfogue negativos-, que elijan el camino del despertar, la elevación o iluminación espiritual, que supone escoger la puerta angosta, y que estén dispuestos a sacrificarse por el otro, sin esperar nada a cambio.

Porque la vía espiritual es el camino de la renuncia al egoísmo. Y en Su tiempo, Dios los premiará con bendiciones en abundancia!

ABRIL 4

CUANDO LOS NIÑOS INTERFIEREN

En casi todos los matrimonios se da el caso de que cuando hay bebés en casa la vida sexual de la pareja se ve disminuída o por lo menos desmejorada. Es natural sobre todo cuando la mamá amamanta al bebé a las 2 am. todas las noches. La madre pierde parte del sueño que necesita para reponer las energías perdidas durante la jornada y es cierto que a menor cantidad de horas dormidas -y de peor calidad- menores probabilidades de que la esposa sienta apetito sexual... Pero cuánto puede esta coyuntura prolongarse?...

He tenido varias parejas en consulta recientemente que me vienen a contar que sus niños de 5, 6 y hasta 7 años siguen durmiendo en el lecho conyugal, entre papá y mamá. Craso error. Ahora ellos tienen menos posibilidades de hacer el amor. Sin querer, la mujer desplaza a su esposo a un lugar secundario en su vida. Esto repercute negativamente en la relación. Y esto también perjudica el desarrollo sano del niño, debido a que lo desubica en su posición dentro del sistema familiar (donde él no debe ser quien mande). Que el niño duerma en la cama de sus padres no es beneficioso para el proceso de estructuración de su "yo" o de su individualidad.

Un pediatra o psicólogo infantil puede aconsejar a los padres sobre qué hacer concretamente para que los niños no alejen a la mujer de su marido. Y esto se aplica a todas las edades de los mismos, no sólo cuando están pequeños. Yo suelo decirle a los papás consentidores, engreidores y malcriadores que si descuidan su relación por dedicarse POR COMPLETO a los hijos, lo más probable es que los hijos terminen sufriendo por esa misma causa. Por qué? Porque mientras más sean absorvidos por los hijos, menos dedicación, devoción y tiempo de calidad tendrán el uno para el otro. Y porque los niños no pueden ser felices si papá y mamá no se aman, si no se demuestran afecto y respeto delante de ellos.

La ley de la Segunda Prioridad en el matrimonio nos dice que después de Dios nadie más importante que el cónyuge en nuestra escala de prioridades. Luego vienen los hijos en tercer lugar. Si los esposos tienen una relación armoniosa y feliz, los niños crecerán estables y felices. Simple pero cierto.

ABRIL 5

LA IMPORTANCIA DE HABLARLE A NUESTRA PAREJA EN SU LENGUAJE

Desde que el psicólogo cristiano Gary Chapman -a quien tuve el gusto de conocer en una de sus conferencias- lanzó al mercado el que sería su best seller LOS 5 LENGUAJES DEL AMOR, muchas parejas han venido comprendiendo mejor la importancia de no centrarse en el lenguaje que uno habla, sino en el que habla nuestro ser amado.

El primer lenguaje está dado por las *Palabras de Afirmación*. Este tipo de palabras sirven para que tu pareja escuche cuanto la aprecias, cuanto valoras su compañía, afecto y cariño. Las mujeres tienden a criticar demasiado a sus maridos y eso a ellos les espanta. Todo elogio que la mujer prodiga a su esposo es tomado como un aliciente para amarla cada día más.

Otro lenguaje es *Tiempo de calidad* o tiempo compartido. "Regalarle" a nuestra pareja nuestro tiempo con citas especiales e inesperadas. No puede haber relación amorosa en ausencia. Se construye en el aquí y el ahora. El tercer lenguaje del amor está constituido por los *Actos de Servicio*, un lenguaje del amor que los hombres suelen utilizar para decirles a sus mujeres lo mucho que las quieren.

Ellos creen que una acción vale más que mil palabras. Por eso es que sacan la basura de la casa por las noches y llevan el auto de la esposa al taller para el cambio de aceite, por ejemplo.

Sin ninguna duda el lenguaje más importante para los hombres sigue siendo el **Contacto Físico**. Este es el cuarto lenguaje del amor y es la mejor forma de demostrarle nuestro amor a la pareja. Es el método más directo y efectivo para que nuestro cuerpo recuerde y despierte su química hacia la persona que amamos. Los abrazos, besos, caricias, miradas y sonrisas, el sexo con nuestro cónyuge son lo que más reforzarán la unión con nuestra media naranja.

"Los regalos son otro lenguaje del amor que pocas veces se considera pero también son importantes. Si le preguntas a tu pareja puede ser que te responda que no le da importancia a que sea un regalo comprado y costoso, que cualquier detalle por insignificante que sea la hará incluso más feliz si ese regalo es algo hecho por ti mismo y con algún significado especial.

Ahora que ya conoces los cinco lenguajes del amor haz una lista con orden de prioridad, del primero al último para ti y luego pídele a tu pareja que haga lo mismo y compartan los resultados... Si intercambian dicha información con honestidad y respeto... ¡les aseguro que será para el beneficio de su relación!

ABRIL 6

LE ESTAS HABLANDO A TU PAREJA EN SU LENGUAJE DE AMOR?

Cada persona tiene uno o dos lenguajes específicos con los que se siente especialmente cómodo para percibir y expresar amor. A veces expresamos amor en un lenguaje y deseamos recibirlo en otro. Si nadie nos habla en nuestro lenguaje de amor, nos resultará difícil sentirnos amados. Intentaremos provocar en los demás la expresión de amor en el lenguaje que entendemos mejor y sentiremos frustración si no lo conseguimos. Cada vez mas llegan a mi consulta parejas que dicen quererse pero que no parecen capaces de transmitir su amor al otro.

Existen indicios fiables que ayudan a determinar el lenguaje de amor característico de las personas que nos rodean. Por una parte, reaccionarán muy positivamente cuando les hablemos en su lenguaje de amor y en cambio se sentirán heridos cuando les castigamos con ese lenguaje (por ejemplo, una persona que expresa y recibe amor compartiendo tiempo de calidad con los demás se sentirá muy desdichada si su cónyuge no le dedica ese tiempo; otra persona que expresa su afectividad a través del contacto físico interpretará cualquier amenaza física como una falta de amor).

Para descubrir el lenguaje de amor de nuestra pareja, debemos fijarnos en aquello que tiende a reclamar más a menudo: «Quisiera irme de viaje contigo, a solas»;

tomar nota de sus quejas más frecuentes, como por ejemplo: «Casi nunca me abrazas».

Los lenguajes de amor resultan útiles para desbrozar el camino que nos permite tejer una comunicación emocional directa con las personas con las que convivimos. Cuando reconocemos el lenguaje de amor de nuestra pareja, nos resulta más sencillo comprender por qué tal vez, y a pesar de nuestros esfuerzos, no conseguimos transmitirles nuestro amor de forma convincente.

Reconocer y respetar tanto el temperamento como el lenguaje de amor de la persona con la que vivimos ayuda a abrir cauces de comunicación emocional y crea un ambiente más cálido y seguro para la convivencia diaria y para la resolución pacífica y creativa de los conflictos, que forman parte ineludible de la convivencia humana.

ABRIL 7

LA PORNOGRAFIA DESTRUYE MATRIMONIOS

Un pastor de una iglesia gigantesca de Florida del Sur confesó hace algún tiempo que había tenido 2 affairs en un año como resultado de haber estado expuesto a la pornografía. Renunció a su cargo por ello. Su esposa no tenía ni idea de su infidelidad. A ella no se le hubiera ocurrido desconfiar y poner FILTROS ANTI SEXO en su computadora o laptop y en su celular...pero esto hubiera evitado parte del problema o por lo menos hubiera disminuido el riesgo. Bob Coy habia sido administrador de un local de streap tease en sus años de loca juventud. Tal vez las imágenes de esas mujeres y la vida disipada que llevó por varios años se habían quedado registradas en su mente. Por eso sostengo que los hombres con tendencia a la LUJURIA DE LOS OJOS debieran solicitar los filtros anti pornografía ellos mismos, para no destruir sus matrimonios, para no auto-destruirse.

En una conferencia titulada "Los costos sociales de la pornografía", dictada en el Kings College de Nueva York, el Presidente de *Morality in Media*, Robert Peters, comienza relatando su propia experiencia y cómo desde pequeño tuvo acceso a la pornografía porque su padre tenía cajas con revistas Play Boy y que incluso llegó a escribir sus propios relatos pornográficos.

Esto demuestra "lo fuerte que puede ser el lazo de la pornografía en la vida de un niño, un adolescente o un joven adulto". El Presidente de MIM cuenta luego que al volver a la fe en el segundo año de derecho se encontraba "fumando como una locomotora, tomando como un pez y yendo a Time Square regularmente para comprar revistas pornográficas. Me tomó un año dejar de tomar, dos años dejar de fumar y siete años dejar de ir a Times Square. Este es otro indicativo de lo adictiva que puede ser la pornografía".

Al comentar luego que la adicción a la pornografía también aleja a los varones del matrimonio, porque "prefieren la masturbación delante de una computadora en vez de pasar tiempo con una mujer real", el abogado Peters advierte, citando numerosos estudios, que la pornografía también genera futuros agresores sexuales a raíz de la degeneración producida en la persona.

En el caso del matrimonio, otro especial ámbito duramente golpeado por este mal, suele ser el esposo quien es adicto a la pornografía. Esta adicción puede afectarlos negativamente de muchas maneras: el marido puede perder el interés sexual en su esposa, o actuar sus fantasías alimentadas por la pornografía con su cónyuge, usándola sexualmente. Puede gastar miles de dólares alimentando su adicción. Como un cáncer, la pornografía no mata rápidamente, pero mata. Es basura para el alma. Así de claro. Punto.

ABRIL 8

CONFESAR NUESTRAS FALTAS = PRIMER PASO DE LA RESTAURACION

Muchas parejas vienen a verme para preguntarme si será o no posible salvar su matrimonio después de una infidelidad. Mi respuesta es SI, sí será posible si ambos así lo desean con todo el corazón y si permiten que el Señor y Su Espíritu Santo actúen en ellos.

El primer paso para la restauración matrimonial es la confesión de los pecados. Bien nos dice el apóstol Juan: *"...pero si confesamos nuestros pecados, podemos confiar en que Dios, que es justo, nos perdonará nuestros pecados y nos limpiará de toda maldad."* (1 de Juan 1:9)

La confesión supone el reconocimiento del pecado, la contrición por haber pecado contra Dios y nuestro cónyuge (y tal vez otras personas involucradas y perjudicadas). Cuando un padre de familia peca cometiendo adulterio, las consecuencias de su trasgresión no afectan solamente a su esposa sino también a sus hijos, quienes sufrirán y posiblemente decidirán que deben romper la relación con quien le ha hecho tanto daño a su madre.

Pero lo que sí es cierto es que tanto la esposa como los hijos van a tener que perdonar al que, siendo líder de su hogar, le falla a todos, porque como bien dice el apóstol Pablo: *«¡No hay ni uno solo que sea justo!...¡No hay quien haga lo bueno! ¡No hay ni siquiera uno!* (Romanos 3:10-12)

El servicio de mitad de semana de mi iglesia Calvary Chapel Fort Lauderdale estuvo mas repleto que nunca. Miles de personas acudieron a expresar su solidaridad con el difícil momento que vive todo el cuerpo pastoral debido a la renuncia Bob Coy, pastor principal y fundador de esta gran iglesia de 25,000 miembros. Muchos lloraban. Todos elevaban sus brazos al cielo mientras entonaban cantos de adoración. El Espíritu Santo se hizo presente de manera más que evidente. Creo que el sentimiento imperante era la compasión.

Los cristianos no juzgamos al pecador arrepentido, a aquel que confiesa su pecado y sufre las consecuencias de su caída. Lo compadecemos y oramos por la pronta restauración de su familia y por el reavivamiento espiritual de la iglesia toda.

ABRIL 9

CUANDO LA MUJER NO ENTIENDE QUE EL NO QUIERE HABLAR

Cuán frecuentemente escucho a parejas contarme la historia de sus desavenancias explicando que ella quiere resolver los problemas hablando y que él, sencilla y llanamente, no desea hablar, por lo menos no en el momento en que ella se lo pide. Lo más probable y común es que cuando ella quiere hablar, él prefiera callar.

En vez de sentarse a discutir y discutir hasta que el problema sea resuelto, el hombre escoge alejarse del escenario para pensar, meditar y calmarse. Ir al gimnasio, salir a caminar, encerrarse en el cuarto o inclusive salir a dar una vuelta en el auto son vías que los hombres emplean para resolver el problema: primero en sus mentes y luego proceden a comunicar. La mujer necesita hablar para solucionar el problema motivo del pleito porque en la medida en que lo expresa oralmente va encontrando vías de solución.

"Tenemos que hablar": la frase suele ser pronunciada por las mujeres y a la mayor parte de varones les espanta. Un estudio del Instituto de Salud Mental de Estados Unidos llegó a esa conclusión: las mujeres creen que hablar sobre los problemas es la manera de resolverlos, mientras que los hombres consideran que la conversación es una pérdida tiempo.

En el caso de las mujeres, que tienden a mandar, -cuando los hombres tienen problemas o están en conflicto-, quieren "obligarlos" a hablar, acarrolándolos, pero ésa es la peor táctica que pueden elegir porque ellos "hablan" cuando los problemas ya han pasado. De allí que para los maridos o novios sea tan necesario "encerrarse en su cueva".

El intento de la mujer de tratar de romper la puerta para forzarlo a salir y continuar "hablando" es vano y contraproducente.

Cuál es el punto medio si consideramos que para la dama la espera la va a desesperar y angustiar?... El caballero deberá ser considerado, reconociendo que de acuerdo a la psicología femenina. el silencio mata.

Y, dado que aún la ama, a pesar del problema, deberá comprometerse fijando una hora y un lugar para terminar de hablar... Y el compromiso de ella será saber esperar.

ABRIL 10

EL EGOISMO ES LA PRINCIPAL CAUSA DE LA ALTA TASA DE DIVORCIOS (I)

La palabra egoísmo se define como aquella conducta consistente en poner los intereses propios en primer lugar. Está impulsada por lo que se quiere y necesita, sin importar las necesidades de los demás. El egoísta espera recibir y no entregar, ser comprendido y no comprender, ser respetado y no respetar, ser tomado en cuenta pero no tomar en cuenta, ser mimado pero no mimar. No asume su responsabilidad, busca controlar, confunde las prioridades, critica y demanda sus derechos. Le importa sólo las circunstancias que lo afectan y cómo atender sus propias necesidades.

El egoísmo no puede vivir bajo el mismo techo que el matrimonio, porque la esencia del matrimonio es el amor y el servicio, y no precisamente a sí mismo, sino al otro. Cualquier conducta egoísta es tropiezo para alcanzar la felicidad de un matrimonio. Impide trabajar en la lucha por el bien común, no deja emprender nuevos proyectos que los beneficien e interrumpe el crecimiento de la pareja.

El antídoto para combatir el egoísmo es el servicio dentro del matrimonio, o sea, poner la propia voluntad a disposición del otro y velar porque sean satisfechas sus necesidades, inclusive sacrificando las propias.

ABRIL 11

EL EGOISMO ES LA PRINCIPAL CAUSA DE LA ALTA TASA DE DIVORCIOS (II)

Si un hombre y una mujer que se aman contraen matrimonio su deseo es HACER FELIZ AL OTRO. Cuando se divorcian lo hacen porque se quejan de que EL OTRO NO LO HACE FELIZ.

Qué difícil es ser feliz al lado de alguien que sólo piensa en sí mismo; pero qué diferente es la convivencia al lado de alguien que se preocupa por el otro y busca su bienestar y felicidad. ¿Qué es pues el matrimonio, sino el amar y servirse el uno al otro para alcanzar el crecimiento de su unión? Si quiero lograr ser servido primero debo servir, buscar el beneficio del otro para luego ser beneficiado. ¿Qué puedo hacer por ti? ¿Cómo puedo ayudarte? ¿Cómo puedo alegrarte? Mientras más sirvo, más fácilmente le resultará a mi cónyuge servirme.

Jesucristo es el ejemplo del servicio por excelencia, aunque siempre fue igual a Dios, no insistió en esa igualdad. Al contrario, renunció a esa igualdad, y se hizo igual a nosotros, haciéndose esclavo de todos. Si el Hijo de Dios se hizo siervo, no hay impedimento válido para no serlo nosotros también. *"Cada uno debe velar no sólo por sus propios intereses sino también por los de los demás"* (Filipenses 2:4)

ABRIL 12

TODAS LAS MUJERES QUIEREN CAMBIAR A SUS MARIDOS? (I)

A través de la comprensión de las necesidades primarias de amor de un hombre, una mujer puede tener mayor conciencia y sensibilidad respecto de las fuentes de descontento masculino.

La pregunta que le hago a las esposas de mis pacientes quejumbrosos es: ¿Quieres que tu marido cambie o quieres cambiarlo tú? El querer cambiarlo será frustrante...el ayudarlo a cambiar (si él desea hacerlo) es beneficioso dependiendo del motivo. Algunas mujeres no saben que dentro de ellas se mueve un motivo santo y otro que es carnal, veamos primero el carnal.

Con el motivo carnal quieren que cambien para hacerlos cómo ellas, que actúen según el "príncipe azul interno", que llevan todas las mujeres en sus mentes, el hombre que cumple sus expectativas, físicas, emocionales y espirituales. Cuando el hombre no actúa como tal, la mujer lo quiere cambiar, regañándolo (como mamá), aconsejándole (como superior) o enjuiciándolo (como Dios), y ese cambio lo trata de hacer por medio de enojos, gritos, hablarle con sarcasmos, o por medio de negarle la intimidad sexual. Y todo esto en una sola palabra se llama: manipulación.

ABRIL 13

TODAS LAS MUJERES QUIEREN CAMBIAR A SUS MARIDOS? (II)

Veamos hoy el motivo santo:.

La primera palabra que Dios dijo de la mujer es que sería la ayuda idónea para el hombre. Ella muchas veces puede ver el potencial que el hombre no ve en si mismo. Tal pareciera que Dios le dijo a ella, tengo un plan para este hombre, y te he puesto a su lado para que lo apoyes en el cumplimiento de ese plan.

Generalmente es ella la que se preocupa por la mejora de la casa y el progreso de la familia, mientras su hombres tiende a caer en conformismo sobre aspectos de la casa en particular como de la vida en general. Así que la mujer tiene la capacidad de ver al hombre de acuerdo al deseo de Dios, ayudándolo para que se esmere, busque, trate de ser mejor o alcanzar más niveles en su vida integral. Y eso está bien.

Lógicamente las armas que una mujer de Dios utiliza, cuando es un motivo santo, no son las carnales sino las espirituales, oración, palabras de ánimo, de exhortación, de edificación, junto a las acciones santas. Ella no busca cambiarlo condenándolo o aniquilando su carácter.

ABRIL 14

DIA DE GUARDAR y OTROS RITUALES QUE FOMENTAN LA CONEXION ESPIRITUAL (I)

Conozco decenas de parejas cristianas en las que uno de los dos ya no desea ir a la iglesia, ni siquiera los domingos, y esta desconexión religiosa repercute negativamente en otras áreas de la relación o en la relación como un todo.

No importa qué razón tenga el cónyuge que ya no quiere ir a la iglesia. Si la excusa no es una enfermedad, lo más probable es que el otro cónyuge se sienta decepcionado y hasta abandonado debido a que ya no compartirán un ritual religioso que alimenta la vida espiritual de todo cristiano (e inclusive de los creyentes de otras religiones).

Si el pastor, sacerdote o predicador es bueno, asistir a la iglesia enriquecerá nuestra relación con Dios, en la medida en que nos acercaremos más a El, a través de la alabanza de la congregación, y lo conoceremos mejor.

Los cánticos de adoración que se entonan en la iglesia tienen el poder de ungirnos con el Espíritu Santo cuando todos elevamos nuestras voces al cielo, juntos, sintiendo una íntima conexión con Dios si cantamos con el corazón.

ABRIL 15

RITUALES QUE FOMENTAN LA CONEXION ESPIRITUAL (II)

Vamos a la iglesia por un sin número de razones, una de ellas porque estamos agradecidos a Dios por sus bendiciones. Y qué mejor que agradecer y alabar al Señor con nuestro cónyuge al lado, dándonos asímismo las manos para orar. Sugiero a los caballeros poner la mano en el hombro o la cintura de sus esposas mientras cantan porque ambos se presentan como UNIDAD ante el Señor. Y al orar o rezar, les recomiendo juntar sus 4 manos como expresión de TOTAL unidad. Y permitan que el Espíritu de Dios remueva los rencores, los libere de las tensiones surgidas durante la semana y los prepare para la convivencia pacífica y armónica que es el Plan de Dios para el matrimonio. "...y consideremos cómo estimularnos unos a otros al amor y a las buenas obras, *no dejando de congregarnos*, como algunos tienen por costumbre, sino exhortándonos unos a otros, y mucho más al ver que el día se acerca", dice la Biblia en Hebreos 10:24-25.

Otro ritual altamente recomendable es asistir a conciertos cristianos. Escuchar sermones y música cristiana en la casa y en el auto, cuando los esposos están solos y juntos, favorecerá el mantenimiento de la armonía y la paz en el hogar.

ABRIL 16

CUANDO LAS DISCUSIONES POR DINERO SEPARAN A LA PAREJA (I)

Hay 3 áreas en el tema del manejo de las finanzas conyugales que pueden generar innumerables fricciones.

Entre hoy y mañana veremos 3 de ellas.

-Desconfianza en el uso del dinero común:

Las relaciones entre ambos cónyuges pueden verse seriamente afectadas cuando es notorio que uno de ellos abusa en el uso del dinero o bienes que se tienen en común.

La falta de acuerdo hace que la relación entre ellos se deteriore considerablemente. Es vital respetar lo negociado, esto genera un ambiente de armonía y tranquilidad. Por ejemplo, cuando uno de los dos se apropia del hogar y decide invertir el dinero extra en la casa eligiendo desde las cortinas hasta el color de la pintura por su propia cuenta.

El cónyuge se siente traicionado porque se ha tomado una decisión unilateral, cuando en ese momento es más prudente invertir en la casa, o hay otras necesidades de mayor prioridad, como la cancelación de la tarjeta de crédito que tiene un alto interés.

ABRIL 17

CUANDO LAS DISCUSIONES POR DINERO SEPARAN A LA PAREJA (II)

-Utilizar los bienes como instrumentos de amenaza, discusión o manipulación:
Extorsionar o manipular con los bienes familiares socava las relaciones sanas, además de trasmitir el mensaje de que todo se puede comprar, modificar o reparar con recursos materiales. Al unirse en matrimonio es beneficioso estar dispuestos a ceder tanto emocional como materialmente. Ya no es solamente mi casa, es nuestra casa. Amenazar con aportar menos al presupuesto familiar, o con no prestar el carro no arregla el problema de fondo, además de cercenar las buenas relaciones.

-Desequilibrio en el manejo de las finanzas:
Esto ocurre cuando hay **falta de trasparencia en la rendición de cuentas de cada cónyuge.** Por ejemplo, cuando se apuesta el dinero de la familia, malgastando el presupuesto familiar de manera imprudente y egoísta, en lugar de pagar la mensualidad de la casa.

Otro ejemplo de desequilibrio es cuando sólo uno decide cómo se gasta el dinero familiar. Es importante que ambos miembros rindan cuentas trasparentes y claras de cómo gastan el dinero familiar.

ABRIL 18

3 REGLAS PARA QUE LE SEAS FIEL A TU ESPOSA Y LA HAGAS FELIZ (I)

Es cierto que en el centro del corazón de la mujer que ama al hombre de su vida está la palabra FIDELIDAD. Cuando una mujer sabe que su marido le es fiel y no sólo lo es sino que también lo aparenta, se convierte en una mujer segura que confía en él y no será ni celosa ni posesiva.

Las reglas que comparto están en inglés porque suenan mucho mejor en ese idioma y la traducción no les hace justicia.

1) **LOOK AWAY!** (No mires por segunda vez)

Todos sabemos que los hombres son VOYEOURS, esto quiere decir que son estimulados sexualmente por la vista.

LO QUE NO SE DEBE HACER

No sigas con los ojos a las mujeres provocativas que pasan a tu lado, torciendo el cuello, comiéndotelas con la mirada ...y mucho menos delante de ella.

LO QUE SI SE DEBE HACER

Mas bien, cuando sepas que una chica tentadora va a pasar por delante de ustedes, mira a tu mujer a sus ojos y comienza a decirle elogios....Esto la tranquilizará y le dará seguridad! Las mujeres suelen sentir temor de no poder COMPETIR con mujeres mas jóvenes y bellas.

ABRIL 19

3 REGLAS PARA QUE LE SEAS FIEL A TU ESPOSA Y LA HAGAS FELIZ (I)

He aquí las siguientes dos reglas:

2) **STAY AWAY!** (Apártate: no te metas a la boca del lobo!)

Aquí se trata de evitar aquellas circunstancias en que sabes que hay peligro y que puedes caer fácilmente en una tentación. Por ejemplo: las chicas de la oficina están planeando una reunión después del trabajo y tú serías el único hombre invitado.... Qué haces? Vas y te expones a jugar con fuego? Esto te traería muchas complicaciones con tu esposa o novia además de ser un ambiente cargado de peligros!!!!

Nunca dejes de usar tu anillo de casado y lleva una foto de tu esposa e hijos en la billetera para mostrarla, de ser necesario.

3) **RUN AWAY** (Sal corriendo, HUYE cuando estés por caer en lo prohibido).

Si le vas a ser fiel a tu esposa, tienes que huir de la escena cuando una mujer conocida o desconocida se te regale tirándosete encima. Si es demasiado melosa y prácticamente se te está ofreciendo....el último recurso salvavidas es retirarse del lugar....Esa huida no es de cobardes...NO! Es de valientes! De un hombre que ama de verdad a su esposa y quiere hacerla feliz!

ABRIL 20

EL FRUTO DEL DOMINIO PROPIO (I)

Para impulsar nuestras familias hacia la excelencia, necesitamos aprender a ejercitar el Dominio Propio con el enojo. Cuando la Biblia habla del Dominio propio se refiere a dominar tres cosas: la lengua, la comida y el sexo.

En medio de una discusión, por ejemplo, necesitamos ejercer el Dominio Propio en la lengua no permitiendo que ella sea el medio rápido de desplegar nuestra ira hacia el cónyuge. No te concentres mucho en la expresión, las palabras o las actitudes que vienen del cónyuge, sino más bien en tus reacciones.

Jesús lo dijo de esta manera: " ¿Por qué te fijas en la astilla que tiene tu hermano en el ojo, y no le das importancia a la viga que está en el tuyo? ¿Cómo puedes decirle a tu hermano: "Déjame sacarte la astilla del ojo" , cuando ahí tienes una viga en el tuyo ¡*Hipócrita!, saca primero la viga de tu propio ojo, y entonces verás con claridad para sacar la astilla del ojo de tu hermano". (Mateo 7:3-5.)

En el matrimonio en medio de discusiones, tendemos a mirar más los ataques que recibimos e ignorar nuestras reacciones. No somos responsables de los ataques que vienen pero si de nuestras reacciones.

ABRIL 21

EL FRUTO DEL DOMINIO PROPIO EN LA RELACION DE PAREJA (II)

Cuando comienzo a reconocer y tratar mis reacciones, descubro que un cambio comienza a generarse en mi cónyuge con quien tengo ciertas diferencias.

Decida no culpar a su cónyuge y derrame misericordia sobre él o ella. Recordemos que la culpa es un instrumento de Dios para llevarnos al arrepentimiento pero lamentablemente Satanás usa la culpa para condenarnos. La culpa en el diseño de Dios produce convicción, pero la culpa en en manos del enemigo produce condenación. Culparnos mutuamente solo extiende el abismo entre los dos. Dios es misericordia y él quiere que en nuestra matrimonio no perdamos ni la Misericordia ni la Compasión.

El Salmista dijo de Dios: *"Ciertamente,el bien y la misericordia me seguirán todos los días de mi vida, y en la casa de Jehová moraré por largos días"* (Salmo 23:6) Ojalá nuestro cónyuge pudiera decir lo mismo de nosotros. "Desde que decidimos aprender a discutir en nuestro matrimonio, el bien y la misericordia me han seguido de tu parte". Decida hoy comenzar este sencillo plan de resolución de discusión en tu matrimonio y notará una gran diferencia.

ABRIL 22

VIA CRUCIS, CRUXIFICCION Y RESURECCION EN EL MATRIMONIO

Todo matrimonio tiene etapas de crisis de tanto sufrimiento que en alguna medida pueden ser equivalentes al vía crucis. Y la crucifixión se da cada vez que renunciamos a los pecados de la carne, crucificamos el egoísmo, la lujuria y el orgullo para resucitar a una nueva vida, una vida de generosidad, una vida de verdadero sacrificio por el cónyuge.

El matrimonio cristiano es una vocación divina. Dios llama a muchas personas a ese estado de vida para que, por medio de él, se santifiquen. Es necesario que los esposos pongan los medios que están de su parte para lograr la santificación: no dejarse llevar por el egoísmo, vivir la fidelidad conyugal, practicar las virtudes sobrenaturales (fe, esperanza, caridad, prudencia, justicia, fortaleza y templanza), ejercitar las virtudes humanas (humildad, optimismo, sinceridad, generosidad, laboriosidad), amar a Dios y a su prójimo, crear un ambiente familiar en torno al amor cristiano, orar, leer la Palabra, meditar en ella y memorizar verículos bíblicos.

En realidad, se necesitan tres para construir un matrimonio feliz: un hombre, una mujer y Dios. Y hasta podría decirse que los tres son uno, porque son, realmente, uno en Cristo.

ABRIL 23

QUIEN MUCHO AMA, MUCHO SUFRE

El amor mal correspondido - tan común en el matrimonio- es una de las formas de santificación que nos posibilita participar en la Pasión de Cristo. El amante encuentra felicidad en entregarse, en hacer al otro feliz. Pero esta felicidad se ve destrozada si no es correspondida de semejante manera. En estos casos es cuando se hace tan esencial para el matrimonio una fuerte vida interior. Amar es hacerse capaz de grandes sufrimientos; las limitaciones humanas hacen ver claramente que el que mucho ama, sufrirá mucho. "No es el discípulo más que el Maestro". Cuando se sienta una dolorosa decepción respecto a otro, es bueno enfocar el reflector de la crítica sobre el propio yo y ver la actitud de nuestro corazón hacia el Señor. Algunas veces Dios permite que el amor o falta de amor de una parte por la otra haga brotar, si somos sinceros, una interrogación: " ¿Es así, tal vez, como trato yo a Dios?"

Para los que han descubierto que la única cosa que importa en esta vida -la única que puede darnos la verdadera felicidad- es amar, la vida matrimonial puede ser una fuente de continuo e indecible sufrimiento, aún cuando por fuera parezca éxito.

Hay maridos que consideran a sus mujeres como meras sirvientas o secretarias; como una adquisición social; un agente de placer; en fin, como cualquier cosa excepto lo que realmente son: parte de su propia carne.

Por eso el apóstol Pablo le pide a los esposos que amen a sus mujeres como a sus propios cuerpos.

Dime cuánto amas a Cristo, dime cuán maduro eres en tu relación con Dios, dime cuánto tiempo y con cuánta pasión te dedicas a elevarte espiritualmente en forma individual y te diré cuánto podrá durar tu matrimonio. Aunque el matrimonio implique una donación completa que simboliza el amor de Cristo a Su Iglesia, los obstáculos de naturaleza humana, para el cumplimiento de este ideal, pueden ser enormes. Pronto se hará evidente que ninguna de las dos partes es un ángel: los dos son humanos. Y el amor y los sacrificios exigidos a ambas partes son tan grandes que surge la pregunta: "¿Vale la pena esto por un ser humano?"

La respuesta es que no es un simple ser humano el que da, ni un simple ser humano el que recibe. Cada uno ama y se sacrifica en participación con Cristo; cada uno es amado y servido en unión con Cristo. Más allá de su marido, la mujer ve, ama y sirve a Cristo. La fuerza para continuar, para darlo todo por amor y considerarlo como nada, viene de Cristo. Cristo es el amante y Cristo es el amado.

ABRIL 24

ES POSIBLE RESUCITAR UN MATRIMONIO QUE PARECE MUERTO?

Así como Lázaro resucitó para la gloria de Dios, así tu matrimonio puede resucitar para Su gloria . Así como morimos con Jesús, así resucitaremos con El. Para que un matrimonio resucite lo único que tenemos que hacer es una RECIPROCA DONACION donde los dos buscan la felicidad del otro. El matrimonio, para ser trasladado a este grado sublime de la analogía de amor del Cristo-Esposo por la Iglesia-Esposa, supone evidentemente que los esposos tengan la misma actitud de Jesús, es decir, que acepten «crucificar su carne con sus pasiones y sus concupiscencias» (Ga 5, 24). El auténtico amor humano es reflejo del amor divino: entrega, donación, de una persona a otra. El amor es, en cierto sentido, salir de sí mismo, para vivir por otro y para otro. La paradoja es ésta: la persona sólo se encuentra a sí misma saliendo de sí misma.

Amar es dar, pero no cosas sino darse uno mismo. Esto se da del modo más sensible en el matrimonio. Por eso es indisoluble, porque la donación es entera y sólo puede ser entera si lo es para toda la vida. No basta la atracción erótica, que anhela la posesión. Esa atracción es superficial y egoísta. Sobre una base tan movediza no puede edificarse nada sólido.

Pero cuando se escoge a alguien como esposo o esposa, el enamoramiento se convierte en amor conyugal, comprometido, definitivo, dispuesto a sacrificios sin excusas. Sucede a veces que alguien se casa calculando mal; pensando: "¿esta persona me hará feliz según lo que yo quiero?". Pasados los años dice: "Ah, no me está haciendo feliz como yo quería, entonces dejo a esta pareja para buscar otra". ¡Pero eso no es el matrimonio! El matrimonio es aceptar a la otra persona para bien o para mal. parezca difícil, es posible resucitar el amor.

Para resucitar el amor de pareja necesitamos que los dos practiquen la humildad. La humildad reconoce el valor del otro cónyuge como lo que es y permite lo que el orgullo o el egoísmo impiden: la dignidad de pedir perdón. Lo normal es que las murallas se desplomen con un "perdóname, estaba cansado, nervioso, no sabía lo que decía...". Entonces, la otra persona reconoce --es preciso que así sea-- que también tenía parte de culpa, y vence a su vez el propio orgullo. Humildad, perdón, paciencia, sufrimiento, sacrificio, reconciliación: Tú puedes resucitar tu matrimonio porque TODO LO PUEDES EN CRISTO QUE TE FORTALECE!

ABRIL 25

QUE ES LO QUE DETERMINA QUE UN MATRIMONIO DURE PARA TODA LA VIDA?

Prácticamente nadie pareciera contradecir que, en las sociedades modernas, la mayoría de la gente casada expresa que la calidad de su matrimonio tiene un fuerte efecto en su felicidad y satisfacción en la vida. Numerosas investigaciones científicas han intentado dilucidar cuáles son los factores que contribuyen a que un matrimonio sea exitoso, satisfactorio y duradero. Lewis y Cols sugieren que hay dos caminos básicos, a través de los cuales los sociólogos y psicólogos han visto el éxito y fracaso del matrimonio:

La primera aproximación, se enfocaría en la "estabilidad matrimonial"; término que se refiere a si el matrimonio es disuelto por muerte o separación. Usando esta aproximación, un matrimonio estable es definido como aquel que termina sólo por muerte natural de uno de los esposos. Un matrimonio inestable, por lo tanto, es aquel que termina a petición de uno o ambos miembros de la pareja.

Luckey encontró que los maridos y esposas que manifestaban estar satisfechos con sus matrimonios eran aquellos cuyas percepciones de la realidad estaban en mayor concordancia.

Lauer y Lauer examinaron 351 parejas, principalmente de matrimonios de larga duración. Entre las identificadas como felizmente casadas, los dos factores que saltan a la vista fueron amistad, y el gustarse el uno al otro.

Fennell realizó un estudio de 147 parejas, todas en su primer matrimonio, y que habían permanecido unidos por más de 20 años. Su mayor hallazgo fue que los maridos y esposas en matrimonios satisfactorios expresan una importante congruencia en relación a lo que ellos creían eran importantes características que habían contribuido a sus uniones de larga duración. Así mismo, Murstein encontró que en los matrimonios exitosos, ambas partes poseen consenso de valores y congruencia de roles.

Gottman y Krokoff han hecho algunos estudios en los cuales el objetivo ha estado centrado en la estabilidad matrimonial y, su teoría es que el balance entre los estilos positivos y negativos de resolución de los conflictos matrimoniales es la clave para predecir estabilidad. Wallerstein, en su estudio piloto, sugiere que un matrimonio feliz refleja la percepción compartida de una pareja que ha logrado "una especial virtud de coincidir en sus necesidades individuales, deseos y expectativas, que les permite sentirse queridos, respetados y, en muchas ocasiones, apasionadamente amados, a lo largo de sus vidas".

ABRIL 26

MIEDOS EN LA RELACION AMOROSA

Es por todos sabido que hombres y mujeres tenemos necesidades emocionales que requieren ser satisfechas. Cuando estas necesidades emocionales son satisfechas, la persona se siente amada y respetada. Cuando no lo son, el otro se siente rechazado o maltratado. Uno de los mas grandes temores de hombres y mujeres al entrar en una relación amorosa es que esas necesidades no sean satisfechas. Una de las necesidades mas importantes de los hombres es **la Libertad** y ésta se contrapone con la necesidad emocional más mencionada por la mayoría de mujeres: **la seguridad**. Los hombres tienen miedo de perder su libertad al casarse o entrar en una relación seria, exclusiva, y las mujeres tienen miedo de no sentirse seguras en la relación.

La libertad que el hombre anhela se relaciona con su deseo de independencia. Los hombres sueñan con mantener su independencia durante toda su vida, inclusive después de casarse. Y aunque vivimos en una sociedad donde se considera que el hombre debe ser el protector de la mujer, no siempre tiene que ser de esta manera. Los hombres se sienten atraídos por mujeres que tienen el poder de tener su propia vida, donde ésta no gire alrededor de ellos solamente.

Los hombres buscan a una mujer independiente y segura de si misma que entienda la necesidad que ellos tienen por momentos de libertad, donde la confianza mutua sea el principal factor en su relación y, por lo tanto, respete los momentos en que él necesita espacio y hasta privacidad.

Por otra parte, el hombre desea que su pareja lo quiera por quien es. El hombre espera poder complacer a la pareja de quien está enamorado, pero no espera sentir que no puede conseguir todo lo que ésta le pide, porque puede creer que "no da el ancho" ante las exigencias de su pareja. Los hombres buscan mujeres que sean claras en sus sentimientos y puedan expresarlos conversando, no llorando o haciendo berrinche como si se tratara de "un juego de niños".

Cuando una mujer no sabe qué necesidades básicas tiene que cubrir y le da al hombre un amor preocupado en lugar de un amor confiado, puede sin saberlo estar boicoteando la relación. Cuando un hombre hace cosas por una mujer, pero estas no sirven para que la mujer se sienta segura y confiada, puede sin querer estar saboteando la relación. El entendimiento de las diferentes necesidades emocionales del otro sexo y la motivación por satisfacerlas es fundamental para que una pareja crezca y haga que cada miembro como consecuencia sea mejor. Y éste es uno de los caminos para desterrar los miedos.

ABRIL 27

7 CONSEJOS PARA LIBERARSE DE LA ADICCION A LA PORNOGRAFIA(I)

Si eres un hombre que desea purificarse de un pecado sexual, deberás iniciar una vía dolorosa que supondrá la crucifixión de la carne. Extirpar el cáncer del cuerpo requiere de un largo y penoso tratamiento. Lo mismo sucede con la extirpación del pecado sexual que ha contaminado tu mente.

1) Lo primero que debes hacer si eres adicto a la pornografía, es eliminar todo contacto con ella y no solo con el material estrictamente pornográfico sino con todo aquel que te conduzca a la LUJURIA DE LOS OJOS. Deshazte de las revistas, fotos, películas, periódicos que contengan propagandas de lencería, inclusive los catálogos de Victoria Secret o revistas deportivas con chicas seductoras. Elimina cualquier archivo o material pornográfico que tengas en tu poder. Cambia de canal cuando aparezcan imágenes tentadoras en la TV. No veas películas para adultos. Es como el adicto al alcohol que tiene que eliminar radicalmente CUALQUIER TIPO DE TRAGO en su vida y que no puede tomar ni una gota.

2) Luego de deshacerte de todo el material pornográfico que tenías guardado, ahora saca la computadora de tu habitación.

Si la dejas en tu cuarto, estarías dejando una reserva "por si acaso" sientes alguna tentación o deseo. Colócala en la sala o en algún lugar abierto y visible donde no te encuentres solo. Puedes también colocar filtros a tu PC y darle la contraseña a tu cónyuge. Es preciso que reorientes tu vida; has decidido vencer esta atadura y lo lograrás.

3) En la noche, antes de acostarte lee la Biblia y medita en lo que lees (o sea, piénsalo, imagínate cómo lo puedes aplicar a tu vida).

- Cuando despiertes, sal inmediatamente de la cama. De quedarte en la cama, estarías en riesgo de caer en la tentación y empezar un recorrido mental de la pornografía que has visto. Si te viene un pensamiento, simplemente cámbialo por algo puro, algo bueno. Haz tu devocional y ora antes de salir a trabajar. Si no tienes nada que hacer, sal y da un paseo, haz ejercicio o visita a algún pariente, amigo o conocido. También puedes realizar actividades benéficas.

4) Es importante que identifiques los momentos del día y los lugares específicos en los que te sientes tentado a ver pornografía. Una vez sepas cuáles son esos momentos, prepárate con antelación orando, alabando y pidiéndole a Dios que te ayude. Escucha solamente música cristiana todo el día y canta en voz alta cuando te sientas tentado. Memoriza versículos bíblicos sobre la virtud de la pureza sexual y repítelos cada vez que te sientas tentado.Ocupa tu mente con pensamientos de luz todo el día.

ABRIL 28

7 CONSEJOS PARA LIBERARSE DE LA ADICCION A LA PORNOGRAFIA(II)

LA RENDICION DE CUENTAS.-

Continuando con los 7 pasos, hoy nos corresponde ver los últimos tres:

5) Habla con alguien a quien tengas confianza y sepas que es lo suficientemente maduro y estable emocionalmente para que te ayude con este problema, debe ser alguien con experiencia en manejar problemas de adicción a la pornografía, puede ser: un líder religioso, un terapeuta sexual, una organización o grupo de ayuda a las familias, etc. Busca un mentor o padrino que te ayude en el proceso. Entiende que es probable que tú solo o sola, no puedas romper esta atadura. Muchos cristianos activos, están luchando con la pornografía. Este problema no es de iglesia, es un problema personal que afecta tu relación con Dios y con las personas que te rodean.

6) Utiliza la técnica del amigo responsable. Esta técnica es muy efectiva en casos de alcoholismo.

Si tienes momentos de debilidad, si sientes deseos de ver pornografía; si crees que serás vencido por la tentación de ponerte a ver imágenes obscenas, entonces, llama a un amigo de confianza.

En los grupos de ayuda vas a encontrar personas voluntarias con la mejor disposición de ayudar y puedes contar con ellas en tus momentos de debilidad; simplemente, llamas a ese amigo por apoyo emocional y espiritual. Esta persona puede incluso, llamarte todos los días para oración.

7) Esto es lo mejor que puedes hacer, dedícale durante el día, algunos minutos de alabanzas y adoración a Dios. Lo malo se vence con lo bueno, tan pronto sientas que vienen a ti momentos de oscuridad, clama a Dios, él vendrá en tu ayuda. Levanta tus manos, aunque creas que el deseo puede más que tú. Dios lo hará posible. Sumérgete en su presencia, canta, cántale al Señor; verás como se van a disipar esos pensamientos pornográficos, serán sustituidos por claridad y paz.

No permitas que la pornografía sea tu única preocupación en tu vida espiritual. Dios, si se lo pides, te enseñará otras maneras en las que Él desea que crezcas. Crece en humildad, en servicio, vocación, amabilidad, generosidad. Son tantos los dones que Dios puede regalarte. Que la pornografía NO domine tu vida, Dios y tu cónyugue quieren tu corazón por completo.

ABRIL 29

COMO LOS PLEITOS PERJUDICAN LA VIDA SEXUAL DE LA PAREJA

Las peleas y conflictos contribuyen a que la vida íntima vaya de bajada. Si la pareja tiene constantes pleitos o desacuerdos eso perjudica su sexualidad. Los problemas en la relación de pareja causan estrés y el estrés provoca nuevos problemas, creando un círculo vicioso y una serie de emociones negativas que deterioran la relación.

El estrés afecta tanto a los hombres como a las mujeres en la disminución del apetito sexual. Y el estrés puede ser un factor que contribuya al aumento del número y la intensidad de las peleas. Pero los disgustos o conflictos afectan más a las mujeres puesto que los hombres logran separar el sexo de los problemas de relación de pareja.

Si el marido intenta acercarse sexualmente a su esposa después de un pleito en el que le gritó y hasta insultó, lo más probable es que ella lo rechaze. Lo que el esposo amante debe hacer es pedir perdón de manera honesta y tierna antes de tocarla, mirándola a los ojos. Luego, abrazarla y esperar a que ella desfogue la tensión, ansiedad o angustia que produjo el pleito.

Una vez que ella se sienta emocionalmente descargada, las probabilidades de hacer el amor serán mucho más altas.

Si la esposa necesita llorar para liberarse de la carga que la pelea ha depositado en su alma, su marido deberá respetar su necesidad de descargar la tensión usando el llanto como catarsis. Si él le presta su hombro para llorar, si él respeta ese momento y no la critica por hacerlo, las probabilidades de tener buen sexo serán más altas aún.

Pero no hay mejor medida que la PREVENCION. Es importante que marido y mujer estudien la forma más efectiva de CONTROLAR SUS EMOCIONES NEGATIVAS y no llegar a un nivel de pleito o pelea que destruya la relación. Para esto hay numerosos libros, cursos y materiales en internet que enseñan cómo controlar la ira. También es recomendable acudir por ayuda a un psicólogo/terapista sexual, especialistas o consejeros de pareja que los apoyen en el proceso.

ABRIL 30

EL VALOR DE LA PACIENCIA EN LA RELACION AMOROSA

Generalmente somos muy agradecidos con nuestras parejas hasta antes de casarnos y luego se produce un fenómeno destructivo: ya casi no damos las gracias porque creemos que todo nos lo merecemos. Craso error! Nadie merece mas oir la palabra "Gracias" de nuestros labios que nuestro cónyuge. Y así como dejamos de ser agradecidos, así perdemos la paciencia que antes le teníamos y ahora nos fastidiamos, irritamos y hartamos por cualquier cosa, inclusive las que antes -en la época del cortejo- hubiéramos considerado insignificantes.

Qué bueno sería que en las charlas de preparación pre-matrimonial se le dijera a los novios la verdad: que la virtud que van a tener que desarrollar en mayor grado cuando se casen será la PACIENCIA, porque su cónyuge les va a fallar y en muchas ocasiones les va a cansar.

Todos hemos leído o escuchado alguna vez el mas bello texto descriptivo de lo que es el amor escrito por el apóstol Pablo en 1 de Corintios 13 . Allí, Pablo menciona como primera cualidad que define al amor: "El amor es paciente..."

La paciencia es el fruto que nunca se daña. Por mucho que demos de este fruto, nunca será demasiado. Es un fruto duradero. Nuestra paciencia siempre será de provecho para nuestro cónyuge y viceversa.

Mas la paciencia parece escasear en muchos matrimonios. Esposos y esposas pierden la paciencia con gran facilidad, especialmente cuando uno no le da gusto al otro como éste quiere y cuando éste quiere. Sentimos que la mecha se enciende y estallamos. O bien, ponemos mala cara porque nuestro esposo o esposa no está cambiando a nuestra entera satisfacción, no está creciendo tan rápidamente como quisiéramos o de la manera como quisiéramos.

Arrepintámonos de esta actitud egocéntrica, de esta propensión a estallar y pensemos en el futuro. Cuando sentimos que la mecha se enciende, apaguémosla antes del estallido. Todos tenemos fallas. Para superarlas permitamos que nos domine el Espíritu de paciencia. Bien dijo Pablo que el verdadero amor "todo lo soporta" (1 Corintios 13:7).

MAYO 1

5 RITUALES PARA DAR Y RECIBIR AFECTO

No importa cuántos años lleve la pareja casada, nunca es demasiado tarde para crear estos rituales que encienden la llama del afecto, el cariño y la ternura.

Lo ideal es hacerlo desde el inicio, para que ambos se adapten a la nueva forma de manifestar aprecio al ser amado y el ritual se consolide con el tiempo, contribuyendo a que el matrimonio mantenga mayores niveles de armonía y satisfacción mutua que quienes no los practican.

Paa que una acción o manifestación de afecto se convierta en ritual, hay que repetirla diariamente por cierto tiempo, unos 21 días como mínimo para que se convierta en hábito, y a partir de entonces se convertirá en algo natural, sumamente sencillo y fácil de hacer y permanecerá en el tiempo.

He aquí mis sugerencias de algunas manifestaciones de afecto que al convertirse en rituales pueden convertirse en poderosas herramientas de conexión con el ser amado.

1)Cuando ambos se acercan al auto, él le abre la puerta en gesto caballeroso y antes de cerrarla, se agacha para darle un beso cuando ella ya está sentada dentro del auto.

2) Cuando uno de los dos sale a trabajar o a cualquier otro lugar y el otro se queda un rato más en casa, el que sale besa y abraza al que se queda. Si bajan las escaleras juntos, el esposo baja primero y la espera en el primer escalón para robarle un beso.

3) El que llega del trabajo segundo, busca al que llegó primero y lo lleva a la cama o al sofá para un abrazo recostados, un abrazo que deberá durar algunos minutos, sin hablar, al que le llamaremos "el abrazo de reconexión".

4) En cualquier momento en que se sienten juntos a ver televisión, se pueden dar la mano o él le puede pasar el brazo sobre el hombro a ella. Pueden asimismo darse la mano si ven la TV en la cama, o ella recostarse sobre el pecho de su esposo.

5) Antes de dormir, se dan un beso y se dicen las dos palabras mágicas: "Te amo". Que sea lo último que ambos se dicen cada noche antes de cerrar los ojos.

Por último, las manifestaciones públicas de afecto, como caminar tomados de la mano, son indicio -generalmente- del buen estado de una relación amorosa.

MAYO 2

LAS NEFASTAS CONSECUENCIAS DE ACOSTUMBRARSE A MENTIR

Numerosos estudios han comprobado que el promedio de mentiras por semana entre la gente que se confiesa mentirosa es de 11.

Dolor de cabeza, problemas de garganta, estrés y tristeza. Estos son los efectos para la salud, tanto física como mental, de no decir la verdad. La honestidad no solo es sinónimo de buenos valores, sino de una buena salud: Decir la verdad mejora la calidad de las relaciones personales y éstas, a su vez, mejoran la calidad de vida.

Las mentiras están relacionadas con la segregación de las hormonas causantes del estrés, el aumento de la frecuencia cardíaca y la presión arterial. Las mentiras reducen los anticuerpos para combatir las infecciones en la sangre y que, si se prolongan en el tiempo, acaban causando desde dolores de espalda y cabeza, hasta problemas menstruales e incluso infertilidad.

La tensión está detrás de estos problemas de salud porque uno pasa mucho tiempo planeando la mentira y luego manteniéndola. Si no imagínese que va a mentir a su jefe o a su cónyuge y vea cómo se le tensionan los hombros, el estómago y el resto del cuerpo.

Para construir una mentira, se necesita una gran cantidad de energía física y mental, perdemos un tiempo precioso tratando de ir tapando huecos, en lugar de emplearlo de manera positiva y constructiva.

Es evidente asimismo la dificultad que supone para las personas mentirosas abandonar esta insana costumbre. Los participantes de una reciente investigación sólo fueron capaces de reducir la cantidad total de mentiras en una mentira por semana. En el día a día, simplemente consiguieron dejar de exagerar sus logros, evitar caer en excusas inventadas, y decir medias verdades en lugar de mentiras.

Cuando un cónyuge se acostumbra a mentirle a su pareja, la confianza se resquebraja progresivamente y la relación amorosa se destruye con el tiempo. Lo peor es que si la mentira se convierte en rutinaria, el ser amado ya no puede creerle al mentiroso, ni siquiera cuando está diciendo la verdad! Decir la verdad es la mejor forma de reducir el estrés, mejorar la calidad de vida y superar los problemas del pasado. Nuestro deber es entrenarnos, deliberadamente, en decir la verdad.

MAYO 3

ERRORES EN LA COMUNICACION DE PAREJA QUE NOS CUESTAN CARO

Este es una de las preguntas nás recurrentes de las parejas que vienen a mi consulta y la respuesta suele comenzar por QUE ES LO QUE NO DEBEMOS HACER.

La comunicación efectiva de pareja NO es la que:

1) Salta a conclusiones fáciles.- Esto supone pensar que uno escuchó a la pareja decir "X" pero que lo que en realidad quiso decir fue "Y". Suponer que dijo lo que en realidad no quiso decir, es uno de los problemas de comunicación que entrampa más a las parejas, debido a la mala interpretación del mensaje ajeno. Ante la duda, preguntemos y dejemos de suponer:"Me parece haberte escuchado decir que....Fue esto lo que realmente me quisiste decir?".

2) Se pone a la defensiva.- Cuando nos sentimos amenazados nos ponemos a la defensiva. Es importante que tu cónyuge sepa que respetas su opinión. Ustedes no tienen por qué estar de acuerdo en todo pero sí tienen que hacerle sentir al otro que su opinión es respetada. Y esto implica NO ponerse a la defensiva, intentando "ganar" una batalla, cuando al final perderemos la guerra.

3) Adoptar una postura negativa.-

Si la actitud de uno de los esposos o novios es negativa, basada en quejas y críticas, es poco probable que el otro crea que se interesa por la relación. La mejor manera de comunicar es desde una perspectiva optimista, positiva, expresando gratitud, consideración, aprecio, paciencia y amabilidad. Cuando uno de los dos se expresa de esta manera, de forma constante, la buena noticia es que tal actitud es contagiosa y la otra parte copiará el buen ejemplo.

Además, todos podemos aprender lo que sí debemos hacer, como por ejemplo: Hablar menos y escuchar más.

Poner esfuerzo y dedicación en este aprendizaje reportará excelentes frutos, tales como una relación más saludable, armoniosa y feliz.

MAYO 4

ACEPTAR AL OTRO COMO ES, SIN PRETENDER CAMBIARLO

"Amar es aceptar al otro como legítimo yo en la convivencia" (Humberto Maturana)

En mis seminarios o conferencias para damas suelo pedir a las presentes que alcen la mano aquellas que no hayan sentido nunca el deseo de cambiar a sus hombres. Ni una sola mano se levanta. La mayor parte de mujeres se casan con la ingenua pretensióm de cambiar a sus maridos "a la fuerza".

Uno de los momentos mas comunes en que las mujeres muestran su natural inclinación a cambiar a sus hombres, es cuando ellas no soportan que ellos opinen diferente y los conminan a cambiar de opinión o a reconocer que están equivocados. Pero éste no es el camino bíblico.

Todos podemos decir de la boca para afuera que amamos a alguien pero a la hora de la prueba demostrar con acciones lo contrario. Todos podemos ponernos las gafas oscuras para mirar al otro cuando nos falla y entonces culparlo del problema, acusándolo, con o sin razón, con o sin causa justificada.

Cuando doblegamos nuestro orgullo y nuestro ego para reconocer que estábamos equivocados -y aunque no lo estuviéramos, cedemos por mantener la armonía con el otro- entonces lo demostramos. El amor permite que el otro "gane" por el bien de la relación.

MAYO 5

LA PIRAMIDE DEL AMOR

Si dibujáramos un triángulo para explicar los tres tipos de amor que debieran estar presentes en la relación de pareja, éstos serían sus componentes ubicados en cada vértice del triángulo.

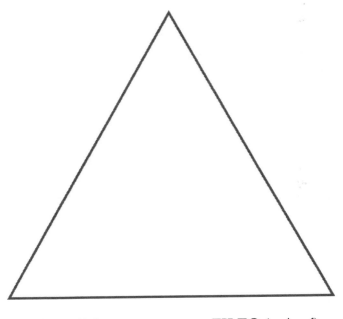

AGAPE
Amor Incondicional
Compromiso

EROS (pasión)   **FILEO** (amistad)

Es cierto que sin Eros la relación se quedaría estancada en el plano de la amistad. Uno no se casa solamente por tener compañía.

La pasión por sí sola, sin amistad verdadera, predestina a la pareja a una relación corta, a un fuego erótico que podrá durar por algunos meses o años pero que no bastará en lo más mínimo para mantener a los esposos unidos "hasta que la muerte los separe". La amistad es necesaria para que gocen de la compañía mutua y puedan conversar sin aburrirse.

Pero ni siquiera la amistad y la pasión juntas pueden garantizar la perdurabilidad de una relación amorosa. Se requiere de un COMPROMISO que va más allá del deseo sexual y los beneficios de una buena amistad. Porque el amor no puede basarse en sentimientos. De ser así, nadie podría jurar amor eterno. El amor es compromiso que conlleva una decisión que se sostiene con fuerza de voluntad, perseverancia y determinación. Quien ama DECIDE permanecer en una relación, a pesar de los defectos y fallas del ser amado, porque se comprometió a ello.

Finalmente, nada de esto sería posible sin la existencia del amor AGAPE, el amor incondicional, que da sin esperar recibir, que entrega sin buscar retribución. Este es el tipo de amor que no duda en dar la vida por el ser amado inclusive. Y es difícil experimentar este tipo de amor si la pareja no pone a Dios en el centro de su relación. Porque el amor AGAPE viene de Dios. El es la fuente y solamente de EL podemos aprender este tipo de amor.

MAYO 6

CUANDO LA DEPRESION AFECTA A LA RELACION AMOROSA

Qué bueno fuera si a los novios que van a contraer matrimonio se les pidiera pasar por exámenes de salud mental. Mucha gente se casa con personas que sufren depresión o transtorno bipolar sin saberlo.

La depresión afecta a 1 de cada 10 estadounidenses adultos. Puede provocar aumentos en el ausentismo laboral, incapacidades a corto plazo y descenso de la productividad. Se sabe que el 20% de las personas que acuden al médico de familia lo hacen por sentirse tristes, desanimadas, con ganas de llorar pero, en unas horas o pocos días o incluso ante la aparición de una buena o agradable noticia, ese estado de ánimo cambia. Al paciente que tiene una depresión no le sucede lo mismo. Ante un Episodio Depresivo Mayor (EDM) le fallan las fuerzas, se siente apagado, quiere estar solo, acostado, sin perturbaciones ni estímulos sensoriales, sin apetito. Además, no puede desempeñar con normalidad su trabajo habitual y se ven afectadas sus relaciones sociales. Y como se puede deducir, el cónyuge es el primero y más directamente afectado.

La depresión tiene que ser diagnosticada y tratada. Sólo el especialista puede recetar el tratamiento adecuado. Y es muy probable que sin tratamiento la vida del paciente y de sus familiares sea miserable.

MAYO 7

DISCUTIENDO POR LOS HIJOS

Los hijos no siempre unen a sus progenitores, hay casos en que los separan. Esto sucede por ejemplo cuando dos divorciados se casan y ambos tienen hijos menores de edad que vivirán bajo el mismo techo. Estos desacuerdos causan mucha tensión en la pareja, además de una gran confusión en el niño Muchos padres primerizos están tan exhaustos por la falta de sueño y las tensiones inesperadas que tienden a distanciarse. Por ende, se debilita la relación de pareja.

Posibles causas de las discusiones.-

Distintos valores, ideologías y religiónes pueden enfrentar a la pareja en la educación de los niños. Sin embargo, para que se desarrollen bien, es imprescindible que los padres negocien sus diferencias. Este es el momento justo en el que comienza la verdadera etapa de ser padres: ponerse de acuerdo en cómo criar a un hijo. Para muchos una etapa no es nada fácil. Vemos familias donde el padre es más estricto y la madre es la consentidora. Hay otras donde el padre no tiene corazón para disciplinar a su hijo después de un largo día de trabajo y es la madre quien lleva los pantalones, ¿Es así en tu familia?

Muchas investigaciones han demostrado que la crianza de los hijos es una de las áreas que causa mayor estrés en las relaciones de pareja.

MAYO 8

CONSEJOS PARA QUE LA CRIANZA DE LOS HIJOS NO SEA MOTIVO DE DISCORDIA(I)

Es de suma importancia que los padres estén de acuerdo en cómo van a criar a sus hijos. El niño necesita que sus padres formen un frente común, de lo contrario, recibirá diferentes instrucciones de los seres que ama, lo que lo desconcertará y lo hará comportarse inapropiadamente.

Si el hijo se enfrenta a uno de los padres, el otro debería apoyar incondicionalmente a su pareja, restituyendo el poder que el niño o adolescente trata de hacerle perder. Si esto no ocurre, seguramente quien calla está cobrándose una vieja deuda que no se ha animado a plantear.

Tengan paciencia. La Biblia dice que "el amor es sufrido", "no busca sus propios intereses" y "no se siente provocado" (1 Corintios 13:4, 5). ¿Cómo pueden los padres seguir estos consejos? El hombre prudente le demuestra amor a su esposa aprendiendo cuáles son los efectos físicos y mentales que produce en la mujer el nacimiento de un hijo. Uno de ellos es la tendencia a los cambios repentinos de humor.

Esposo, ¿se incomoda tu mujer con la ayuda que le prestas? En tal caso, no te ofendas. Sé paciente y antepon los intereses de ella a los tuyos propios, así evitarás enojarte (Proverbios 14:29).

MAYO 9

CONSEJOS PARA QUE LA CRIANZA DE LOS HIJOS NO SEA MOTIVO DE DISCORDIA(II)

Por otra parte, la esposa perspicaz animará a su marido a que asuma sus nuevas funciones. Lo incluirá en el cuidado del bebé enseñándole con paciencia cómo se cambian los pañales o se preparan los biberones, aunque al principio no lo haga bien.

Reafirmen su amor mutuo. La Biblia dice sobre la unión matrimonial: *"El hombre dejará a su padre y a su madre, y tiene que adherirse a su esposa, y tienen que llegar a ser una sola carne"* (Génesis 2:24). Dios se propuso que los hijos dejaran la casa algún día pero que la unión entre el marido y la mujer durara toda la vida (Mateo 19:3-9).

Sin duda, el que una pareja primeriza asimile esta idea les ayudará a mantener sus prioridades en la debida perspectiva.

La crianza de los hijos pondrá a prueba la unidad de los cónyuges y cambiará para siempre su relación. Sin embargo, les dará la oportunidad de desarrollar cualidades muy valiosas, los volverá más pacientes, genrosos y compasivos.

MAYO 10

POR QUE LA RELACION DE PAREJA ES UNA EMPRESA TAN DIFICIL?

La mayoría de los problemas entre casados se reducen a un solo problema: uno o los dos no son lo suficientemente maduros emocional y espiritualmente. A veces adultos de 30 hasta 80 años actúan peor que niños de 6 años de edad. De juntarte en matrimonio con otra persona inmadura, el daño que se harán será grande.

Uno de los signos de madurez espiritual es no ofenderse aun cuando el agravio sea fuerte. La madurez es quedarse tranquilo, en paz, aún cuando el otro está descontrolado.

Después de la decisión de entregar nuestra vida a Jesucristo aceptándolo como nuestro Salvador, no hay otra más importante que la de elegir sabiamente con quién vamos a contraer matrimonio, pues este compromiso es para el resto de nuestras vidas, inquebrantable.

Casarse es fácil. Tener un matrimonio santo, feliz, de éxito, de acuerdo a los planes de Dios para nuestras vidas, no lo es. Hay algunas cosas específicas que puedes hacer para mejorar tus posibilidades.

La primera es estudiar y comprender cómo es el matrimonio bíblico, aquel que nos va a servir de ejemplo a seguir, para nuestra santificación individual y como pareja.

MAYO 11

EL PODER DE LAS FANTASIAS SEXUALES EN EL MATRIMONIO

Entendemos una fantasía como una representación mental de algo que creamos consciente o inconscientemente. Cuando el contenido de la fantasía produce una excitación sexual o te lleva a sentir sensaciones placenteras, hablamos de fantasía sexual. En una fantasía sexual, la persona recrea situaciones de contenido diverso (romántico, sensual o explícitamente sexual) vividas en el pasado o que son fruto de la imaginación. ¿Para qué sirven?

- Se trata de una manera de expresar los deseos más íntimos.

- Ayuda a aumentar la excitación sexual, tanto a nivel individual como en pareja.

- Permite evadirse de la rutina en la cama, rompiendo con la monotonía.

- Son una forma de juego entre los esposos permitiendo renovar la vida sexual.

Todos podemos potenciar nuestra vida erótica imaginando escenas que exciten la líbido. Las fantasías forman parte de una sexualidad sana en el contexto del matrimonio.

En pleno siglo XXI no tenemos que escandalizarnos por cosas tan naturales...quitemos esos tabúes que para nada favorecen tu vida conyugal.

MAYO 12

LLAVE A SU CORAZON = LA TERNURA

Sabemos que a los hombres no les nace ser tiernos. Pareciera ser algo que no es propio de su naturaleza. Pero la mayor parte de los varones experimenta ternura ante la llegada de un hijo a su vida...Pues bien, qué tal si tratan de sentir eso mismo hacia sus mujeres cuando ellas se muestran débiles e indefensas? Ellas se van a sentir aceptadas, comprendidas y amadas....y lo más probable es que su comportamiento diario mejore como consecuencia de ello....Es decir que el marido o novio cosechará beneficios mediatos y/o inmediatos del ejercicio de la ternura.

De qué manera puede un hombre ayudar a su mujer a calmarse cuando está llorando porque le ha ocurrido algo malo? Abrazándola, acariciándole el pelo, callando y escuchándola, permitiéndole desfogarse, siendo tierno con ella. Cuando el hombre aprende a ser tierno con su mujer, aprende el lenguaje que ella entiende mejor y ella se sentirá más inclinada a hablarle a él en el suyo. Por tanto, el que el caballero dé el primer paso en la práctica de la ternura generará una respuesta positiva en ella y él también saldrá premiado.

MAYO 13

QUE TU MUJER SE SIENTA UNA REINA

Cuando un hombre le habla con ternura a su mujer, empleando palabras dulces, tiernas, cariñosas y un tono que les corresponda, está tocando la fibra más íntima de su corazón. Por eso la ternura es la llave que abre el corazón femenino para poderle hablar sin barreras, sin escudos defensivos, sin miedos.

Si tu mujer quiere que seas más tierno con ella, ya es hora de dejar de ser egoísta y de amarla como ella desea y necesita ser amada! Practica el arte de elogiar. Haz el esfuerzo de decirle algo agradable a tu pareja con relación a su aspecto físico o a sus cualidades intelectuales o espirituales diariamente.

Besa y abraza a tu mujer durante el día sin motivo alguno. Recuerda que un beso largo y apasionado vale más que mil palabras y que la comunicación no verbal suele ser más importante en las relaciones humanas que la verbal. Ten para con ella gestos caballerosos que la hagan sentir una reina. Por ejemplo: Cuando le abras la puerta del auto para que ella entre y se siente...antes de cerrar la puerta... ¡bésala!

Dependiendo de los gustos de ella: recurre a un regalo, bombones o flores, que son recursos que suelen no fallar, sobre todo si van acompañados de una tarjeta romántica. Antes de dormir, dale un beso y susurra dulcemente a su oído: "Te amo, mi amor".

MAYO 14

APRENDER A PEDIR PERDON

Si hay algo que puede lograr salvar una relación amorosa es que ambas partes sepan pedir perdón, lo antes y más sinceramente posible, después de haberle fallado al otro. A las parejas que vienen a mi consulta les digo que uno de los grandes errores que la gente que se va a casar comete es creer que el otro no le va a fallar. Uno de los problemas es contraer matrimonio con altas expectativas. La verdad sea dicha: El otro te va a fallar DE TODAS MANERAS. Y será mejor que lo vayas aceptando tal y como es.

Una película muy famosa en los 70s "Love story" acuñó la frase "Amar es nunca tener que pedir perdón". Suena muy bonito pero no es verdad. Tal vez se puede justificar entendiendo que cuando uno ama, antes de que el otro nos pida perdón ya lo hemos perdonado....pero si quien cometió la ofensa ama a la persona a la que ha ofendido, la necesidad de pedir perdón con arrepentimiento sincero y propósito de enmienda cae por su propio peso.

Pedir perdón es justo y necesario...pero no basta por sí solo sino va acompañado del propósito de enmienda que supone un cambio de rumbo. De qué vale pedir perdón si vamos a reincidir en la conducta ofensiva o hiriente? Para que el otro crea que somos sinceros, no podemos continuar repitiendo lo que le hace daño o hiere. El cambio es imprescindible.

MAYO 15

MUJER = LA MARAVILLA DE SER VULNERABLE

Ya pasó a la historia aquel mito que nos calificaba como el "sexo débil". La energía y resistencia femeninas maravillan a los hombres. Hemos sido dotadas con una alta inteligencia emocional que nos permite soportar las situaciones más difíciles sin dejar de ser consideradas y hasta amorosas con quienes nos rodean. Podemos sonreír a pesar de estar llorando y cantar con los ojos inundados de lágrimas.

Nuestro corazón se parte ante la muerte del ser amado. Pero nuestra vulnerabilidad es un arma de doble filo. A la vez que nos expone, nos hace más fuertes. Las mujeres nos mantenemos firmes, salvando obstáculos, perseverando en mantener nuestros compromisos y lograr nuestras metas, y nos rebelamos contra la injusticia. No aceptamos un "no" como respuesta cuando sabemos que existe solución para un problema. Nos sacrificamos al máximo con tal de mantener a nuestros familiares sanos y felices. Sabemos por experiencia propia que un beso y un abrazo pueden remendar un corazón roto o curar una herida.

Pero si alguien me pregunta cuál sería uno de nuestros mayores defectos, tal vez podría elegir el siguiente: Muchas veces, olvidamos TODO lo que valemos. Por eso, querida amiga, te dedico estas palabras de aliento: ¡Eres una mujer maravillosa, bella y bendecida!

MAYO 16

EN BUSCA DEL HOMBRE VIRTUOSO

En proverbios 31, La Biblia nos describe con lujo de detalles a la mujer virtuosa. En el verso 11 se nos dice que su esposo confía en ella. Nadie duda de que tan excelente dama es digna de confiar. Pero "el corazón de su marido está en ella confiado" porque él dedice confiar, porque él escoge ser confiado, creer y no dudar.

Los versos 15 y 16 nos muestran a una mujer que es muy trabajadora. Pero su esposo prepara el terreno para que ella pueda desarrollar sus habilidades y destacar en lo que hace. El aprecia y respalda los talentos que ella tiene para las finanzas, permitiendo que ella invierta y contribuya a la prosperidad de la familia.

En el versículo 23 leemos *"Su marido es conocido en las puertas, cuando se sienta con los ancianos de la tierra."* El hombre de Proverbios 31 es influyente e importante en su círculo. Es un líder en su comunidad y ella está orgullosa de él. *"Se levantan sus hijos y la llaman bienaventurada; Y su marido también la alaba"* declara el verso 29. De aquí se deduce que el hombre de esta mujer virtuosa le reconoce todos y cada uno de sus méritos delante de sus hijos, tanto así que ellos amplifican los elogios del padre.

Con un esposo como éste resulta más sencillo entender porqué *"Le da ella bien y no mal, todos los días de su vida."*(versículo 12).

MAYO 17

5 CONSEJOS PARA QUE UN PLEITO TERMINE EN RECONCILIACION (I)

No hay pareja que no discuta y que en determinados momentos llegue a perder la cordura elevando el volumen de la voz, utilizando un tono ofensivo-defensivo y hasta recurriendo a insultos o malas palabras (por lo menos uno de sus miembros). Lo importante es detectar cuando la cosa se está poniendo color de hormiga, para no permitir que continúe la escalada hacia la pelea sin camino de regreso. Tomemos en cuenta los siguientes consejos:

1) No discutas en caliente. Cuando estamos en el "pico alto" del enfado, nuestro cerebro puede bloquearse y no permitirnos expresar correctamente cómo nos sentimos, a qué se debe nuestra frustración o qué es lo que nos molesta de nuestra pareja. Además en esta fase podemos volvernos violentos y gritar, insultar, amenazar... que no nos ayudará en nada y que provocará reacciones similares en nuestra pareja.

2) No bajes a su nivel. Si es tu pareja quien tiene una actitud muy negativa, testaruda, intransigente y fuera de sí, no podemos rebajarnos a su mismo nivel y caer en una pelea callejera, que lo más probable es que impida la posibilidad de que se solucione el asunto en cuestión. Piensa que no se puede quitar una arruga a la tela apretándola.

3) Para discutir hacen falta dos. Existen infinidad de razones para empezar una discusión: la educación de los hijos, costumbres distintas, celos, caracteres diferentes, infidelidades, vicios, crisis económica, familia política, salud... seguro que tú también conoces otra lista como ésta. Pero debes recordar que si tú no estás en posición de discutir, de nada sirve que tu pareja esté gritando todo el día, pues sus palabras caerán en tu oído sordo y sólo habrá perdido su tiempo y gastado su energía. Si, en el peor de los casos tu pareja ha caído en las drogas o en el alcohol, una discusión negativa y violenta echaría por tierra la posibilidad de resolver el problema y aquí sí deberías buscar ayuda profesional y externa.

Mañana continuaremos revisando otros dos puntos que nos permitirán solucionar nuestros conflictos de manera civilizada y constructiva.

MAYO 18

5 CONSEJOS PARA QUE UN PLEITO
TERMINE EN RECONCILIACION (II)

Continuando con el tema que empezamos a estudiar ayer, aquí van los consejos finales para que un problema que puede generar una pelea de dimensiones desproporcionadas se maneje con altura y madurez emocional.

4) Aplaza la discusión. Propnle a tu pareja que se retome la discusión cuando ambos estéis más calmados y con la mente más abierta, habiendo pensado bien las cosas durante un tiempo (desde 10 minutos a un par de días). Deberás valorar cómo de grave es la situación, pero piensa que seguramente con el aplazamiento conseguirás mejor ventaja y mayor éxito de conseguir lo que reivindicas, pues no se discute para vaciar la rabia interior, sino para anular y resolver una situación negativa y descompensada en la pareja, y que tu objetivo es abandonar el dolor y restablecer la paz en la relación de pareja.

5) Discutir es bueno, pelear es destructivo. Puede que tu pareja sea de esas personas que no está dispuesta a ceder, o no acepta más opinión que la suya. Si este es el caso, lo mejor es que seas astuta y buscar un momento donde esté relajado y tranquilo y comentarle el tema de forma calmada, haciéndole ver que hay que hablar como adultos, aunque se tengan opiniones distintas, y haya ciertas cosas que te están molestando. Lo más seguro es que te responda en el mismo tono de voz que tú utilices, y puede que así te encuentres con una actitud abierta y positiva. Si por el contrario tu pareja de todas formas se altera, tú debes seguir con voz calmada y sin perder los nervios, amansándolo.

6) No pongas sobre el tapete asuntos del pasado, problemas que se supone que uno ha perdonado y olvidado, ni echarle al otro la culpa de que el problema no se haya solucionado aun.

7) Inicia y termina la conversación enfatizando en algo positivo, resaltando todo el progreso que ha hecho su cónyuge en determinada área. Elogia, manifiesta aprecio, reconocimiento y gratitud. Así predisponemos al otro más favorablemente para el diálogo la próxima vez que tengamos que hablar de un problema. Finalmente, señoras: Cuidado con la forma en que expones tus CRITICAS: los hombres asumen estas como acusaciones o ataques. Presenta 2 o 3 alternativas para que sea él quien elija la que prefiera.

MAYO 19

EL DOBLE DISCURSO FEMENINO

Es cierto que a los varones les resulta complicado comprender a sus mujeres. Veamos 7 expresiones femeninas que significan algo diferente a lo que la palabra denota (y a sonreír se ha dicho!):

(1)   BIEN: Esta palabra es utilizada por las mujeres para finalizar una discusión o un argumento, cuando creen tener la razón y significa "cállate".

(2)   Cinco Minutos: Si esta vistiéndose, significa alrededor de media hora. Pero cinco minutos son cinco minutos si es el tiempo que le has prometido seguir viendo el partido antes de ayudar en las tareas del hogar.

(3)   NADA: Es la típica calma antes de la tormenta. Esto significa algo y deberías estar cruzando los dedos. Los argumentos que comienzan en "nada" generalmente terminan en "Está bien (6)".

(4)   HAZLO: Es un atrevimiento, no te doy permiso. !No lo hagas!

(5)   Como quieras: Cuando una mujer dice esto con expresión molesta, significa que ella hará lo que quiera a pesar de lo que tú opines.

(6)   Está bien: significa que se tomará un largo tiempo para planear cómo vas a pagar por tu error.

(7) Tenemos que hablar = Tengo que hablar

Tenemos que hablar (con tono muy serio) = Hemos terminado.

MAYO 20

SINTIENDO COMPASION POR LAS HERIDAS DEL PASADO

Cuando la pareja de novios comienza a convivir no pasan muchos meses para que abran los ojos a la realidad de los defectos, fallas y problemas del otro, que aparecen como más grandes que los propios. Y aquella persona que nos había deslumbrado, ahora nos ha decepcionado de manera tal que, no podemos entender qué falló y cómo haremos para continuar a su lado.

Lo que ha fallado, entre otras cosas, es nuestra manera de mirar al otro. A las parejas que vienen a mi consulta les pido que hagan el ejercicio de pensar cómo los miraría Jesús, con qué ojos los veía, en ese momento en que uno de los dos levanta la voz con ira, insulta y dice cosas de las que después se arrepentirá. Algunos me dicen que Jesús los miraría con COMPASION y ésa es una respuesta correcta. Porque no hay ni un solo pasaje de la Biblia en el que Jesús contemplara con ira, odio o fastidio al pecador arrepentido, e inclusive a aquellos que lo crucificaron.

Cuán benéfico y transformador sería, para nuestra relación, que miráramos a nuestro cónyuge con los ojos de Jesús. Nuestra reacción sería otra y con ello tendríamos un problema menos.

Otro ejercicio práctico para los momentos de dificultad es meditar en los traumas de niñez, los grandes sufrimientos y las heridas del pasado que condicionan las reacciones de nuestro ser amado, aún sus previas experiencias amorosas fallidas. Todo ese conjunto de vivencias determinan, en alguna medida, que sea quien es, sin siquiera quererlo. Y lo mismo les pasa a las víctimas. Muchas ni siquiera entienden la causa de su conducta pasiva, de complicidad con el agresor. Y puede ser que la causa esté a nivel subconsciente y no sea fácil ni rápido descubrirla.

No se trata de aceptar que la otra persona se quede como está si su salud mental es mala. Se trata de buscar ayuda. Pero es alentador saber que si los dos se miran con los ojos de Jesús y sienten compasión bien entendida el uno por el otro, la relación amorosa será más equilibrada, armoniosa, sana y feliz.

MAYO 21

COMO LIDIAR CON LA SUEGRA Y OTROS PARIENTES

"El casado, casa quiere", dice un viejo refrán, que hace alusión a la vida en pareja, aunque este en muchos casos no es aplicado, sobre todo en aquellos matrimonios que deciden compartir la vivienda con los suegros. Algunos lo hacen por el deseo de convivir con ellos, otros por razones económicas, costumbre o matrimonio apresurado.

En cualquier caso, pueden surgir conflictos que no conducen a una relación saludable. Vivir en la casa de los suegros suele traer conflictos consigo porque es el territorio de uno de los cónyuges y siempre va a hacer sentir al otro que este espacio es ajeno.

La inmadurez del hijo o hija que se niega asumir la responsabilidad que asumió al casarse -y que prefiere quedarse en casa de sus padres para ahorrar o por cualquier otra razón- se agrava ante la presencia del primer hijo.

En esta etapa la ruptura se presenta inminente ante el desplazamiento del cónyuge a favor de los requerimientos de la suegra y las decisiones del padre o madre son anuladas por la abuela.

La ruptura suele sobrevenir a los 2 años del matrimonio, ante la indiferencia del cónyuge de respetar el acuerdo matrimonial, y asumir las obligaciones que contrajo al casarse.

Bien dice la Biblia que "dejará el hombre a su padre y a su madre y se unirá a su mujer y serán una sola carne".

Por más que un hombre ame a su madre, si es cristiano deberá reconocer que después de casado nadie más importante en su vida, después de Dios, que su esposa. Qué debe hacer la nuera si no le queda más remedio que vivir algún tiempo en casa de su suegra? Ignorar, respirar y sonreir en momentos incómodos en los que un comentario de mal gusto saldrá a la luz en plena reunión familiar, en un almuerzo casual o en una fiesta. Siempre y cuando no pase a la grosería o a la agresión verbal, deja que ella solita se ría de sus chistes malos o de sus indirectas venenosas.

Tú siempre serás la dama, la que juega sus cartas inteligentemente y no se deja afectar por cualquier dardo verbal. Eso demuestra madurez y compostura. Respira hondo y saca a relucir tu hermosa sonrisa. Cuando sea demasiado entrometida, simplemente no le des pié a que se meta en tu vida: no le cuentes cosas personales, no recalques los defectos de su hijo, no le contestes de mala manera ni le pongas mala cara porque al fin y al cabo, la mejor salida es no confrontarla: es la madre de tu esposo y si él la ama, tú también deberás quererla.

MAYO 22

COMO LA PORNOGRAFIA DESTRUYE AL HOMBRE

Qué terrible es constatar los desatrozos efectos del consumo de pornografía en los matrimonios, inclusive en los cristianos. No se necesita ser adicto para que los efectos negativos se evidencien en la relación. No es bueno para ninguno de los esposos ver a otros como objeto de su deseo sexual. La relación monógama, - de dos personas que se unen y forman una sola carne- el amor exclusivo en el que el matrimonio está basado, excluye otros objetos de deseo sexual.

Cada día son más las parejas que vienen a mi consulta porque el hombre mira pornografía y como consecuencia de ello ha perdido interés sexual en su propia mujer y algunos se han convertido en eyaculadores precoces como consecuencia directa de su adicción. Aquí va mi primera alerta a los caballeros, sobre todo a los cristianos: Ustedes no pueden decir que aman a sus esposas y a la par consumir pornografía. Porque el consumo de estos materiales responde al deseo de satisfacer las necesidades y fantasías sexuales con otra persona que no es la esposa y esto constituye un acto de infidelidad emocional.

Los hombres que consumen pornografía terminan viendo a las mujeres como objetos sexuales, un vehículo o instrumento por el cual se satisface el instinto.

Acaso no se dan cuenta de que cada segundo en que se gasta un centavo en pornografía se acrecienta la demanda de tráfico sexual, inclusive el de niñas? Otro de los terribles perjuicios del consumo pornográfico es que cambia la manera de mirar a la esposa. El hombre percibe que su mujer no se compara, ni remotamente, con las super voluptousas prostitutas de la industria porno y pierde interés por el sexo real con la mujer que dice amar.

Otro de los graves peligros es que los hombres inmersos en este mundo oscuro se terminan anestesiando con los materiales calificados como "soft porn" (porque su cerebro se ha vuelto tolerante a ellos) y no les queda más remedio que experimentar con los "hard" (que puede conducir a la pedofilia, entre otras aberraciones sexuales). Opera aquí el mismo mecanismo de la adicción al alcohol o a las drogas: se va de menor a mayor, porque lo que satisfacía al inicio ya no satisface luego de un tiempo.

Amigo que me lees: Si de verdad amas a la mujer que Dios te ha dado, aléjate de la pornografía como te alejarías del mismísimo demonio...y si ya no te resulta posible usar tu fuerza de voluntad para ello....busca y pide ayuda.... Destruyendo a tu esposa, destruyendo tu matrimonio, vas a destruir a tu familia toda...Reacciona antes de que sea demasiado tarde.

MAYO 23

CUANDO TU ACTITUD DETERMINA EL EXITO EN TU RELACION AMOROSA(I)

La mayor parte de parejas que vienen a mi consulta se entrampan en un círculo vicioso de palabras negativas producidas por pensamientos tóxicos y su realidad se transforma en una pesadilla. Dime lo que piensas y lo que dices y te diré quién eres y cómo vives.

Resulta casi imposible encontrar una persona de pensamiento y lenguaje optimista y positivo que viva una vida miserable. Incluso en medio de condiciones o situaciones que podrían parecer miserables, dichas personas mantienen vivas su fe, haciendo las elecciones correctas, entre ellas: ka actitud correcta.. Es decir que si uno elige tener una perspectiva constructiva y edificante ya con ello está corrigiendo gran parte del problema!

Hombres de gran elevación espiritual como el apóstol Pablo mantenían esa actitud favorable sin importar lo dura que fuese la circunstancia. "...*he aprendido a contentarme, cualquiera que sea mi situación*" (Filipenses 4:11).

Puede ser que tu problema de pareja no sea en realidad el problema sino la ACTITUD que asumes al afrontarlo. Si tu actitud es catastrofista, si no ves más salida que el fracaso, lo más probable es que tú mismo te condenes a un amor desdichado. Estás derrotado inclusive antes de haber intentado librar la batalla.

MAYO 24

CUANDO TU ACTITUD DETERMINA EL EXITO EN TU RELACION AMOROSA(II)

Por otra parte, la actitud hiper crítica, de aquel que solo ve los defectos en el ser amado, es en sí misma el problema principal de muchas parejas. Bien nos llamó la atención el mismo Jesucristo sobre la hipocresía subyacente en esta actitud de crítica destructiva: "*¿O cómo puedes decir a tu hermano: Hermano, déjame sacar la paja que está en tu ojo, cuando tú mismo no miras la viga que está en el tuyo? Hipócrita, saca primero la viga de tu propio ojo, y entonces verás bien para sacar la paja que está en el ojo de tu hermano.*" (Lucas 6:42)

Según el método 90/10 de Stephen Covey, el 10% de la vida está relacionado con lo que nos pasa (eso también incluye las relaciones); el restante está determinado por la forma en que reaccionamos ante lo que pasa. Tú no puedes controlar el semáforo en rojo, pero puedes controlar tu reacción, y tu actitud en el tiempo de espera determinará cómo será el resto de la situación. Así, en gran medida, de nosotros depende lo que nos suceda en la vida diaria y esto también se aplica para el amor.

Cambia tu actitud hacia tu ser amado y tu relación, y verás que otros cambios se darán por añadidura!

MAYO 25

TU ACTITUD DETERMINA TU ALTITUD(I)

Muchas parejas que caen presa del desaliento y no logran ver la luz al final del túnel tienen una actitud negativa hacia el cambio: creen que su ser amado no puede ni podrá cambiar nunca y que si lo intenta está destinado al fracaso. Las relaciones de pareja nos enseñan que ambos suelen ser responsables de la crisis en la que se encuentran, en mayor o menos grado.

El primer consejo que les doy a las parejas que vienen a mi consulta muy desmoralizadas y desalentadas es que cambien su actitud. O vienen con esperanza, con fe, apostando y confiando en que pueden salvar su matrimonio, o están perdiendo su tiempo. Necesitan creer que si ambos tienen voluntad de cambio y si van a trabajar en equipo, de la mano, con el fin de resolver el problema -y no como enemigos atacándose mutuamente en vez de atacar el problema juntos- las posibilidades de restaurar su matrimonio son altas. La ACTITUD POSITIVA, OPTIMISTA, a pesar de estar en medio de una crisis, constituye un excelente punto de partida.

Pero lo más importante a considerar es QUIEN ES EL MOTOR DEL CAMBIO. No basta que uno de los dos o los dos tengan la buena intención de cambiar. Sólo Dios puede cambiarlos realmente.

MAYO 26

TU ACTITUD DETERMINA TU ALTITUD(II)

El proceso de cambio que comienza con un despertar espiritual, supone la crucifixión de la carne y la renovación de la mente tal como magistralmente lo sugiere el apóstol Pablo: *"No vivan ya según los criterios del tiempo presente; al contrario, cambien su manera de pensar para que así cambie su manera de vivir y lleguen a conocer la voluntad de Dios, es decir, lo que es bueno, lo que le es grato, lo que es perfecto."* (Romanos 12:2)

Resulta fundamental que reconozcan sus limitaciones humanas y se rindan a la voluntad divina para sus vidas: la transformación de adentro hacia fuera, el despertar espiritual, el arrepentimiento y el propósito de enmienda.

Desear cambiar es una cosa y hacer algo concreto para cambiar, día a día, es otra. Cuando Dios toca la fibra más íntima del ser humano que desea ser cambiado, no hay nada imposible para EL. Y hasta el matrimonio más roto puede ser restaurado. Sólo hay que creer y actuar de acuerdo a la voluntad de Dios para nuestras vidas.

No juegues el rol de vítima ni sientas que has fracasado en tu matrimonio. Confía en que los planes que Dios tiene para tu vida matrimonial son planes de bienestar, a fin de darles un futuro lleno de esperanza.

MAYO 27

DURACION CORTA DEL COITO ES CONSIDERADA NORMAL

Nada de traumatizarse por no durar ni media hora! Esta no es para nada una estadística romántica ni se corresponde con el estereotipo de relación sexual que los medios de comunicación proyectan. Lo que sí es cierto es que los mitos e ideas preconcebidas sobre la intimidad conyugal afectan también otras áreas del matrimonio, no sólo la sexual. Un 43% de los hombres sexualmente activos eyaculan a los dos minutos de haber penetrado a sus mujeres, de acuerdo a una investigación reciente realizada por el Dr. Harry Fisch, en su libro "The New Naked: The Ultimate Sex Education for Grown-Ups."
Estudios anteriores al del Dr Fisch demostraban que la duración promedio del coito era de 7 y medio minutos, que es el tiempo aproximado que los hombres se contienen para complacer a sus esposas en el acto mismo. Claro que en este tiempo no se está considerando el preámbulo, tiempo en el que un buen marido suele preocuparse por el orgasmo de su amada. Pero el estudio del Dr. Fisch no hace más que confirmar lo que ya se sabía desde las investigaciones de Alfred Kinsey quien determinó décadas atrás que un alto porcentaje de hombres eyaculaban en 2 minutos o menos una vez realizada la penetración.
Recientemente, varios sexólogos han coincidido en afirmar que se define como Eyaculación Precoz cuando el coito dura MENOS de 2 minutos debido a

que el hombre no puede controlarse. Por tanto, aquellos que pueden resistir más de dos minutos no están tan mal como creían...Les sirve de consuelo acaso?...No, porque estos mismos estudios indican que los hombres están más preocupados por su pobre performance sexual que sus esposas. Las mujeres tienen mayor interés en que el preludio dure más para que ellas puedan calentarse que si el coito en sí mismo es más largo o corto.

Otro factor a considerar es que muchos hombres acostumbrados a ver pornografía suelen condenarse a ser eyaculadores precoces, por lo que la pornografía resulta mala también desde el punto de vista físico, no sólo el emcional y espiritual. En cuanto a los eyaculadores precoces, un estudio sueco acaba de comprobar que los hombres que eyaculaban en un minuto o menos y que dedicaron 12 semanas a realizar ejercicios pélvicos echados en el suelo -y no miraron pornografía-, quintuplicaron su posibilidad de postponer el climax.

Finalmente, la idea de prolongar más la duración del coito debe ser contemplada por el marido cuando la esposa se lo pide porque a ella sí le importa. En ese caso, el esposo que complace a su mujer, que pone el placer de ella inclusive por encima del suyo propio, le demuestra que la ama tanto como a su propio cuerpo.

MAYO 28

PARA QUE SIRVE LA TERAPIA DE PAREJA

Son muy pocas las parejas que reconocen la importancia PREVENTIVA de la consejería. La mayor parte de los matrimonios creen que se debe dejar para cuando las papas queman tanto que lucen totalmente chamusqueadas. Pero prácticamente no existe ninguna relación amorosa que no pase por crisis y conflictos, e inclusive de manera regular. Es cierto que la consejería profesional y la terapia pueden salvar a un matrimonio del divorcio. Pero también es cierto que puede servirle a uno que, en apariencia, luce bastante saludable por no hacer de los problemas dramas o tragedias que causan más destrucción que el problema mismo.

Cuando se asisten a sesiones de carácter preventivo, el o la especialista le brinda herramientas a los novios o esposos para saber enfrentar los desacuerdos. Todos sabemos que es preferible prevenir que lamentar pero no lo aplicamos usualmente a nuestra salud emocional, solo a la física. Sabemos que no debemos ir al dentista a último momento cuando el dolor de muela nos vuelve locos. Tomamos mulit vitamínicos y otros suplementos para prevenir enfermedades, hacemos ejercicios y nos alimentamos bien para mantenernos saludables.

Pero a pocos se les ocurre ir al terapista matrimonial para mantener saludable una de las inversiones más importantes de su vida: la relación con su cónyuge.

Muchos dejan pasar el tiempo y se hacen los ciegos y sordos ante los problemas hasta que uno de ellos le pide el divorcio y al otro y entonces el que no quiere divorciarse sugiere terapia matrimonial como "último recurso". Qué lamentable. Se hubieran ahorrado mucho sufrimiento de no haber postpuesto tanto tan lógica decisión!

Mi trabajo como consejera de parejas es crear un espacio de confianza y balance donde ambos puedan expresar las emociones relacionadas con los problemas que los agobian y escuchar recomendaciones concretas de mi parte. Y cuando hay voluntad de las partes, sincero deseo de cambio por parte de ambos, y compromiso en seguir mis indicaciones, la dinámica de la relación comienza a mejorar, inclusive en el corto plazo.

MAYO 29

CUANDO EL CLIMA FAVORECE LA VIDA AL AIRE LIBRE

Todas las parejas necesitan en algún momento de sus vidas tomarse un descanso, alejarse del mundanal ruido, refugiarse en una montaña o en una playa desierta y dedicarse al uno al otro, en contacto con la naturaleza. A estas vacaciones se las conoce en inglés como "getaways", lo qe significa textualmente "escapes".

Lo ideal es que vayan los dos solos, a un lugar que no les resulte demasiado familiar. Reducir el estrés a su mínima expresión. No hablar de temas desagradables. De preferencia, hay que impedir que los celulares y las laptops rompan la magia de ese tiempo exclusivo para los dos.

La idea es hacer lo opuesto a lo que se hace en el ambiente rutinario. Darse masajes, caminar en la naturaleza, parar en medio del camino para abrazarse y besarse, saltar, correr, bailar, nadar, reír, susurrarse palabras dulces al oído, relajarse en el jacuzzi, tomar una ducha juntos, contemplar la puesta de sol, tomar una copa de vino, hacer el amor como en los mejores tiempos, dormir abrazados, dormir hasta tarde.

Este tipo de escapada puede reavivar la llama de la pasión, hacer resurgir el romance y predisponer a la pareja favorablemente para la solución de sus problemas presentes y futuros.

MAYO 30

QUE HACER ANTE LA VIOLENCIA DOMESTICA

Regularmente recibo emails de mujeres que no saben qué hacer cuando sus esposos les levantan la mano. He aquí una de mis respuestas:

Si se trata de una primera y esperemos que única vez, habla con tu cónyuge seriamente, de adulto a adulto, pidiéndole que no vuelva a repetir algo así porque daña terriblemente la relación y además perjudica a sus hijos. En el caso de que la situación se repitiera, podrías seguir una o varias de estas alternativas:

- Dejarlo por un tiempo hasta que recapacite y decida cambiar (te vas a casa de algún familiar),
- Denunciarlo en la comisaría o en alguna organización que proteja a las mujeres maltratadas, como http://www.womenslaw.org/ Un proyecto de La Red Nacional para Eliminar la Violencia Doméstica que proporciona info legal y apoyo a víctimas de violencia doméstica.
- Asistir juntos a terapia de pareja y/o a consejería bíblica si son cristianos.

Recuerda que eres una mujer digna y que, bajo ningún motivo ni circunstancia mereces recibir ese trato, mucho menos proveniente de la persona que juró protegerte y respetarte.

MAYO 31

PRIMER PASO PARA RESTAURAR UNA RELACION ROTA

Mi experiencia como consejera de parejas me demuestra que las parejas que oran y estudian la Biblia unidas, que van a la iglesia regularmente y que viven o por lo menos intentan vivir diariamente OBEDECIENDO al Padre Celestial, son las que salen victoriosas de las crisis y persisten a pesar de las dificultades. Para esas parejas luchadoras que han caído pero que no aceptan dejarse abatir por la adversidad, los invito a dar el primer paso para iniciar el camino de la restauración: darse las manos y leer en voz alta esta oración, sellándola al final con un largo y sincero abrazo reconciliador.

Amado Padre Celestial,
en el nombre de tu hijo Jesucristo,
nos postramos ante Ti reconociendo que Jesús nos enseñó que sólo el que esté libre de pecado tiene derecho a tirar la primera piedra....
que la sangre derrramada por nuestro Salvador nos limpia de nuestros pecados
y que nuestro pasado ya no tiene poder sobre nosotros....
Ayúdanos a asumir nuestra responsabilidad en nuestros problemas y a perdonarnos a nosotros mismos
Ayúdanos a extender tu perdón misericordioso a la persona que nos diste como compañera,

enséñanos a olvidar el pasado perdonándonos de verdad

A desterrar nuestros miedos y corregir nuestros defectos,

a comprometernos a amarnos el uno al otro como Tú nos amas,

de manera tal que nuestros brazos estén verdaderamente abiertos

para abrazarnos el uno al otro sin rencor ni amargura

y para abrazar el futuro maravilloso que tienes para nosotros de acuerdo a Tu voluntad.

Y nos volvemos a comprometer ante Ti a construir una relación Cristocéntrica para Tu gloria,

Amen.

JUNIO 1

CUANTO VALE RECONOCER UN ERROR?(I)

Millones! No tiene precio! Sobre todo en la relación de pareja, cuando la mayor parte de las veces, las dos partes creen que tienen la razón, que el otro es el equivocado, que el otro es el que tiene la culpa y que es el otro el que tiene que admitir su falta.

Cuando se piensa así, cuando ambos están ciegos a su propia responsabilidad en el problema, cuando nadie pide disculpas porque espera que el otro lo haga primero, cuando ambos se muestran obstinados y tercos como una mula, lo más probable es que el problema no se solucione, sino que por el contrario, se agrave. La actitud reacia al diálogo, la predisposición negativa, la amargura y el resentimiento son las peores consecuencias del problema inicial.

La persona que tiene una mayor elevación espiritual es la que suele pedir perdón primero porque posee mayor humildad. No importa si esa persona no tuvo la mayor parte de culpa en el embrollo. No interesa quién causó el conflicto. Lo que cuenta es terminarlo...y cuanto antes!...Para ello, quien tiene mayor inteligencia emocional y elevación espiritual suele pedir perdón con palabras como éstas: "Discúlpame...me equivoqué...podrías perdonarme, por favor?"... Si estas palabras son dichas con sinceridad, basta y sobra para ablandar el corazón del otro...

JUNIO 2

CUANTO VALE RECONOCER UN ERROR?(II)

El mejor de los escenarios se da cuando el hombre es el que pide perdón. Así se pone de manifiesto que él es el líder espiritual de su mujer, la cabeza de su hogar, predicando con el ejemplo, liderando en humildad y actitud de servicio.

Un hombre de Dios no teme decirle a su esposa "Perdóname" y abrazarla en signo de reconciliación. Eso es lo que ella necesita. Eso es lo que su corazón anhela. Con una simple palabra dicha con sinceridad se inicia el camino del perdón. Y luego ella, muy probablemente, pedirá perdón a su esposo, completando el círculo virtuoso que él inició.

Un pequeño llamado de atención para todos: cuando pidan disculpas no justifiquen lo que hicieron o dijeron con el famoso "pero"..."Siento mucho haberte dicho eso pero es que me provocaste y no pude contenerme..."

La segunda parte de la oración anula la primera. Nada justifica que gritemos o insultemos a nuestro ser amado. Nada. Ni siquiera que él o ella hayan empezado primero. Nuestra reacción debe ser calmada, tranquila, pacífica; la reacción de un verdadero seguidor de Jesús, el Príncipe de Paz.

JUNIO 3

COMO LUCHAR EFECTIVAMENTE
CONTRA LOS CELOS (I)

Todos nosotros sabemos que los celos extremos -e inclusive los que no son enfermizos- pueden destruir una relación, sobre todo cuando son infundados. Lo que casi nadie sabe es cómo lograr controlar esos celos. Necesitamos adoptar un método para luchar contra los celos y practicarlo hasta llegar a dominarlo. Primero hay que reconocer que los celos -cuando son infundados- están basados en pensamientos tóxicos que destruyen nuestra mente y nuestra relación con quien decimos amar. Seguir este método resultará al principio muy difícil pero solamente la práctica, la perseverancia, la insistencia, nos permitirá salir victoriosos.

Pasos a seguir:

I) Conseguir un cuaderno al que vas a titular "Mi lucha y mis victorias" o abrir un documento Word o una nota en tu celular donde vayas escribiendo tus experiencias diarias de acuerdo a los puntos que te voy a dar.

II) Escribir en el cuaderno -o en tus notas en tu celular o PC- cada vez que un pensamiento tóxico ataque tu mente.

Vas a describir lo que estás sintiendo y pensando en 5 columnas:

1)PENSAMIENTO TOXICO (Ejemplo: "Está retrasado y no me llama...seguro que en algo malo anda!")

2)MAGNITUD EN UNA ESCALA DE 1 A 10 (medir hasta que punto creemos en lo que estamos suponiendo y cuán fuerte es la ansiedad que nos produce)

3)DURACION DEL ATAQUE (cuánto tiempo nos mantenemos dándole vueltas al pensamiento tóxico)

4)ARREPENTIMIENTO y 'SWITCH" (Logramos arrepentirnos de estar suponiendo lo peor? Decidimos cambiar de manera de pensar, pasando de un pensamiento tóxico a uno de luz?)

5)VERBALIZACION (lo expreso o me callo, se lo cuento o me lo guardo?) .

Mañana continuaré explicando este método, práctico y efectivo, que también puede ser usado por los hombres celosos, no sólo por las damas. Si reconoces que eres celoso(a) sin que tu pareja te dé mayores motivos, ya ES HORA DE QUE HAGAS ALGO.

JUNIO 4

METODO PARA LUCHAR EFECTIVAMENTE CONTRA LOS CELOS (II)

Voy a explicar un poco más cada columna para que te quede claro el método que empecé a describir ayer.

1) Reconocer el pensamiento tóxico.-

En la primera columna escribe lo que estás pensando, como por ejemplo: "Está retrasado y no me llama...seguro está con su hermano haciendo barbaridades"

2) Magnitud.-

En la magnitud tienes que ponerle una calificación o "nota" al sentimiento. Si es muy fuerte y no te deja hacer otras cosas, si te obsesiona, puede ser de magnitud 9 o 10. Siendo cero la casi nula importancia que le otorgas.

3) Duración.-

En la duración, calcula cuánto te demoras en sacar el pensamiento tóxico de tu mente, en parar, en detener sus suposiciones, en decir STOP.

4) Arrepentimiento y Switch.-

En "Arrepentimiento y Switch" tienes que escribir por qué te arrepientes de haber pensado algo así y qué pensamiento positivo traes a tu mente para contrarrestar el pensamiento tóxico.

Por ejemplo: "El se está demorando porque seguro tuvo algo extra que hacer...y no me llama porque sencillamente no puede...Tal vez se le bajaron las baterías al celular...".

5) Verbalización.-

En la columna de "Verbalización" tienes que escribir si llegas a expresar el pensamiento tóxico (tu lucha, tu fracaso o tu triunfo) o te lo callas. Si la batalla fue perdida, preferible es que te calles. No es reomendable comunicar a la otra persona todo lo negativo que piensas de ella. Además, si lo expresas antes de haberte arrepentido, los resultados serán malos y no avanzarás lo necesario en este proceso. Lo más importante de todo es que NO expreses en voz alta el pensamiento tóxico. Tienes que aprender a morderte la lengua. La batalla de tu mente tiene que ser privada. Tu pareja no tiene por qué enterarse de todas las barbaridades que pasan por tu linda cabecita.

JUNIO 5

2 MIEDOS MASCULINOS QUE PARALIZAN LA VIDA SEXUAL

Dado que el miedo es una emoción paralizante que le impide a quien la experimenta actuar de manera racional, es importante detectar los principales temores que generan bloqueos psicológicos y disminuyen las posibilidades de satisfacción sexual. Estos suelen ser los 2 miedos masculinos más frecuentes:

1) **Temor a la falta de experiencia**

Esto sucede en los recién casados que no han tenido relaciones sexuales prematrimoniales, -situación que suele darse entre los cristianos-, o en aquellos hombres que han tenido muy pocas parejas sexuales y creen que esto los perjudica por la falta de experiencia. Se trata de un mito totalmente infundado. Para ser visto como buen amante, no se necesita una gran lista de parejas, sino detalles y atención con la mujer amada.

2) **Miedo a la disfunción eréctil**

El miedo más común sufrido por los hombres. Sucede cuando temen que no lograrán una erección durante el acto sexual. Lo irónico es que, muy probablemente, ninguno viviría tal experiencia sino se angustiara tanto pensando en ello. Mientras mayor sea la obsesión, menores las probabilidades de éxito. La solución comienza por relajarse, gozar del encuentro y poner el placer de la mujer antes que el propio.

JUNIO 6

ANTES DE ABRIR LA BOCA.... PIENSA!

"En boca cerrada no entran moscas", dice el refrán popular. Todo el mundo sabe que hay que pensar antes de hablar. Todo el mundo entiende que hay situaciones en las que resulta mucho mejor callar, guardar silencio, morderse la lengua... Desafortunadamente, los hombres no pueden comprender por qué a tantas mujeres les resulta en apariencia tan difícil.

La mayoría de ellos sabe que sus mujeres hablan más que ellos, que prácticamente nacieron para hablar y que suelen desfogar sus tensiones y frustraciones hablando....Lo que los caballeros no captan es qué pasa cuando su mujer se enfrenta a un problema y quiere solucionarlo.

La mayoría no adopta el método de encerrarse a pensar, a meditar y no contarle a nadie lo que pasa por su cabeza hasta que tiene las ideas más claras (que es el método masculino por antonomasia). Para ella la forma de aclarar sus ideas, de afilar su pensamiento y de encontrar soluciones a sus problemas es "echar pa'fuera" lo que le preocupa. Para ella el hablar tiene un efecto catártico, liberador, parecido al efecto que le produce el llanto.

Esto no quiere decir que excusemos a las mujeres de la necesidad de pensar lo que van a decir, porque como bien dice la Biblia en Proverbios 18:21 "El poder de la vida y la muerte están en la lengua". Y lo mismo se aplica para aquellos hombres que tienen una lengua viperina y que no se detienen a pensar sobre el impacto que sus palabras tendrán en sus seres queridos. Hay varones que se dejan vencer por la ira y cuando estallan usan nombres vulgares e insultan a otros. Al hacer esto demuestran tanto ausencia de madurez emocional como falta de paz interior.

Para todos aquellos que reconocen que suelen arrepentirse de lo que dicen cuando están molestos, aquí les va un acróstico en inglés que les permitirá recordar cómo debe ser nuestro lenguaje para vivir en armonía con nuestro prójimo, especialmente nuestra familia: El acrósitco en inglés es **THINK** (PIENSA). Antes de abrir la boca pregúntate si lo que vas a decir es:

T true (verdadero)

H helpful (de ayuda)

I inspiring (inspirador)

N necessary (necesario) y

K kind (amable).

Mientras reúna una de estas características, procede a decir lo que pensante....si no cumple con ninguna, por favor, calcula las consecuencias, piensa los efectos, sé consciente de las heridas que puedes causar en otros y mejor, de preferencia, mantén la boca cerrada!

JUNIO 7

ESPERANDO POR EL CAMBIO DEL OTRO QUE NUNCA LLEGA (I)

La mayor parte de nosotros reconoce que necesita cambiar, para bien, para mejor. Es algo natural en el espíritu humano. Algo que nos recuerda que somos hijos de un Padre Celestial Perfecto que quiere vernos crecer, mejorar, progresar. Queremos que los demás tengan paciencia con nosotros en cuanto al tiempo que nos llevará cambiar, corregir esos defectos, superar esos miedos que nos paralizan y luchar contra nuestros pensamientos negativos.

Sí, sabemos que todo cambio emocional y espiritual es doloroso y lleva tiempo. Sí, sabemos que Dios actúa cuando deseamos cambiar pero no inmediatamente. Sabemos que Sus tiempos no son los nuestros. Y esperamos que nuestra pareja nos tenga paciencia.

Cuando hacemos un esfuerzo sostenido por cambiar pero damos marcha atrás regularmente, como el cangrejo, dando un paso hacia adelante y dos hacia atrás, nos justificamos y pedimos tiempo para nosotros....pero cuántos estamos dispuestos a darle a otros, especialmente a nuestro cónyuge, un plazo indefinido de tiempo ejerciendo paciencia, compasión y misericordia?...

JUNIO 8

ESPERANDO POR EL CAMBIO DEL OTRO QUE NUNCA LLEGA (II)

Todos quisiéramos que ellos cambiaran YA porque sus problemas y defectos nos tienen hartos y no estamos dispuestos a soportarlos más. Esta postura es, simple y llanamente, egoísta.

Cuando tratamos de apresurar el cambio ajeno pecamos de arrogantes. Nos falta humildad. Nos falta espíritu de compasión. misericordia y perdón. Si la otra persona desea sinceramente cambiar y lo está intentando con esfuerzo constante, por qué somos tan proclives a juzgar y condenar cada vez que cae y nos vuelve a fallar? Es que nosotros no le fallamos a nadie? Es que nosotros no caemos acaso una y otra vez en nuestro propio proceso de cambio?...

Qué podemos hacer entonces para acelerar el proceso de cambio de nuestro ser amado? Número uno: confiar en Dios. El es el llamado a conducir ese proceso de cambio y de Su Voluntad dependerá la velocidad o lentitud en que llegue a plasmarse.

Pocos apóstoles en el Nuevo Testamento fueron cambiados de inmediato, de la noche a la mañana. Con la excepción de Pablo, los demás tuvieron que aprender a confiar y creer en Jesús como Hijo de Dios y Mesías. La segunda cosa que podemos hacer es orar. Orar para que el Señor nos dé Su paciencia para esperar que el cambio de nuestro ser amado y el propio llegue a su término en Su tiempo.

JUNIO 9

EL CAMBIO RADICAL COMIENZA POR UNO MISMO

El columnista y ministro cristiano George Crane cuenta la historia de una esposa que le solicitó su consejo sobre cómo convivir con un esposo por el que se sentía llena de rencor y odio. "Lo único que quiero es deshacerme de él, cobrarme la revancha y herirlo tanto o más de lo que él me ha herido antes de divorciarme", comentó la resentida dama. El consejo de Crane empezó de una manera totalmente ilógica e inesperada: "Vaya a su casa y comience a actuar tal y como si lo amara de verdad.

Dele las gracias diariamente y por todo, por más pequeño que el favor o gesto sea. Elogie todo lo que él haga bien, inclusive las más mínimas cosas (como sacar la basura, por ejemplo).

Haga un esfuerzo sobrehumano por ser considerada, amable, dulce y generosa. Complázcalo en todo y aparente que disfruta de su compañía...Entonces, cuando él se haya acostumbrado a un trato digno de un rey y sienta que usted lo ama, entonces suelte la bomba: Dígale que se va a divorciar de él inmediatamente. Ya verá cómo eso le dolerá más que ninguna otra cosa", concluyó Crane.

La mujer sonrió con ojos vengativos: "Excelente, magnífica idea...Después de hacerle creer que lo amo...va a sufrir más cuando lo deje!"... De regreso a su casa, la esposa empezó a hacer y decir al pie de la letra todo lo que Crane le había sugerido y por los 2

218

meses que él le había recomendado. Al cabo de ese lapso, la señora regresó a la oficina del pastor, quien le preguntó si seguía convencida de que el divorcio era la única solución posible. "En lo más mínimo....Jamás", respondió emocionada. "He descubierto que en realidad lo amo!".

Qué había sucedido? Sus acciones habían cambiado sus sentimientos. Su decisión de "hacer algo" (aunque las razones no fueran las correctas) transformó la realidad de un matrimonio que parecía destinado al fracaso. La acción desencadenó la emoción. La habilidad o capacidad de amar dependió de actos repetitivos que fueron confirmando la promesa original de amor eterno que ella había hecho al casarse. Y el marido cambió por añadidura! Porque BASTA CON QUE UNO DE LOS DOS CAMBIE PARA BIEN PARA QUE LA DINAMICA DE LA RELACION CAMBIE FAVORABLEMENTE.

Es maravilloso constatar lo que pasa en los corazones y las mentes de la gente cuando comienzan a tratar a otros como PRECIOSOS y DIGNOS DE HONRA, sobre todo si se trata de la persona que debería ser la más importante en nuestras vidas después de Dios: nuestro cónyuge.

JUNIO 10

LAS 4 ESTACIONES DE LA RELACION

En qué estación tu persona amada y tú se encuentran en este momento?

Si están en otoño....como las hojas que caen de los árboles y el viento lleva de un lado al otro...déjala ir...para que se sienta libre, para que disfrute de su espacio, para que se tome su tiempo para pensar en la relación, para que vuele por sus propias alas y luego, después de extrañarte, vuelva a ti con un amor renovado...

Si están en invierno... es tiempo de espera y de descanso....tiempo de bajar el ritmo, de compartir cafés, de encender la chimenea y contemplar las chispas de fuego revoloteando, de mirar una buena película abrazados, de leer juntos, de descansar en los brazos del otro, de dormir acurrucados....

Si están en primavera....es tiempo de crecer....de plantar y de cuidar la plantita, de estudiar qué hace feliz a la persona amada, de caminatas al aire libre para conversar de todo un poco sin distracciones... es tiempo de oración...momento ideal para crecer individualmente y como pareja.

Si están en verano es tiempo de fuego interno...tiempo de consumirse con la mirada, de bailar bajo las estrellas y nadar desnudos en una playa desierta...tiempo de aventuras...de hacer el amor en lugares insólitos....de fusionarse el uno en el otro...

JUNIO 11

POR QUE LAS MUJERES HABLAN TANTO?(I)

La mayor parte de mujeres no puede entender por qué la mayoría de los hombres habla tan poco, o casi nada -si se comparan a ellas, por supuesto-. Numerosos estudios han comprobado que nosotras hablamos el doble o hasta el triple que ellos. En promedio, de los labios de una mujer salen 20,000 palabras diarias, mientras que de los de un hombre sólo 7,000. En promedio, repito, porque para todo hay excepciones a la regla.

Hay mujeres parcas y hombres muy conversadores pero la norma es lo contrario. En todo caso, es voz populi que hay hombres en apariencia duchos con el lenguaje verbal, que a la hora de expresar sus sentimientos y emociones con respecto a su relación amorosa y su amada...se quedan cortos de palabras!

La neuropsiquiatra Louann Brizendine afirma, como resultado de sus investigaciones científicas, que las diferencias en la capacidad linguística y de expresión verbal de emociones se gesta desde que el feto está en la matriz, donde la hormona sexual moldea el desarrollo del cerebro masculino. De allí que los hombres piensen más en sexo que las mujeres y que sus cerebros sean más analíiticos que los femeninos.

Daniel Goleman sostiene en su famoso libro "Inteligencia Emocional" que las mujeres tienen mas desarrollado este tipo de inteligencia que los hombres. Esto explica por qué cuando se le pregunta a una niña:

"Qué sientes en este momento?" su respuesta sea mucho más larga y detallada que la de un niño. Esto explica por qué la mujer utiliza el llanto como vía de escape de sus tensiones y frustraciones y por qué llora tanto. Esto explica, en parte, por qué la mujer quiere una relación romántica.

Otras investigaciones demuestran que, cuando las mujeres hablan, se desencadena en sus cerebros una serie de reacciones químicas que les produce una sensación de placer muy fuerte, parecida a la que ellas experimentan con el orgasmo. Entienda entonces, caballero, por favor, que su novia o esposa está diseñada para hablar y ser feliz hablando!

Ahora bien, caballero que me lee... haga ejercicio de paciencia, buena voluntad, buen humor y tolerancia y DEJE HABLAR a la mujer de su vida. Respete la diferencia. Respete que ella es así porque Dios así lo quiso. Porque Dios la creó de esa manera. Porque el cerebro de ella fue creado para complementar el suyo. Se imagina qué aburrida sería su vida... si su esposa o novia hablara muy poco o tan poco como usted?....

JUNIO 12

RESPETA EL SILENCIO DE TU HOMBRE(I)

Ayer les pedía a los hombres que dejen hablar a sus mujeres. Hoy me toca pedirle a las damas que respeten el silencio de sus maridos.

Casi nadie nos ha enseñado lo que no se debe decir y cuando es mejor callar que decir cualquier cosa, sobre todo la primera que se nos venga a la cabeza. Las mujeres tenemos que aprender a valorar el silencio para relacionarnos mejor con nuestros hombres. Hay que tener presente la manera tajante y acalorada con que ellos nos reclaman su espacio, que nos solicitan tener momentos de privacidad y silencio y que respetemos su derecho a no ser como nosotras.

Hay momentos en que a tu hombre le gustaría mucho más saber que estás allí, a su lado, sin que tengas que decir una sola palabra. No le tengas miedo al silencio. Si se trata de hablar hasta por los codos sobre todo lo habido y por haber, tal vez él no sea la persona indicada. El no es tu mejor amiga! El que él esté callado por largo tiempo no significa necesariamente que no esté interesado, tampoco significa que esté preocupado o molesto contigo. Hay oportunidades en que, simple y llanamente, él no tiene nada que decir.

JUNIO 13

RESPETA EL SILENCIO DE TU HOMBRE(II)

Es importante aprender a parar ese bla-bla-bla continuo al que las mujeres recurrimos por temor al incómodo silencio. El se da cuenta. El percibe que estás hablando por hablar, por llenar un vacío que sólo te perturba a tí. Para terminar con este hábito improductivo, es importante priorizar la comunicación no verbal, sintiendo nuestro cuerpo y controlando nuestra mente.

En vez de hablarle, tócalo. Tómale la mano, acaríciale el pelo, dale masajes en el cuello y los hombros, míralo a los ojos, sonríele, abrázalo. Si él está preocupado, pensativo o cansado, o simplemente no quiere hablar, tus caricias no le molestarán y a ti te mantendrán "conectada" con él y esto mantendrá tu tanque del amor lleno... Y si practicas el arte de respetar su derecho al silencio, él te amará y apreciará más cada día!

El día en que te sientas cómoda guardando silencio delante de él, ése también será el día en que te será mucho más fácil abrir la boca para decir solamente las palabras correctas y morderte la lengua para no decir las incorrectas.

JUNIO 14

7 TIPS PARA UN MATRIMONIO FELIZ

Eston son sólo algunos de los muchos tips que se pueden poner en práctica:

1) LA LEY DE LA PRIORIDAD: Hacer sentir a tu cónyuge que ocupa el primer lugar en tu vida, que no hay nada ni nadie más importante para ti, solo Dios.

2) EL RESPETO MUTUO es básico para una relación saludable, sobre todo para el hombre, quien no se siente amado si no se siente respetado.

3) LA LEY DE LAS BUENAS INTENCIONES que dice que tu pareja no te quiere herir a propósito.

4) CREAR RITUALES DE AMOR, repitiendo lo que le gusta al otro. Los detalles pequeños construyen o destruyen una relación, dependiendo si alegran la vida del otro o lo molestan y/o entristecen.

5) HACER SENTIR A LA PAREJA APRECIADA, ser amable, practicar los buenos modales y la gratitud. Tratar a tu cónyuge mejor de lo que tratarías a tu jefe o a tu mejor amigo(a).

6) ELIMINAR DEL VOCABULARIO LA FRASE "TE LO DIJE". No criticar, no acusar, no reprochar, no atacar (mucho menos levantando el volumen de la voz e insultando con palabras vulgares).

7) APRENDER DEL PASADO, evitando cometer los mismos errores. Sean humildes.

JUNIO 15

DECIDIENDO SEPULTAR LOS MALOS RECUERDOS EN EL OLVIDO (I)

Hay un tipo de pasado que no debiéramos intentar recordar, por nuestro propio bien. Aquel conformado por malos recuerdos, recuerdos de experiencias, pensamientos o sentimientos negativos, sucios, destructivos.

Muchos de ustedes deben haber vivido o estar viviendo la experiencia de continuar al lado de la persona que los ha herido más en este vida. Por masoquismo? No en la mayoría de los casos. Es que por más aparentemente pequeña que la herida parezca a ojos ajenos, si fue provocada por la persona a la que más amamos, entonces, casi instantáneamente, aumenta su tamaño y su intensidad. Por eso percibimos que esa persona nos hiere más que cualquier otra. Porque ante ella somos mucho más vulnerables.

Si la herida no está relacionada con el adulterio y la persona que nos hizo daño inconscientemente está arrepentida, nos pide perdón y promete cambiar...qué tenemos que hacer con los recuerdos de los malos momentos?...Tirarlos a la basura, sepultarlos en una fosa profunda y cubrirlos con tierra, arrojarlos al río para que el caudal se los lleve lejos, muy lejos.

JUNIO 16

DECIDIENDO SEPULTAR LOS MALOS RECUERDOS EN EL OLVIDO (II)

Como nos dice el apóstol Pablo en Filipense 3:13 nuestra misión en pos de nuestra mejora como seres humanos y en nuestras relaciones debe ser "olvidar lo que queda en el pasado y esforzarnos por alcanzar todo lo bueno que queda por delante".

Otro de los versículos bíblicos más conocidos nos dice que todo aquel que está en Cristo, que crea su identidad a partir de su relación con Jesús, es una NUEVA CRIATURA. Todas las cosas viejas pasaron. He aquí que todas son hechas nuevas. (2 de Corintios 5:17).

De allí que mi recomendación principal para aquellas parejas que desean olvidar el pasado y empezar de cero es que le entreguen sus vidas al Señor individualmente y como lo que son ante El: UNA SOLA CARNE.

Cuando el perdón de Dios se apodera de nuestras mentes, no somos nosotros los que perdonamos en base a nuestra propia fortaleza interior. Es el mismo Jesús quien perdona a través de nosotros!...

Y de esta manera, y sólo de esta manera, se logra la completa restauración matrimonial: permitiendo que Dios actúe directa y constantemente en nuestras vidas...que se haga Su voluntad y no la nuestra!....

JUNIO 17

USAS TU DEDO INDICE PARA ACUSAR? (I)

Lo has hecho alguna vez? Si te ha pasado, te pregunto y necesito tu respuesta más honesta: Te consideras perfecto(a)?.... No?... Por qué entonces miras con lupa la paja en el ojo de tu cónyuge cuando tienes tamaña viga en el tuyo? Esto lo dijo Jesucristo. Lo sabes bien. Y esto nos recuerda nuestras imperfecciones y pecados y nos invita a mirar hacia adentro, hacia nuestra propia mediocridad antes de observar con detalle los defectos de los demás.

Pero nuestra naturaleza humana nos conduce a juzgar rápida y fácilmente al otro. Nos lleva a descubrir todos los errores y las fallas que el otro comete a diario pero pasamos por alto las propias. Es evidente que no somos tan severos con nosotros mismos como lo somos con los demás. Juzgamos pero no nos gusta que nos juzguen. Condenamos pero no nos gusta ser condenados. Uno de los rasgos más comunes de las parejas en crisis es que se achacan la culpa mutuamente. Con el dedo índice apuntando, atribuyen al cónyuge la mayor o casi total responsabilidad sobre las desgracias que experimentan en su matrimonio.

JUNIO 18

USAS TU DEDO INDICE PARA ACUSAR? (II)

En un matrimonio, ambos comparten la responsabilidad sobre sus triunfos y sus fracasos, sus alegrías y sus tristezas, sus avances y retrocesos, sus tiempos de calma y sus tiempos de tormenta. Por eso les digo a quienes se van a casar: entiendan que ustedes conforman un EQUIPO y que como equipo deberán confrontar todos los problemas que se les presenten en su vida matrimonial.

No se trata de que cada uno le eche la culpa al otro del problema que enfrentan. Se trata de que ambos se tomen de la mano, y como equipo (sabiendo que ninguno quiere hacerle daño al otro deliberadamente) ataquen el problema juntos.

En vez de tirar cada quien para su lado, magnificando el conflicto, el trabajar como EQUIPO garantiza que la solución sea alcanzada más rápida y eficazmente.

Eres perfecto(a)? No? Entonces deja de acusar, atacar, juzgar y condenar a tu cónyuge por no serlo tampoco. El perdón, la misericordia y la gracia con la que Jesús nos perdona debe ser extendida a los seres que amamos.

En vez de echarle la culpa al otro por lo ocurrido, dile con ternura: "Cuenta conmigo para solucionar nuestros problemas JUNTOS....y con la ayuda de Dios, saldremos adelante!".

JUNIO 19

7 PREGUNTAS QUE PUEDES HACER PARA MEJORAR TU RELACION (I)

Amar al otro significa, entre otras cosas, interesarse por sus necesidades, pensamientos y sentimientos sin parecer detectives privados, para lo cual debemos hacer preguntas respetuosas y delicadas como las siguientes:

1) Puedo ayudarte en algo?

Si tienes algo de tiempo libre, nada mejor que regalárselo a tu ser amado, preguntando antes en qué, específicamente, desearía que le colaboraras.

2) De qué manera te puedo demostrar cuánto te amo?

Muchas parejas son buenas en decir las famosas 2 palabras pero no las concretan en hechos, en acciones, con la frecuencia que el otro desearía....y recordemos que los hechos hablan más alto que las palabras.

3) Hay alguna cosita que te gustaría que cambie en mí para hacerte feliz?

Aqui ya estás pasando a palabras mayores porque te arriesgas a escuchar una verdad dolorosa que no te va a gustar. Pero al haber preguntado con cierta picardía y gracia sobre alguna "cosita" (entendiendo que no habrá lugar para un análisis psicológico exhaustivo) puedes aligerar la conversación..

Mañana continuaremos con las siguientes cuatro.

JUNIO 20

7 PREGUNTAS QUE PUEDES HACER PARA MEJORAR TU RELACION (II)

Veamos hoy las cuatro preguntas finales:

4) Hay algún lugar especial al que te gustaría ir este fin de semana?

Esto le da a tu pareja la posibilidad de elegir un lugar que tal vez no sea de tu predilección.

5) Qué es lo que más te hace feliz de nuestra vida juntos?

Esta pregunta hará que tu amada(o) piense en todas las cosas buenas que comparten y que son motivo de alegría y satisfacción para ambos. Y el pensar en esto, los ayudará a sentirse aún más conectados.

6) Qué te gustaría que hiciéramos que no hemos hecho antes juntos?

Aquí se puede producir una lluvia de ideas. Cuando tu cónyuge comience, tú puedes aportar las tuyas, haciendo fluir la imaginación de ambos, hasta llegar a algún acuerdo concreto.

7) Hay algo que puedo hacer para que te sientas más amado(a)?

Esta pregunta tan dulce puede dejar pensativa a tu pareja por algunos minutos. Pero aunque ustedes tengan una relación excelente, es probable que tu cónyuge encuentre algo que podrías hacer para que el amor de ustedes crezca aún más.

JUNIO 21

EL MATRIMONIO ES BUENO PARA EL CORAZON

Qué les parecería saber que los médicos han demostrado que estar casado es bueno para el corazón? Otra razón para no divorciarse!... Y es que si el matrimonio es relativamente "bueno" (ya que no existe ninguno perfecto) brindará beneficios tanto a la salud física como a la mental. Recordemos que decenas de estudios científicos han comprobado también que los casados suelen ser más felices que los solteros o divorciados.

Estar casado es saludable para mantener un corazón sano, mientras que ser divorciado o soltero está vinculado a niveles más altos de enfermedades cardiovasculares, según un estudio realizado a 3.5 millones de personas en Estados Unidos difundido recientemente. El estudio es el mayor de este tipo que muestra cómo la salud cardíaca está vinculada con el estatus conyugal y fue presentado en la conferencia anual del *American College of Cardiology* celebrada en Washington DC.

Como los esposos tienden a ayudarse el uno a otro a estar más sanos, asegurándose que su cónyuge coma bien, haga ejercicio, tome sus medicinas y acuda al médico, los casados suelen tener menos riesgo de enfermedades cardíacas. Y, como ya lo dije en un principio, son, además, más felices.

JUNIO 22

ES EL HOMBRE LA CABEZA DE SU HOGAR?

En la sociedad moderna, cuando tantos padres son irresponsables y dejan a sus mujeres al cuidado de sus hijos, abandonando a sus familias, resulta difícil entender la verdad establecida en La Biblia referida al liderazgo masculino en el hogar. El hombre es -o debiera ser- la cabeza de su familia, el líder que predica con el ejemplo, el varón que imita a Jesús, que ama a su esposa como Cristo amó a su iglesia y educa a sus hijos en la disciplina del Señor.

"Pero quiero que sepan que la cabeza de todo hombre es Cristo, y la cabeza de la mujer es el hombre, y la cabeza de Cristo es Dios." (1 de Corintios 11:3) Las palabras del apóstol Pablo debieran resonar en los oídos de todos aquellos que dicen llamarse cristianos hoy en día y que no entienden el orden divino. Cuando el apóstol Pedro le pide a los maridos que traten a sus esposas con delicadeza, como "vaso más frágil" (1 de Pedro 3:7) pone el dedo sobre la llaga de quienes creen que las mujeres somos tan o mas fuertes que los hombres. En la mayor parte de los campos y en la mayoría de las situaciones, el hombre suele demostrar mayor fortaleza que la mujer, o por lo menos está llamado a demostrarla.

Este es el punto: Si los hombres supieran ser líderes espirituales de sus mujeres, éstas caerían menos, fallarían menos. Si Adán hubiera dado la cara por Eva ante Dios y no hubiera sucumbido al pecado él mismo,

Por qué creen sinó que Satanás tentó a Eva en el jardín del Edén y no a Adán? Porque Adán iba a ser mucho más difícil de convencer o manipular. La mujer culpó a Satanás de su caída...y a quién culpó Adán de la suya? Pues a Eva claro está! Y de allí en adelante, otra sería la historia de la humanidad. Adán era responsable por Eva. Esto es obvio. Porque Eva fue creada "para" Adán y cuando los dos pecaron, Dios no busca a Eva para castigarla por haber inciado todo el proceso de la caída. Dios encara a Adán y le pide rendir cuentas. Y es entonces que Adán se lava las manos echándole la culpa a su mujer.

Cuántos de los caballeros que me leen adolecen del mismo defecto?...Por eso les hago un llamado para que asuman un verdadero liderazgo espiritual en su hogar y cada vez que sus mujeres caigan, no sucumban con ellas ni las ataquen sino que, con delicadeza, tratándolas como "vaso más frágil", las ayuden a levantarse.

JUNIO 23

PAREJAS QUE TRABAJAN JUNTAS

La estadística de divorcio de las parejas que trabajan juntas (60%) es ligeramente superior a la de quienes tienen empleos separados. Se suelen generar más crisis debido al sentimiento de falta de espacio personal. Hay parejas que terminan sintiéndose asfixiadas. Y hay una lucha por el poder, por el control de la relación que puede resumirse en la conocida frase: Quién manda a quién?

Les recomiendo tomar en cuenta las siguientes sugerencias:

1) No llevar los problemas laborales al ámbito personal. Separar ambos ámbitos y tratar de hacer cosas divertidas juntos, que los ayuden a relajar las tensiones, en los momentos fuera del trabajo.

2) Tener mucho cuidado y no darle órdenes a la pareja en el trabajo. La relación entre esposos debe ser una relación simétrica, entre iguales, donde no hay uno que mande y el otro obedezca.

3) Inventir el mayor esfuerzo posible en desarrollar la paciencia hacia nuestro cónyugue dentro y fuera del trabajo y no perder los buenos modales y educadas maneras con las que trataríamos a cualquier colega o compañero de trabajo.

4) No olvides que la persona con la que trabajas codo con codo es la persona más importante de tu vida. Y que más valiosa que tu trabajo es tu relación.

JUNIO 24

GOCE SEXUAL EN EL MATRIMONIO

Dios creó el sexo para el matrimonio y no solamente con fines procreativos. No tiene sentido que los cristianos se sientan mal de tener una vida sexual plena estando casados.

En Proverbios 5:18-19 leemos: *"Sea bendito tu manantial, y alégrate con la mujer de tu juventud ...Sus caricias te satisfagan en todo tiempo, y en su amor recréate siempre."*

Aún más, negarse a la relación sexual es un grave pecado ya que pone al cónyuge en peligro de caer en tentación. El apóstol Pablo da su opinión al respecto en 1 de Corintios 7:5 " No os neguéis el uno al otro, a no ser por algún tiempo de mutuo consentimiento, para ocuparos sosegadamente en la oración; y volved a juntaros en uno, para que no os tiente Satanás a causa de vuestra incontinencia."

Es importante entonces velar por la satisfacción sexual de nuestro cónyuge.

Hay 3 medidas de satisfacción sexual :

1) frecuencia de orgasmos
2) nivel de disfrute al dar y recibir sexo oral
3) duración e intensidad del acto sexual

que están directamente relacionadas con los 3 ingredientes psicológicos, del campo emocional, que contribuyen al logro del sexo satisfactorio: Comunicación honesta, compromiso e intimidad.

JUNIO 25

PADRE HAY UNO SOLO

Hay un dicho que todos conocemos: "Madre hay una sola"... y pareciera que muy pocos se atreverían a aplicar este conocido adagio a los padres..

Pero hay padres muy buenos, indudablemente. Son los que brindan el ejemplo a seguir, los modelos a ser imitados por las nuevas generaciones, los que dejan huella a su paso porque aquilatan en su exacta dimensión la importancia de ser padres responsables, íntegros, dignos y amorosos.

Hay padres que saben ser madres. Son pocos, pero son. Hay padres sumamente afectuosos que le dan el biberón a sus bebés y les cambian los pañales. Hay padres muy expresivos que comparten con sus hijos besos y abrazos. Hay papás caseros que limpian, cocinan y lavan la ropa con el esmero con que lo haría una mamá. Hay papás que ayudan a sus hijos con las tareas, los llevan y traen del colegio, les enseñan deportes y manejar autos. Practican deportes con ellos y les demuestran con el ejemplo qué significa ser responsables, perseverantes y valientes.

Los padres le hacen un gran favor a sus hijos varones cuando les enseñan cómo se ama y se honra a una sola mujer, dándoles un buen ejemplo de fidelidad y sacrificio por ella. Qué mejor legado puede un padre dejar que la paz mental que brinda a sus hijos el verlo fielmente enamorado de la mujer que los trajo al mundo. .

JUNIO 26

COMO HABLARLE EN SU LENGUAJE

Hablar con una mujer es parecido a bailar con ella. Si bien ambos deben moverse al unísono, uno de los dos debe dirigir la sincronía. Ésta es una de tantas contradicciones femeninas: a las mujeres les gusta sentirse independientes, pero teniendo a su lado un hombre que las guíe. ¡Lo peor que puedes hacer es escucharla pasivamente!

Prestarle atención es poco.

Cuando estés hablando con tu mujer, debes asegurarte de tener los cinco sentidos en todo lo que ella te dice. Ella desea ser escuchada. No necesariamente busca tu consejo o que le resuelvas el problema, a no ser que te lo pida. Recuerda que los hombres procesan los pormenores de las conversaciones de manera distinta. Las mujeres son detallistas y prácticamente almacenan de manera automática todo lo que escuchan.

Contarle todo lo que hiciste en tu día con lujo de detalles.

Esto la hará sumamente feliz. En la medida de lo posible, trata de ser comunicativo y expresivo con ella. Eso la hará sentirse parte de tu vida. Dile algo como esto: "Me encantaría compartir lo que siento sobre este asunto...Te parece que conversemos del tema?"...no hay nada que fascine más a una mujer que su hombre comparta con ella sus sentimientos. Haz el esfuerzo para verla feliz. Haz esto por el amor que le tienes.

JUNIO 27

CONSEJOS PARA HABLARLE A TU HOMBRE EN SU LENGUAJE (I)

Voy a dividir mis 15 consejos en dos partes por el factor espacio, esperando que los caballeros que lean este texto con sus esposas, puedan validar algunos. Aquí van los primeros 7 :

1. Recuerda que la mayor parte de los hombres prefiere hacer una cosa bien hecha a la vez y por eso hay que buscar el momento propicio y llevarlos con un tono de voz adecuado a un espacio íntimo para hablar, en el cual él se sienta cómodo.

2. Como son prácticos, mejor usa frases cortas y dale titulares antes de sentarse a conversar, ya que él busca hechos prácticos y necesita saber qué se busca con el diálogo.

3. Usa oraciones que sean objetivas, constructivas y que resalten los mejor de la situación, lo positivo.

4. No hagas muchas preguntas, una tras otra, especialmente cuando lo veas perturbado.

5. Si tu marido está molesto, no sigas discutiendo, mejor ignorarlo hasta que se le pase.

6. Respeta y no invadas sus lugares de identificación masculinos como los deportes, la TV o cualquier hobby que tenga y requiera un espacio propio.

7. Ten en cuenta que tu esposo es mejor identificando emociones sencillas. Emplea un lenguaje claro y directo.

JUNIO 28

CONSEJOS PARA HABLARLE A TU HOMBRE EN SU LENGUAJE (II)

Hoy continuaré explicando a las damas cómo hacer para que sus mensajes sean mejor recibidos por sus esposos, en la medida en que se adecúen a los códigos en que ellos se comunican. Aquí van los últimos 8:

8. Jamás empieces el diálogo con una crítica, porque lo predispone de manera anticipada a recibir lo que le quieras decir de manera agresiva y muy molesta.

9. No intentes llamarle la atención ni cambiar su comportamiento, como si él fuera un niño, dañará su autoestima y la relación.

10. No le recrimines por lo que hizo o no hizo, ni le des órdenes como si fueras su mamá a su jefa.

11. Procura siempre que el ambiente de comunicación sea de validación, respeto y aceptación mutua.

12. Si algo no le parece sigue escuchando sin enojarte, lo importante es entender al otro y no necesariamente estar de acuerdo en lo que dice.

13. No lo interrumpas.

14. No insistas en mejorar ni cambiar a tu hombre, eso lo debilita y él pierde su confianza. Ofrece confianza y admiración en vez de crítica, reclamo o control.

15. Da consejos solo cuando te lo pida, practiqando la paciencia, la amabilidad y la comprensión. "Para que un hombre pueda mejorar necesita sentirse amado con respeto y aceptación".

JUNIO 29

CUIDADO CON LAS RELACIONES AMOROSAS OBSESIVO-COMPULSIVAS(I)

Si eres de las personas que viven enfatizando en los defectos de su ser amado, cuestionándote si tu pareja es realmente su "perfect match" o no y si de verdad te ama, puede que padezcas de un desorden psicológico conocido como Trastorno Relacional Obsesivo-Compulsivo. Te cuento que una buena parte de los enfermos con este trastorno declaran sentirse menos satisfechos sexualmente que aquellos que no lo sufren. Las obsesiones que padece el enfermo suelen ser sumamente estresantes para su pareja, lo que impacta en el funcionamiento de la relación amorosa.

Como las relaciones íntimas son muy importantes para el bienestar general del ser humano, se convierten en áreas sensibles para la gente con Trastorno Obsesivo Compulsivo. Entre los principales síntomas encontramos: dudas obsesivas, preocupaciones innecesarias, control de lo que el otro hace y necesidad de reforzamiento emocional constante (que el ser amado le diga que lo ama y que se lo demuestre). Por otro lado, la preocupación sobre las fallas, errores y defectos del otro se exagera, así como se tienen dudas sobre la sobrevivencia de la relación en el futuro.

JUNIO 30

CUIDADO CON LAS RELACIONES AMOROSAS OBSESIVO-COMPULSIVAS(II)

Cómo puede la pareja ayudar al enfermo:

– Aprender acerca del trastorno

– Reforzar positivamente las conductas saludables, más que criticar las conductas irracionales, el miedo y la evitación

– Acompañar el proceso paso a paso, asistiendo a terapia con el enfermo

– Aprender cuando ser más paciente y cuando empujar el cambio

Cómo ayudarse uno mismo:

-No abandonar totalmente su propia vida e intereses

-Mantener un sistema de soporte, conformado por familia y amigos

-Buscar un profesional para ser auxiliados como pareja. No retrasar el pedido de ayuda.

JULIO 1

PACIENCIA CON LAS DISTRACCIONES

Son pocas las mujeres que no desean ser el centro de atención de sus hombres. La LEY DE LA SEGUNDA PRIORIDAD del matrimonio nos enseña que después de Dios no debiera haber nada ni nadie ms importante en nuestras vidas que nuestro cónyuge. Sin embargo, hay muchas mujeres que se sienten muy desplazadas a un tercer o cuarto plano en la escala de prioridades masculina cuando sus hombres son fanáticos de algún deporte. La mayor parte de damas se sienten relegadas por varias razones. Las dos principales son porque:

1) Dejan de contar con el apoyo de su esposo en las tareas domésticas y el cuidado de los niños para que él vea todos los partidos.

2) Se sienten ignoradas, como si no existieran, inclusive sexualmente (sobre todo si el equipo del esposo va perdiendo y le entra "la depre" o si termina exhausto de ver tantos partidos, uno detrás del otro). También se quejan de que los maridos no les brindan el afecto que necesitan.

Pero lo peor que puede hacer una esposa es quejarse y mostrarse enfadada por estas razones, dado que esto sólo conseguirá que su hombre se aferre más a su derecho a ver los deportes en la tele.

El dice que para eso es que trabaja tan duro durante toda la semana y que merece ser el dueño del control remoto. Hay que aprender a negociar en este aspecto y no hacer una tormenta en un vaso de agua.

Mi recomendación sincera es que las mujeres que se molestan- porque se sienten rechazadas o colocadas en un segundo plano- tienen que reducir sus expectativas y practicar el amor incondicional hacia sus esposos, sacrificando sus intereses y gustos personales para ver el partido a su lado, en la medida de lo posible. Recordemos que una de las necesidades emocionales de los hombres con respecto a sus mujeres es el COMPAÑERISMO.

Y a los caballeros les sugiero que recuerden quién debiera ser la prioridad en su vida y le presten cierto nivel de atención a sus esposas, por lo menos en los comerciales, -brindándoles afecto físico y palabras de afirmación como: "gracias". elogios, y "Te amo", dichos con regularidad-, para que el tanque del amor de la sacrificada mujer no muera de inanición!

JULIO 2

CUANDO JUZGAMOS Y CONDENAMOS EN BASE A SUPOSICIONES (I)

La batalla de la mente es diaria, constante. Y cuando los pensamientos tóxicos nos atacan, o libramos la batalla y los desalojamos del lugar que ocupan en nuestras mentes o nos sometemos a ellos para luego pecar en palabra o en obra. Y esto se da de manera frecuente en la relación de pareja y en general en todas nuestras relaciones humanas.

Cuando un pensamiento tóxico se apodera de nuestra mente y pensamos lo peor de nuestro ser amado, la mayor parte de las veces nos basamos en meras *suposiciones* que nos conducen a pensar negativamente de él o ella. En el momento en que el pensamiento destructivo se apodera de nuestra mente, solemos JUZGAR de manera rápida y nada compasiva a quien creemos ha hecho o dicho algo digno de ser juzgado. Y nuestros juicios se alimentan de nuestras suposiciones. Suponemos lo peor sin conocer la verdad completa, ni siquiera la verdad parcial. Y entonces pecamos. Pecamos contra nuestro prójimo porque juzgamos y hasta condenamos, ocupando el lugar que sólo Dios puede poseer en la vida de esa persona.

Las suposiciones pueden destruir relaciones humanas, hasta las aparentemente más sólidas.

JULIO 3

CUANDO JUZGAMOS Y CONDENAMOS EN BASE A SUPOSICIONES (II)

Suponemos porque no conocemos los hechos a cabalidad y, a pesar de nuestra ignorancia, procedemos a juzgar y a condenar al otro de todos modos, como si tuviéramos todas las pruebas que demuestran su culpabilidad.

Al suponer, pensando lo peor de nuestro ser amado, nos equivocamos. Una de las suposiciones que atormenta nuestra mente es la relacionada con el pasado de nuestra pareja. Tememos que en el pasado él o ella hiciera cosas malas, más de las que tenemos conocimiento. Dudamos sobre si algo de aquéllo pueda continuar dándose en el presente. Y esta forma de suponer y temer destruye nuestra relación y nos destruye a nosotros mismos.

La Palabra de Dios nos enseña que el pasado es solamente eso: algo que ya no tiene sentido en el presente y mucho menos en el futuro. Nuestra misión como cristianos es aprender a perdonar y OLVIDAR EL PASADO del otro, de la manera en que Dios lo hace con cada uno de nosotros. No juzgar, no condenar, no suponer: éste es el reto. Y para desterrar la tendencia a suponer lo peor del otro, debemos fortalecer nuestras mentes en la práctica de la humildad y la compasión.

JULIO 4

5 TIPS PARA QUE EL CASADO SE MANTENGA FIEL

El hombre casado que verdaderamente ama a su esposa sabe bien que no hay mejor regalo que él pueda obsequiarle que su fidelidad absoluta. Para lograr este bello objetivo, él debe PREVENIR antes que lamentar. La actitud preventiva del hombre casado vale oro. He aquí algunas ideas a considerar para los hombres fieles que desean mantenerse fieles a sus esposas hasta que la muerte los separe (y para ellos mi aplauso!):

1) NO SE QUITE EL ANILLO

Hay ocasiones en las cuales tendrá que quitárselo (como para manejar maquinaria pesada, nadar o levantar pesas en el gimnasio) pero la idea es que no sea por mucho tiempo. El anillo es un símbolo de su compromiso.

2) COLOQUE FOTOS DE SU ESPOSA Y SU BODA EN SU ESCRITORIO

De manera tal que cualquier mujer que ingrese a su oficina las vea y se dé cuenta de cuán importante es su esposa en su vida.

3) MANTENGA UN CONTACTO VISUAL CORTO Y LIGERO directamente a los ojos. Mírele rápida e indirectamente y luego pose sus ojos sobre la foto de su esposa.

4) MANTENGA UN DIALOGO SERIO Y PROFESIONAL

Si usted trabaja rodeado de mujeres solteras, es obvio que tendrá que conversar con ellas. No permita que haya coqueteo. Nada de miradas largas e intensas. El contacto directo a los ojos puede tener consecuencias negativas. Es una forma sutil de explorar el alma ajena y la única mujer que merece que usted la explore a profundidad es su esposa. La mirada sensual y profunda puede conducir a caer en una tentación mayor. No mire a esa otra mujer ni permita que ninguna lo conduzca al campo personal, ése en el cual se comparten situaciones y sentimientos privados, como el de sus relaciones amorosas pasadas o presentes. Cambie el tema de conversación rápidamente contando alguna anécdota de su esposa e hijos.

5) HABLE DE SU FAMILIA CON FRECUENCIA.

En los momentos en que se comparte el café y la comida en grupo, en el centro laboral u otro ambiente en el que su esposa no puede estar, hable de ella con orgullo. Ponga a su mujer en un pedestal para que las demás mujeres sepan que ella, después de Dios, es prioritaria en su vida

JULIO 5

LOS HIJOS DEL DIVORCIO (1)

Cada año, más de 1 millón de niños estadounidenses sufren las consecuencias traumáticas del divorcio de sus padres. Más aún, la mitad de los niños nacidos este año de padres que aún siguen casados, verán a sus padres divorciarse antes de que cumplan 18 años. Cuando llegan parejas a mi consulta con intenciones de divorciarse sin razones tan poderosas como el adulterio reiterado, por ejemplo, les digo que tienen que salvar su matrimonio, a cómo dé lugar, por sus hijos, por la felicidad y bienestar de sus hijos. Los efectos del divorcio de los padres en niños y adolescentes son devastadores.

Mencionaremos uno de ellos hoy y dos mañana.

1)Los hijos de padres divorciados se inclinan más hacia la delincuencia juvenil que los hijos de matrimonios estables. Investigaciones más recientes acerca de la relación entre el historial familiar y la criminalidad indican que el rechazo puede llevar al hijo a unirse a pandillas de delincuentes. Vale la pena notar que estos descubrimientos sobre delincuencia no se refieren sólo a hijos varones; entre las niñas adolescentes hay una estrecha correlación entre la estructura familiar y la delincuencia, conductas hostiles, consumo de drogas, inasistencia a clases y abuso de alcohol.

JULIO 6

LOS HIJOS DEL DIVORCIO (II)

Los otros dos estragos que produce el divorcio en los niños, adolescentes y jóvenes son:

2) Aumento en la procilividad a la promiscuidad sexual.- Cada cambio en la estructura familiar durante la adolescencia aumenta el riesgo de iniciación sexual temprana en un 30%, entre los hijos adolescentes de quienes se divorcian. Asimismo, ellos son tres veces más susceptibles de tener un hijo fuera del matrimonio que los hijos de padres que se mantienen casados.

3) El divorcio engendra más divorcio: Los hijos de padres divorciados tienden a divorciarse más frecuentemente que los hijos de padres casados, con un riesgo de casi 87% más alto durante los primeros años de matrimonio. Cuando los padres de ambos cónyuges se han divorciado, el riesgo de divorcio llega a un 92% en los primeros años de matrimonio. Por lo que podríamos concluir que el divorcio es un mal hereditario.

Por tanto, si usted, amigo o amiga que continúa casado(a) anhela que sus hijos crezcan sanos, emocionalmente estables y felices, hágales el mayor de los favores: ame y respete a su cónyuge, cuide su matrimonio.

JULIO 7

4 TIPS PARA QUE TU ESPOSA DEJE DE SER FRIGIDA

Es tu mujer un poco apática o pasiva a la hora de hacer el amor? Te parece que se ha vuelto fríigida? Ya no se te ocurre que hacer para motivarla a que participe con ganas? Te regalo 4 tips que funcionan para motivarla a que ella disfrute más...y tú también, por supuesto! Es verdad que no hay mujer frígida sino esposo inexperto? En alguna medida esto es verdad. Y la mayor parte de las veces tiene que ver con que los hombres no se toman tiempo en calentar a sus esposas. Los juegos sexuales previos resultan de una enorme importancia para las mujeres, quienes son criaturas muy emocionales. Toma nota de estos 4 consejos prácticos y efectivos:

1) Demostraciones públicas de afecto

Cuando estén en público juntos, abrázala, bésala, susúrrale palabras dulces al oído, camina dándole la mano o pasando tu brazo por su cintura u hombro. Todos estos detalles sutiles le demuestran lo importante que es ella para ti, y la preparan para cuando estén solos.

2) Al llegar a casa tomen una ducha juntos o un baño de burbujas

Nada funciona mejor para alejar su mente de todo el estrés del día a día, que un baño de tina relajante dado por su hombre. Asegúrate de crear el ambiente propicio con velas, música sensual y una copa de vino.

3) En la cama, dale masajes con una crema perfumada y bésale todo el cuerpo al mismo tiempo, avanzando de los pies al cuello

Los masajes te van a ayudar a llevar a tu esposa al estado de ánimo idóneo para hacer el amor, pero sólo tienes recorrido la mitad del camino. Una vez estimulada su parte mental y relajarla lo suficiente, tienes que trabajar en la parte física y si no sabes cómo complacerla físicamente todos los juegos preliminares no servirán de nada.

4) Concéntrate en complacer a tu esposa primero durante el acto mismo

No tengas tu clímax hasta que tu mujer haya experimentado por lo menos un orgasmo. Pídele que te guíe para complacerla. Recuerda que ella necesita unos 20 a 30 minutos para alcanzar el orgasmo. Y si no lo logra, no te desesperes. Basta con que los dos gocen y se complazcan el uno al otro con pasión y amor. A esto le llamamos intimidad conyugal!

JULIO 8

MEMORIA SELECTIVA= DESTERRANDO LOS RECUERDOS DOLOROSOS (I)

Una de las parejas que vienen a mi consejería comenzó a describirme los problemas de sus 20 años de matrimonio desde los primeros conflictos a inicios de su experiencia conyugal, cuando yo no les había solicitado eso. Mi pregunta fue: Cuáles son los principales problemas que los traen a mi consulta?...Y ellos empezaron a describir los recuerdos dolorosos de casi dos décadas atrás!

Son numerosas las parejas incapaces de dejar atrás las situaciones del pasado, acumulando mas y mas reclamos y quejas. Cuán pesada es la carga del pasado que llevan en su mente! Con razón ya no pueden soportarse el uno al otro! Como bien describe Eckhart Tolle en su libro "El Poder del Ahora", el pasado vive en nosotros en forma de recuerdos, pero éstos por si mismos no representan un problema. De hecho, es gracias a la memoria que aprendemos del pasado y de nuestros errores. Los recuerdos negativos, los pensamientos tóxicos asociados al pasado, se convierten en una carga pesada únicamente cuando se apoderan por completo de nosotros y entran a formar parte de lo que somos en el presente.

JULIO 9

MEMORIA SELECTIVA= DESTERRANDO LOS RECUERDOS DOLOROSOS (II)

Nuestra historia está compuesta de recuerdos no solamente mentales sino tambien emocionales: emociones viejas que se reviven constantemente. Nuestra personalidad, condicionada por el pasado, se convierte entonces en una cárcel.

Eres de las personas que cargan durante toda su vida una gran cantidad de equipaje innecesario, tanto mental como emocional? Debido a esta tendencia a perpetuar las emociones viejas, casi todos los seres humanos llevan en su campo de energía física un cúmulo de dolor emocional, denominado "el cuerpo del dolor". Sin embargo, tenemos el poder para no agrandar más nuestro cuerpo del dolor.

Podemos aprender a no mantener vivos en la mente los sucesos o las situaciones y atraer nuestra atención al momento puro y atemporal del presente, en lugar de obstinarnos en fabricar películas mentales. Asi, nuestra presencia en el aquí y el ahora pasa a ser nuestra identidad, desplazando a nuestros pensamientos y emociones. No hay nada que haya sucedido en el pasado que nos impida estar en el presente...qué poder puede tener el pasado sobre nosotros? Ninguno! Sobre todo cuando tenemos fé en Dios.

JULIO 10

ES POSIBLE PERDONAR UNA INFIDELIDAD?

En uno de los emails que recibo diariamente, una esposa que fue víctima de una traición reciente me pregunta si creo que se puede salvar su matrimonio, dado que él está arrepentido y que ella lo quiere perdonar y olvidar lo sucedido. La siguiente fue mi corta respuesta a la dama en cuestión en la que le recomiendo considerar lo siguiente:

Tuvo una amante. El affair terminó y decidiste perdonarlo. Le debes decir que le estás dando una segunda y "última" oportunidad y que le ruegas sea paciente contigo en el proceso de reconstrucción de la confianza porque tu herida tardará en cerrar.

Para que pueda olvidar a la otra tiene que dejar de verla totalmente. Por ende, si trabajan juntos, uno de los dos tiene que pedir su cambio o traslado. En el proceso de olvidar, él debe deshacerse de todo aquello que le recuerde a su ex amante. Dile que tú no quieres tener ninguna duda de que la relación ha terminado para siempre.

Inicien juntos el proceso de cerrar la herida. Hay que coserla, remendarla con paciencia, misericordia y buena voluntad. Continúen comunicándose sus sentimientos de manera abierta, franca y transparente.

Si el proceso se torna demasiado difícil, acudan a una terapia de pareja y reciban consejería espiritual.

JULIO 11

COMO RECARGAR TU RELACION EN 48 HORAS

Para recargar las baterías de su relación en tan poco tiempo como 48 horas, les regalo los siguientes consejitos o tips para que los apliquen en un fin de semana:

1) **Tengan contacto con la naturaleza, salgan de la casa. Viajen!**

Esto les permitirá cortar el ambiente de rutina y aburrimiento que los rodea. Abracen juntos un árbol para descargar la energía negativa y recargar la positiva, tomándose de las manos en este abrazo (a un árbol cuyo tronco lo permita). Caminen sobre el pasto o la arena sin medias ni zapatos, entrando en contacto total con una naturaleza que tiene la posibilidad de hacernos amar más la vida. Naden o por lo menos chapoteen y jueguen en el mar.

2) **Abran sus corazones a un diálogo sobre la relación.**

Hay que aprovechar el fin de semana para hablar con el corazón en la mano, dulce y calmadamente. La mujer tiene que permitir que el hombre se exprese primero y escucharlo sin interrupciones, con respeto.

El hombre tiene que hacer un esfuerzo por hablar de sus sentimientos y permitir que su mujer "eche todo pa' fuera".

3) **Dedíquenle tiempo al romance y al sexo.**

El caballero debiera serlo o por lo menos intentarlo. Trate de revivir el romanticismo que usted le puso a la relación en sus inicios. Corteje a su mujer como cuando se propuso conquistarla. Abrácela, bésela, dígale que es bella, dígale cuánto la ama. Y la dama tiene que ser más sexy y sexual. Complacerlo en la cama, siendo más activa y seductora.

4) **Miren TODO lo bueno que hay o queda en el otro y díganselo.**

Procuren recordar todo aquello de bueno, digno, precioso y valioso que los unió en el inicio de su relación y que descubrieron en su pareja cuando recién se enamoraron. Muchas de esas cualidades están todavía allí, pero la rutina y los problemas de la vida diaria no nos permiten verlas con claridad. Obsérvelas con detalle en ese fin de semana inolvidable y díganle a su pareja todo lo que le encanta de ella. Sean pródigos en los elogios. Estos harán las veces de caricias emocionales. Una vez que regresen del retiro o viaje de 48 horas donde ambos pusieron de su parte para recargar las baterías de la relación se sentirán más motivados para proseguir en la dura pero invalorable misión de edificar el amor de pareja en el día a día. ¡Suerte en la tarea!

JULIO 12

ES EL AMOR UNA ADICCION QUE NO TIENE CURA?

Has experimentado la euforia de estar enamorado(a) hasta los tuétanos? Según numerosos estudios científicos, el amor romántico o erótico presenta las características de una adicción, por lo menos en su fase inicial conocida en inglés como "infatuation" (deslumbramiento). Las manifestaciones fisiológicas son evidentes: Cuando uno está enamorado se la pasa suspirando. Cuando se está frente al ser amado, las pupilas se dilatan, las manos empiezan a transpirar y hay cierto nerviosismo natural que se asocia con la excitación de ver a esa persona que hace latir nuestro corazón a mayor velocidad. Lo increíble y que muy pocas personas reconocen es que este sentimiento puede ser adictivo y llegar a convertirse en una obsesión. Y no es cuestión de magia, ¡sino simplemente de hormonas!

Esta locura temporal la producen altos niveles de dopamina y norepinefrina y un nivel bajo de serotonina. La dopamina es un químico cerebral que produce sensaciones de satisfacción y placer. Además, está asociada con una gran capacidad de euforia y dependencia, que son síntomas de adicción.

Un alto nivel de norepinefrina produce pérdida del apetito y un bajo nivel de serotonina tiene que ver con esa "obsesión" de querer estar siempre con la persona amada y sentirse morir si ella nos falta.

Con el enamoramiento vienen todos los síntomas de cualquier adicción: a medida que el tiempo pasa, uno quiere más y más de la persona deseada. Y es una adicción muy difícil de controlar. Cuando se siente fascinación por alguien, el cerebro también produce feniloetilamina, una sustancia tipo anfetamina que actúa como estimulante induciendo a una sensación general de bienestar. Tal bienestar se siente cuando se tiene a la persona y se pierde cuando ésta se va. De allí que la dependencia sea tan fuerte.

Las investigaciones sobre amantes -que comparten la vida diaria y monótona bajo un mismo techo- demuestran que el amor romántico dura en promedio entre 18 meses y dos años, lo que explicaría por qué hoy en día existen tantos divorcios. La gente cree que cuando la fascinación se acaba, es porque se acabó el amor... pero ¡se equivocan! ¡El verdadero amor es mucho más que el amor romántico!...

El problema de los adictos al amor romántico es que nunca tendrán relaciones duraderas porque la catarata de hormonas que produce la sensación de caminar sobre nubes termina reduciéndose con el paso del tiempo y esto sucederá con todas y cada una de las personas que el enamorado del amor tenga como pareja.

JULIO 13

LA PERJUDICIAL COMBINACION DE DROGAS Y SEXO

Una encuesta conjunta de Unicef y la Fundación Huesped encontró que el 60% de los adolescentes de 14 a 19 años inició su vida sexual antes de los 15 años y que la mayoría de ellos tuvieron sus primeras experiencias sexuales cuando consumían drogas o alcohol. Contrario a lo que se piensa, las drogas NO ayudan en las relaciones sexuales y ocasionan problemas de disfunción que pueden ser permanentes

ALCOHOL: Debido a su efecto como relajante muscular y ralentizador de los reflejos, puede provocar problemas de erección y de respuesta torpe a la estimulación sexual en el hombre. El consumo excesivo de alcohol a lo largo del tiempo, y por su efecto de deterioro sobre el sistema nervioso, puede llegar a provocar impotencia permanente. El efecto tóxico del consumo excesivo de alcohol a largo plazo altera la cantidad y calidad del esperma del hombre, mientras que causa esterilidad y problemas menstruales en la mujer.

BARBITÚRICOS E HIPNÓTICOS: Son también depresores del sistema nervioso central: Inicialmente liberan la respuesta sexual de inhibiciones, pero en dosis mayores bloquean todas las conductas, entre ellas la sexual.

MARIHUANA: Inhibe la producción de hormonas masculinas, en el mismo grado que lo hacen el alcohol o los opiáceos. Se ha visto una reducción en la producción de esperma, a la vez que un mayor numero de espermatozoides anómalos. Evidencia (procedente de experimentación animal), de que suprime la ovulación y facilita irregularidades en el ciclo menstrual, además de alteraciones hormonales, aunque parece reversible.

COCAINA: Es quizá una de las sustancias que tiene mas fama de ser capaz de aumentar la excitación y la respuesta sexual. Pero, si bien es cierto que se cita con frecuencia a la cocaína como un fuerte estimulante sexual, también se sabe que provoca disfunciones sexuales. Diversos autores confirman la aparición de disfunciones eréctiles en el hombre, así como un importante menoscabo en el interés o apetito e impotencia situacional. El que algunos consumidores utilicen y crean que frotar la punta del clítoris con coca aumenta la sensibilidad y excitación sexual de la mujer es sorprendente, dado el hecho de que la cocaína, en medicina, se usa como un potente anestésico local. Tras los momentos de euforia aparece la caída a momentos de depresión. El uso prolongado de la cocaína puede producir un deterioro del sistema nervioso central que basta para disminuir el funcionamiento sexual.

JULIO 14

LOS 5 DEDOS DE LA RELACION DE PAREJA

El dedo pulgar representa la vida espiritual de la pareja como UNIDAD. Implica el compartir las mismas creencias espirituales, principios, valores y virtudes morales que brindan una base sólida a la relación, una plataforma estable y equilibrada.

El dedo índice representa las almas unidas, las emociones positivas, ese conjunto de bellos sentimientos que brindan la posibilidad de experimentar verdadero amor, paz y gozo con esa persona especial que Dios nos ha dado.

Luego viene **el dedo medio** que representa la atracción física y sexual, la química, cuando la pareja se toca, se abraza y se besa y produce chispas y se ven estrellas mil en el firmamento.

El dedo anular tiene que ver con la compatibilidad intelectual, con cuán bien los amantes se comunican, inclusive cuando guardan silencio, entendiendo la sonrisa, comprendiendo lo que los ojos revelan, escuchando con atención los pensamientos del otro, compartiendo ideas.

El dedo meñique es como un apéndice misceláneo, conformado por el compañerismo, la amistad y el gusto de pasar tiempo juntos, que contribuye a que los otros cuatro dedos tengan mayor estabilidad inclusive.

Están operando ustedes en estos 5 niveles?

JULIO 15

NO NEGARSE EL UNO AL OTRO

Son cada día más las iglesias que me invitan a dictar talleres y conferencias, inclusive en su santuario, sobre este tema. Parece que ya no es tabú, afortunadamente. Y es que el sexo fue creado por Dios para el disfrute de los esposos y no solamente para su reproducción. Muchas mujeres cristianas acaban con su matrimonio porque creen que el sexo las contamina y aleja de Dios. La Biblia dice todo lo contrario y enseña que el sexo fue creado por Dios para que hombre y mujer se convirtieran en UNA SOLA CARNE.

Tanto el Antiguo como el Nuevo Testamento están llenos de versículos que exaltan el goce sexual de los esposos. *"Goza de la vida con la mujer que amas, todos los días de la vida que te son dados debajo del sol"* (Eclesiastés 9:9:)

La sexualidad dentro del matrimonio era tan importante que los hombres recién casados no iban a la guerra ni trabajaban al inicio de su vida conyugal. Dios quería que las parejas disfrutaran de su vida sexual, el hombre tenia un año de gracia para "disfrutar" con su esposa.

"Cuando alguno fuere recién casado, no saldrá a la guerra, ni en ninguna cosa se le ocupará; libre estará en su casa por un año, para alegrar a la mujer que tomó." (Deuteronomio 24:5)

-El apóstol Pablo nos recuerda que negarse a la relación sexual es un grave error ya que pone al cónyuge en peligro de caer en tentación. *"No os neguéis el uno al otro, a no ser por algún tiempo de mutuo consentimiento, para ocuparos sosegadamente en la oración; y volved a juntaros en uno, para que no os tiente Satanás a causa de vuestra incontinencia."* (1 de Corintios 7:5)

Muchos parejas cristianas caen en adulterio porque alguno de los dos cónyuges se niega a la relación sexual. La falta de interés sexual del uno por el otro es también frecuente causal de separación y divorcio. *"Cada uno tenga su propia mujer, y cada una tenga su propio marido. El marido cumpla con la mujer el deber conyugal, y asimismo la mujer con el marido. La mujer no tiene potestad sobre su propio cuerpo, sino el marido; ni tampoco tiene el marido potestad sobre su propio cuerpo, sino la mujer."* (1 de Corintios 7:2-4)

JULIO 16

LE FALTA AMBICION A TU MARIDO Y NO PROGRESA COMO QUISIERAS? (I)

Esta es una situación mucho más generalizada de lo que las mujeres creen y la causa no está basada necesariamente en que el esposo sea ocioso y no quiera trabajar. Hay muchos maridos buscando empleo que no lo encuentran, pero por semanas y hasta meses, lo que genera un círculo vicioso de desánimo, desgano y apatía en ellos. Es como si perdieran la fe y la esperanza. Y cuando la pierden, las probabilidades de encontrar empleo son aún mucho menores.

Otros tienen la excusa de que no encuentran el empleo que merecen, que todos los que aparecen no son de su rubro o especialidad o que están en lugares apartados o que ofrecen miserias como compensación financiera, etc.Se trata de que los esposos se pongan de acuerdo sobre lo que verdaderamente interesa: O se pierde mas tiempo esperando por el trabajo ideal o se acepta lo que el mercado ofrece transitoriamente y se continúa buscando mientras se tiene un ingreso, por módico que sea.

Otra situación que se presenta con frecuencia en los tiempos actuales es que la mujer trabaja más (y gana más) que el hombre de la casa y esto repercute, sobre todo cuando son algo machistas, sobre la auto-estima masculina, más aún si la esposa se lo echa en cara.

JULIO 17

LE FALTA AMBICION A TU MARIDO Y NO PROGRESA COMO QUISIERAS? (II)

Nada peor que una esposa que le da órdenes a su marido porque se siente con el derecho que le da el dinero que trae a casa. Esta negativa actitud femenina contribuye a postrar más al hombre. No lo ayuda a levantarse del sofá y "ponerse las pilas", porque de acuerdo a su perspectiva: "nada de lo que haga la hará feliz o la tendrá satisfecha".

Finalmente, no se trata tampoco de echarle la culpa a la dama. Pero hay que reconocer que la mayoría de varones NO se sienten satisfechos con la idea de NO ser los principales proveedores. No es que les falte ambición "a propósito".

Una mujer sabia alienta a su hombre para que salga adelante, haciéndolo sentir respetado -a pesar de las circunstancias-, elogiándole lo positivo, motivándolo a buscar nuevas oportunidades laborales y mordiéndose la lengua para no decir lo negativo o hiriente. Un hombre que es respetado de esta manera tiene muchas más probabilidades de conseguir un empleo....y bueno!

JULIO 18

ES VERDAD QUE LOS HOMBRES NO LLORAN?

Han escuchado decir alguna vez que Jesús fue el primer feminista de su época? En cierta medida es verdad porque El fue el primero en tratar a las mujeres de una manera digna, sin discriminarlas en lo absoluto. Recordemos la forma en que se aproximó a la mujer samaritana, quien era doble minoría en aquel entonces, dado que los samaritamos eran considerados inferiores al resto. Por otro lado, El Nuevo Testamento nos dice algo de Jesús que muy pocos varones saben: que lloró, sí, lloró....y en varias ocasiones, entre ellas ante la tumba de su amigo Lázaro y otra en el jardín de Getsemaní cuando le pidió al Padre que apartara de El el cáliz de la crucifixión.

A estas alturas del siglo XXI, nadie va a negar que hombres y mujeres somos iguales en derechos, en dignidad y valores. Sin embargo, la gran contradicción es que, a la par, somos inmensamente diferentes, y en muchos niveles. El primero es el evidente, el biológico. El hombre fue creado para implantar la semilla de la vida en el útero femenino para la reproducción de la especie. La mujer fue creada para dar vida, para llevar a una creatura en su vientre por 9 meses y, por ello, establecer una conexión altamente emocional con su bebé.

La sociedad se ha encargado de reforzar el rol "emocional" de la mujer en el hogar y en la vida en general, mientras que al hombre se le ha pedido que sea "fuerte" desde niño. Como las mujeres son las débiles, tienen todo el derecho de llorar y cuanto deseen.

"Los hombres no lloran", es algo que se le dice al niño desde pequeño, disminuyendo su capcidad de CATARSIS y su sensibilidad ante el dolor y el sufrimiento, incluyendo el ajeno. Por el contrario, a la mujer se la alienta a llorar: "Desahógate, hijita" y gracias a ello es que sobrevivimos, liberándonos de nuestros demonios. Pero los pobres hombres impedidos de derramar una lágrima recurren a la ira como la válvula de escape para sus tensiones y frustraciones cotidianas. Salida negativa. Salida que perjudica a otros. En Efesios 4:26, el apóstol Pablo tiene una recomendación excelente para los caballeros: *"Airáos pero no pequéis, no se ponga el sol sobre vuestro enojo"*.

Tal vez a las mujeres nos ayudaría entender por qué los hombres gritan tanto y compadecerlos por esta razón. Mi respuesta?: Porque no pueden llorar! Entonces, amiga, la próxima vez que tu hombre te vea llorando y se moleste contigo, dile con ternura lo siguiente: Prefieres verme llorando o escucharme gritar?... Y si alguna vez te toca ver a tu hombre llorando, dile que te sientes orgullosa de él...y que verlo derramar lágrimas te hace amarlo aún más!

JULIO 19

RESOLVIENDO CONFLICTOS DE MANERA SALUDABLE (I)

Acabo de terminar de leer un artículo del Dr. Greg Smalley que deseo compartir con ustedes porque coincido con él en la gran importancia que tiene aprender a discutir de manera saludable con nuestro ser amado. Uno de los sinsabores más grandes que una pareja puede tener es un conflicto no resuelto que duele, que deprime el alma y que nos desconecta y aleja del otro. Pero los conflictos en sí mismos no tendrían por qué destruir la relación. Se lo digo a todos los que vienen a mi consulta privada. NO HAY PAREJA QUE NO DISCUTA. TODAS TIENEN QUE ENFRENTAR CONFLICTOS Y CRISIS. Unas más frecuentemente que otras pero todas los padecen por igual.

Hay dos clases de conflicto de pareja: Destructivo o Saludable. El conflicto saludable es la antesala de mayor y más profunda intimidad. Puede facilitar la comunicación, el entendimiento, la confianza y el respeto mutuo. Esto sucede cuando la pareja decide manejar sus diferencias y sus desacuerdos de manera edificante, constructiva, enriquecedora para ambos. A través del conflicto saludable podemos descubrir las necesidades y emociones nás importantes de nuestra pareja. Podemos averiguar lo que la hace sufrir, lo que la hace experimentar miedo, lo que la hace molestarse.

JULIO 20

RESOLVIENDO CONFLICTOS DE MANERA SALUDABLE (II)

Cuándo fue la última vez en que usted y su otra mitad tuvieron un conflicto en el que Jesús estuviera en el centro de la discusión? Todos los cristianos queremos tener relaciones cristocéntricas... pero acaso nos acordamos de Jesús en el medio de una pelea verbal? Claro que no! Cuando estamos frustrados, heridos o molestos, el corazón se nos cierra. Y cuando el corazón se cierra, somos proclives a reaccionar de forma poco amorosa, con ira, resentimiento, amargura, sarcasmo y defendiéndonos con garras del supuesto ataque del otro. El corazón cerrado es el que nos impide tener una conversación compasiva en medio de un desacuerdo. Entonces, dado que queremos cambiar la dinámica de nuestra relación...cómo nos movemos de un conflicto perjudicial a uno saludable?

En vez de forzar que el otro acepte nuestro punto de vista, en vez de culparlo por el mal momento que están viviendo, por qué no hacemos lo que el mismo Jesús nos enseñó en Mateo 7:5: "Hipócrita! saca primero la viga de tu propio ojo, y entonces verás bien para sacar la paja del ojo de tu hermano." El primer paso para avanzar hacia el conflicto constructivo es SACAR LA VIGA DEL PROPIO OJO, es decir, reconocer qué estamos haciendo mal en la escalada negativa del conflicto y dejar de hacerlo inmediatamente.

JULIO 21

7 PASOS PARA ABRIR EL CORAZON Y RESOLVER CONFLICTOS

Continuando con la reflexión de ayer, éstos son los 7 pasos para ABRIR SU CORAZON y aprender a resolver conflictos saludablemente:

1) Decida detener la escalada del conflicto. Pídale al otro parar para distanciarse físicamente hasta que las emociones de ambos estén control.

2) Dígale a su pareja que va a volver a conversar con ella cuando los corazones de ambos estén otra vez abiertos y predispuestos a un diálogo constructivo.

3) Trate de enteder lo que está sintiendo en el tiempo en que está lejos de su pareja y dése cuenta de cuántas de estas emociones se basan en una distorsión de la realidad: lo que usted siente NO es lo que está pasando. Lo más probable es que usted esté suponiendo lo peor de su ser amado, adjudicándole malas intenciones cuando en realidad la otra persona no quería herirlo(a) premeditadamente.

4) Haga una oración en la que le pida a Dios que le rebele la verdad sobre sus sentimientos y la verdad sobre su ser amado.Haga una oración en la que le pida a Dios que le rebele la verdad sobre sus sentimientos y la verdad sobre su persona amada antes de regresar a dialogar con ella.

Oren juntos para abrir la conversación.

5) Converse con su pareja madura y civilizadamente, con compasión en sus ojos y en su corazón.

6) Si no llegan a un acuerdo, respeten que tienen opiniones y modos de percibir y ver la situación diferentes y que ninguno tiene más razón que el otro.

7) Decidan terminar el conflicto con un abrazo. Pídanse perdón, de ser necesario, por haber herido sin querer al otro y díganse las palabras mágicas que abren cualquier corazón: "Te amo, mi amor".

JULIO 22

COMO MEJORAR LOS NIVELES DE SATISFACCION SEXUAL EN EL MATRIMONIO

Como ya lo he señalado en anteriores oportunidades, el principal lenguaje del amor del hombre es el sexo, mientras que el principal lenguaje del amor de la mujer es el afecto, el cariño, la ternura. Los hombres quieren que sus mujeres sean sexys, coquetas y que les agrade hacerles el amor todo el tiempo. Pero las esposas se quejan de que sus maridos solamente las besan cuando quieren sexo y que no las tratan con ternura ni les prodigan afecto durante el resto del día.

El apóstol Pedro entendía bien el carácter "áspero" de los hombres y tal vez por eso mismo, les dirigió la siguiente recomendación : "Ustedes, maridos, igualmente, vivan con ellas sabiamente, dando honor a la mujer como a **vaso más frágil**..." (1 de Pedro 3:7) La mujer debe ser tratada con delicadeza, suavidad y dulzura. Esto la prepara para el encuentro sexual con generosidad y entrega. Hay que mejorar el romance para mejorar el sexo: Fijar un DATE NIGHT (una cita nocturna) una vez por semana en la que el esposo corteje a su mujer y ella coquetee con él.

Las personas que saben comunicarse mejor y entender las emociones de su pareja, practicando la empatía, la generosidad y la comunicación afeciva, son más propensas a tener una vida sexual más satisfactoria.

JULIO 23

LA PRIMERA CUALIDAD DEL AMOR

En el famoso texto de 1 Corintios 13 que se lee en casi todas las bodas, encontramos en el versículo 4, la primera característica del amor : El amor es sufrido. O como algunas otras versiones sugieren: El amor es paciente. Creo que esta cualidad se puede y debe extender a TODOS LOS TIPOS DE AMOR, no solamente el erótico o conyugal. Coincido 100% con Pablo: El amor es sufrido y paciente. O debiera serlo. El verdadero amor: "Todo lo sufre, todo lo cree, todo lo espera, todo lo soporta". (1 de Corintios 13:7) La palabra "sufrido" viene del vocablo griego: "Makrothumeo", que significa ser paciente, soportar, tener largura de ánimo ... y a su vez viene de la palabra"Makrothumia", referida a la longanimidad que es aquella cualidad de dominio propio frente a la provocación que no toma apresuradas represalias ni castiga con celeridad; es lo opuesto a la ira, y está asociada con la misericordia.

La persona sufrida tiene mucha paciencia con personas que no son razonables. Por lo tanto,como bien dice el apóstol Pablo en Efesios 4:2 "Vivan con toda humildad y mansedumbre soportándoos con paciencia los unos a los otros en amor".

Preguntémonos entonces: Me contradigo cuando le digo a mi ser querido que lo amo pero que no le tengo paciencia? No es acaso una gran contradicción decir que amamos a alguien pero no estar dispuesto(a) a sufrir por esa persona, en su lugar o por causa de ella?

Otro versículo que nos reafirma en la importancia del amor manso y paciente que soporta y perdona constantemente es Colosenses 3:12-13 "Vestíos, pues, como escogidos de Dios, santos y amados, de entrañable misericordia, de benignidad, de humildad, de mansedumbre, de paciencia; soportándoos unos a otros, y perdonándoos unos a otros si alguno tuviere queja contra otro".

Entonces, no le creas a Hollywood cuando te diga que si estás en una relación y sufres tienes que salirte inmediatamente de ella....Con la excepción del adulterio y el abuso o violencia doméstica, muchas de las cosas que te hacen sufrir de tu relación te están refinando, te están podando, te están purificando, te están santificando... Y ese es uno de los objetivos del matrimonio centrado en Jesucristo: la crucifixión de la carne, la renuncia al egoísmo, para la elevación espiritual de los esposos en el camino de la santidad.

JULIO 24

QUE TANTO PODEMOS SOPORTAR POR AMOR?

"El amor todo lo sufre, todo lo cree, todo lo espera, todo lo soporta" (1 de Corintios 13:7)
Mi reflexión de hoy se refiere a situaciones comunes y problemas rutinarios en las relaciones amorosas. No estoy sugiriendo que se tenga que soportar de todo por amor...No! Nadie pide que se soporte la violencia psicológica o física...tampoco el adulterio...Pero todo lo demás, o casi todo lo demás, debiera ser soportable desde la perspectiva cristiana. En mi opinión, *la capacidad de soportar es directamente proporcional a la capacidad de perdonar*. Mientras más fácil le sea perdonar a una persona lo que otra le dice o hace que la hiere u ofende, más fácil le resultará soportar a esa persona por un largo tiempo en su vida. O mejor aún, *la capacidad de soportar es inversamente proporcional a la capacidad de ofenderse*. Mientras menos se ofenda una persona por lo que otra le haga o diga, mayor será su capacidad de soportar dentro de la relación.
Entonces, mi primera recomendación es que disminuyamos nuestra tendencia a sentirnos ofendidos. Vamos a poder soportar mejor no solamente a nuestro ser amado sino también a las diversas circunstancias ingratas de esta vida, si disminuimos nuestra sensibilidad y nuestra irritabilidad ante las ofensas. Aún más, la meta sería llegar a NO considerar una ofensa lo

que acabamos de escuchar. Cómo se logra esto? Les doy un ejemplo del día a día: Supongamos que una dama le pregunta a su novio o marido: "Cómo luzco en este vestido...me hace ver más gorda, no?"...Si el caballero es honesto y no se detiene a pensar en las consecuencias de una respuesta veloz, puede que diga la verdad...y entonces... la dama que preguntó de una forma en que le ponía la respuesta en bandeja, debe pensar lo mejor de su hombre y decirse a sí misma: "Relax! No fue su intención ofenderte!...La forma en que preguntaste no le dio otra opción...Su intención fue buena y eso es lo que cuenta..."

Esto es lo que el apóstol Pedro nos pide que hagamos con errores del otro -inclusive mayores- en 1 de Pedro 4:8 *"Y ante todo, tened entre vosotros ferviente amor; porque el amor cubre una multitud de pecados"*. El amor cree y confía en el otro. Cree lo mejor y no lo peor acerca de la pareja. No es sospechoso. También espera lo mejor, espera que crezca para hacer los cambios que debe hacer de acuerdo a los planes de Dios para su vida.

JULIO 25

LA COMEZON DEL SEPTIMO AÑO

Se dice que la etapa más crítica en un matrimonio comienza alrededor de los 7 años...Es esto un mito o una realidad?

Es una realidad que se ha exagerado convirtiéndose en un mito. Diferentes estudios científicos de los anuarios demográficos de las Naciones Unidas se empeñan en demostrar que el amor romántico pasa por una de sus peores crisis en el séptimo año. Una diputada alemana incluso ha propuesto que el matrimonio civil tenga fecha de caducidad a los 7 años y que el contrato se renueve o no en ese momento, lo que me parece una completa barbaridad.

Se le ha llamado el año de la comezón porque a esas alturas las parejas ya han pasado por muchas crisis y pruebas juntas. Para el séptimo año ya pasaron por varias etapas de la relación y están cansados, algunos agotados. Los síntomas mas notorios son el aburrimiento y la infidelidad.

Las parejas que superaron la barrera de los 10 años tienen muchas mayores probabilidades de continuar unidos hasta que la muerte se separe. A las que andan cerca de los 7 años, les recomiendo que no se dejen asustar por la imagen negativa del sétimo año porque ellos, si se lo proponen y trabajan en su relación, pueden mantener un amor constante.

JULIO 26

CUANDO AMBOS ESPOSOS ANHELAN UN CONYUGE SERVICIAL (I)

Un esposo puede pasar el día lavando los automóviles y paseando al perro, pero si su mujer siente que lavar la ropa y los platos es una necesidad mayor, ella puede sentirse no querida, a pesar de que su esposo hizo por ella muchas otras tareas en todo el día. Es importante aprender el idioma exacto de tu pareja y trabajar duro para entender qué actos de servicio demostrarán tu amor. Es importante realizar estos actos con amabilidad de corazón.

Demostrar actos de servicio puede significar salirse de los estereotipos. Estos requieren que ambos se humillen en hacer algunas tareas y servicios que no se esperan generalmente de su género. Sin embargo, estos pequeños sacrificios significarán el mundo para tu compañero y asegurarán una feliz relación.

Qué pasa cuando tú quieres hablarle a tu cónyuge en su lenguaje de Actos de Servicio pero lo haces a regañadientes? No cuenta. O lo hacemos con amor y gozo o es como si no lo hiciéramos.

Qué decirle al esposo que siempre se olvida de sacar la basura? En vez de sermonearlo como si fuéramos su madre o gritarle como sargentas, hay que llevarlo por el lado del humor, por ejemplo: Oh! Parece que las moscas tendrán un banquete esta noche, mi amor!!!!!

JULIO 27

CUANDO AMBOS ESPOSOS ANHELAN UN CONYUGE SERVICIAL (II)

Volviendo al tema de pedirle al esposo que saque la basura, un método que no falla es mostrar gratitud cada vez que lo hace: "Gracias mi amor...no tienes idea cuánto valoro tu apoyo aquí en casa...No sé qué me haría sin tí!" .Y otro que da inclusive mejores resultados es cuando reciben alguna recompenza que realmente les guste. Se le puede decir por ejemplo "Ya que mi amorcito me complace tanto ayudándome en casa, a mi me toca complacerlo mucho esta noche!"....

Qué pasa cuando es el marido el que se siente amado con Actos de Servicio y su esposa no satisface esa necesidad emocional suya ni le habla en su lenguaje?

El marido no se sentirá honrado como esposo porque ella NO hace por él, lo que él tanto anhela. Por ejemplo, si el esposo le pide a su mujer que traiga algo porque está sentado frente al televisor y después de un largo día no quiere levantarse...lo peor que puede hacer la esposa es decirle algo como esto: "Acaso no tienes pies para que te lo traigas tu mismo?" Cuidadito con esa lengua y con la actitud que se adopta en el servicio. Jesus dijo en Mateo , "el que quiera hacerse grande entre ustedes deberá ser servidor de otros" (Mt 20:25)

JULIO 28

NO A LA MANIPULACION SEXUAL(I)

Son muchas las mujeres que practican la negación del sexo como manera de castigar al esposo que ha hecho algo que no les gusta o como forma de lograr que las complazcan en algo que él no desea hacer con ella. Es un tipo de manipulación que algunas mujeres consideran apropiado y hasta beneficioso. Pero es que la perspectiva que adoptan es sumamente egoísta y hasta infantil.

Para comenzar, el uso del sexo como chantaje NO debiera darse en el matrimonio. La idea en la cabeza de la mujer es la siguiente: "O me da lo que quiero y hace lo que le pido o....que se olvide del sexo por un buen tiempo!"...Craso error...Lo único que logran con esto es que el marido se sienta maltratado, no respetado y no amado.

Se entiende que hay ocasiones en que uno de los dos no pueda hacer el amor por sentirse enfermo o indispuesto o porque ha quedado muy herido después de un pleito pero no se debe emplear el sexo, deliberadamente, como herramienta de castigo.

La raíz de la manipulación, se fundamenta en la incapacidad de poder transmitir los sentimientos por medio de una comunicación saludable, ya sea por temor a la reacción del otro(a) o por no saber cómo hacerlo, o por situaciones similares vividas anteriormente.

JULIO 29

NO A LA MANIPULACION SEXUAL(II)

Es cierto que después de muchas peleas las posibilidades de que se tengan ganas son menores, pero es negativo castigar al otro porque se portó mal como si se tratara de un niño pequeño al que mandamos a un rincón por haber hecho algo malo. No es saludable para el matrimonio que uno de los dos quiera hacer pagar al otro por lo que le dijo o hizo negándose a tener intimidad. Además de la razón mencionada por Pablo en 1 de Corintios 7 para no tener sexo con el cónyuge que es que ambos se dediquen a la oración de manera más concentrada, las otras posibles causas de abstinencia sería alguna enfermedad, cansancio excesivo o impedimento físico importante.

Si has usado la manipulación en tu matrimonio, renuncia a esa actitud, pídele perdón a Dios y a tu esposa(o) y toma la decisión de usar la comunicación sincera y respetuosa para expresar tus sentimientos. Fortalece tu vida espiritual para que estés en capacidad de expresar y de escuchar a tu cónyuge sin juzgar ni criticar su manera de pensar, sino respetando su opinión. Dado que la relación sexual es «**la intimidad máxima**», la pareja hace mal si se niegan el uno al otro sexualmente, si se privan de la unión más sublime que Dios creó, si se privan el uno al otro de amor a través del sexo por razones egoístas.

JULIO 30

PATRONES NEGATIVOS EN LAS RELACIONES AMOROSAS (I)

Es bastante evidente para muchos que hay patrones dañinos aprendidos que se repiten en las relaciones amorosas. En la niñez aprendemos de nuestros padres formas de relacionarnos con otros. Posteriormente, de forma incosciente, repetimos esos roles una y otra vez, aún los que son dañinos. Sin embargo, es bueno saber que podemos liberarnos de esos roles.

Sabían que las niñas que fueron abusadas física o psicológicamente por sus padres buscan, cuando adultas, hombres que abusen de ellas? Muchas veces los patrones dañinos en las relaciones giran en torno a los roles de 'víctima' y 'perpetrador'. El uno atrae al otro. Se atraen a pesar de hacerse tanto daño.

Existen muchas versiones de estos roles, algunas muy sutiles.

Cuando pensamos que alguien mereció un comentario negativo o agresivo de nuestra parte, hemos cambiado rápida y automáticamente de sentirnos víctimas de esa persona a victimizar a esa persona. Es como un círculo vicioso en el que los dos quedan atrapados y del cual no se pueden liberar hasta que busquen ayuda. Hay que cortar el patrón repetitivo y para esto se requiere la intervención de un especialista: el terapeuta de parejas.

JULIO 31

PATRONES NEGATIVOS EN LAS RELACIONES AMOROSAS (II)

Hay otros roles, además de los de víctima, perpetrador y espectador, que le gente repite desde la niñez. Algunas personas ignoran constantemente sus propias necesidades y se dedican al cuidado de los demás, aún cuando los demás no lo pidan, algo que puede conllevar resentimiento y sentir que son ignorados. Otros intentan controlar a sus seres queridos a través de la vergüenza y la culpa.

Algunos esconden sus necesidades emocionales de los demás, y luego se sienten ignorados y abandonados. Otros tienen demandas extremas o alternan entre mostrarse necesitados y estar distantes. También, muchos patrones dañinos que se dan en las relaciones están enraizados en la falta de confianza,

Generalmente esta falta de confianza está enraizada en las relaciones con la gente que abusó de ellos en la niñez, con los padres u otros adultos importantes que han sido poco confiables. Podría pasar con su segunda esposa, su décima novia o su tercer marido. Si usted es honesto consigo mismo, verá que desde hace años usted ha tenido los mismos conflictos en sus relaciones.

Si usted investiga seriamente, descubrirá que casi siempre estos patrones están enraizados en los patrones de las relaciones de su niñez, especialmente las relaciones que implicaron vulnerabilidad y causaron daño. Pero nadie puede ESCUDARSE en los errores de los progenitores y echarle la culpa a todo el mundo para explicar los problemas personales. Lo que usted vivió en su pasado NO DETERMINA quien es usted en su presente y mucho menos en su futuro. Usted puede REDISEÑAR SU VIDA, cambiando por dentro, renovando su mente, elevando su espíritu.

En mi opinión personal, el camino espiritual es el camino más poderosamente transformador. Lo invito a acercarse a Jesucristo, descubrir la profundidad y belleza de su mensaje de esperanza para los que desean NACER DE NUEVO y darse la oportunidad de experimentar una transformación radical, por su propio bien, paz interior y felicidad y por el bien de todos los que lo rodean.

AGOSTO 1

NO NOS ENTENDEMOS PORQUE PENSAMOS DIFERENTE

El cerebro masculino tiene 6 1/2 veces más materia gris que el femenino pero el cerebro de la mujer tiene 10 veces más materia blanca que el del hombre. En el cerebro humano, la materia gris representa centros de procesamiento de información, mientras que la materia blanca trabaja para enlazar estos centros de procesamiento. Esto puede ayudar a explicar porque los hombres tienden a realizar mejor los trabajos que requieren un proceso más localizado, como pueden ser las matemáticas, mientras que las mujeres son mejores en integrar y asimilar información procedente de las regiones de distribución de la materia gris del cerebro, lo cual las favorece en las habilidades de idiomas.

La Dra. Carloine Leaf en su libro "Who switched off your brain?" expone estas diferencias con gran claridad. En su opinión, la inteligencia masculina opera como una super-computadora mientras que la inteligencia femenina se asemeja al internet. :La inteligencia masculina es más COMPARTEMENTALIZADA mientras que la femenina es más INTERCONECTADA.

Los hombres también usa la materia blanca en sus cerebros pero de diferente manera que las mujeres y por cierto que las mujeres también emplean la materia gris en los suyos pero de manera distinta a la de los caballeros. Las mujeres no tenemos supercomputadoras tan poderosas como las de los varones pero nuestras supercomputadoras cerebrales se encuentran mejor conectadas entre sí.

Es por todos sabido que las mujeres pueden pensar sobre varios temas al mismo tiempo mientras que los hombres prefieren abordar uno primero y luego pasar al otro. Esto explica por qué las mujeres pueden comunicarse con tanta fluidez saltando de un tema a otro, en ocasiones sin terminar con el que inició primero. Que esto no les preocupe, caballeros. Su cerebro está diseñado para operar de esa manera. Y ustedes damas, no se fastidien cuando sus hombres les pidan enfocar la atención en un tema específico hasta agotarlo y luego pasar al siguiente. Es la forma en que ellos piensan. Y siendo éste el diseño divino....mejor será que aceptemos las diferencias y aprendamos a convivir con ellas.

AGOSTO 2

POR QUE UN HOMBRE CASADO NO DEBE DESEAR OTRA MUJER?

Muchos hombres casados no ven nada de malo en tener un CRUSH (palabra del inglés de difícil traducción) con otra mujer y en mantener tal CRUSH en secreto para no molestar a su mujer. Voy a traducir 'crush" por "amor prlatónico" aunque en muchos casos el componente de lujuria lo aleja de la imagen pura de tal tipo de amor. El platónico es un sentimiento de amor idealizado, en que se abstrae el elemento sexual. Generalmente es un amor a distancia, basado en la fantasía y de la idealización, donde la otra persona no sabe que es objeto de suspiros.Otra opción para traducir CRUSH sería DESEO o deslumbramiento. Si un hombre desea a otra mujer que no sea su esposa, incurre en infidelidad. Fue Jesús en Mateo 5:28 quien dijo "Pero yo les digo que cualquiera que mira a una mujer y la codicia ya ha cometido adulterio con ella en el corazón." Usted no puede desear a ninguna otra mujer que no sea su esposa:

1)Porque usted es hombre de UNA SOLA MUJER.

2) Porque cualquier cosa que usted haga a espaldas de su mujer, de la cual ella no tenga conocimiento, que usted guarde en SECRETO, está destinada a destruirlo y a destruir su relación.

3) Porque Dios lo ha hecho UNA SOLA CARNE con su esposa. Traicionar a su esposa equivale a traicionar a Dios quien es su suegro!

Aqyí van 3 vías para evitar caer en la tentación de ser infiel a la esposa con la mujer por la cual usted siente "algo":

1) Confíesele a un amigo, del que usted confíe obtener un sabio consejo, lo que le está pasando. De preferencia, confiese lo que le está sucediendo al sacerdote o al pastor o al consejero bíblico de su iglesia. Si usted tiene algún mentor, éste es el momento de hablar con él.

2) Evite volver a ver a la mujer que lo tienta. No crea que será fuerte y podrá resistir la tentación. No regrese al lugar donde la encuentra. Si se trata de algo que se tiene que hacer de todos modos, pídale a su esposa que ella vaya.

3) Humíllese y pídale perdón a Dios por haber estado sintiendo algo por otra mujer que no es su esposa. Pídale que lo ayude a volver a poner sus ojos totalmente en ella y en Jesús para no volver a caer en tentación. La constante presencia del Espíritu Santo en su vida lo ayudará a mantenerse fiel a la mujer que Dios le dio.

AGOSTO 3

DISCUSIONES POR LA CRIANZA DE LOS HIJOS (I)

Los hijos no siempre unen a sus progenitores, hay casos en que los separan.Muchas investigaciones han demostrado que la crianza de los hijos es una de las áreas que causa mayor estrés en las relaciones de pareja. Esto sucede también cuando dos divorciados se casan y ambos tienen hijos menores de edad que vivirán bajo el mismo techo. Estos desacuerdos causan mucha tensión en la pareja, además de una gran confusión en el niño. Muchos padres primerizos están tan exhaustos por la falta de sueño y las tensiones inesperadas que tienden a distanciarse. Todo esto debilita la relación de pareja.

Los desacuerdos en la crianza podrían acabar con la armonía en la pareja y provocar acaloradas discusiones. También podrían elevar los niveles de estrés hasta el punto de provocar una separación momentánea o definitiva. Si la pareja no está suficientemente fuerte y consolidada cuando el primer bebé nace, es más probable que todo se vaya a pique.

Distintos valores, ideologías y religiónes pueden enfrentar a la pareja en la educación de los niños. Sin embargo, para que se desarrollen bien, es imprescindible que los padres negocien sus diferencias. Este es el momento justo en el que comienza la verdadera etapa de ser padres: ponerse de acuerdo en cómo criar a un hijo.

Para muchos esta etapa no es nada fácil. Vemos familias donde el padre es más estricto y la madre es la consentidora. Hay otras donde el padre no tiene corazón para disciplinar a su hijo después de un largo día de trabajo y es la madre quien lleva los pantalones, ¿Es así en tu familia?

Hay hogares donde los padres se ponen de acuerdo pero al momento de llevar las reglas a la práctica, el corazón los traiciona y cada uno hace lo que le parece. Hay otros donde la crianza se convierte en el punto de manipulación para culpar y ofender al otro. Tristemente, los hijos pueden convertirse en un instrumento de manipulación si la pareja no ha madurado lo suficiente. Es de suma importancia entonces que ambos padres entiendan que **el niño necesita que sus ellos estén de acuerdo, de lo contrario, recibirá diferentes instrucciones de los seres que ama, lo que lo desconcertará y lo hará comportarse inapropiadamente.**

AGOSTO 4

DISCUSIONES POR LA CRIANZA DE LOS HIJOS (II)

Hay muchas razones por las que los padres pueden discutir por causa de los hijos. Una es porque tienen distintos puntos de vista sobre una situación concreta. Un motivo de pleito muy común es qué castigo debe recibir el niño por su mala conducta. La mayor parte de las veces, la madre sale a defender al pequeño e inclusive considera que no debe recibir castigo alguno, lo que hace sentir al padre sumamente mal porque le resta autoridad. Otra causa es cuando los padres utilizan a sus hijos para sus revanchas. En estos casos, los hijos quedan entrampados en los conflictos de la pareja y esto les hace mucho daño.

Si el hijo se enfrenta a uno de los padres, el otro debería apoyar incondicionalmente a su pareja, restituyendo el poder que el niño o adolescente trata de hacerle perder. Si esto no ocurre, seguramente quien calla está cobrándose una vieja deuda que no se ha animado a plantearle al otro abiertamente. Es importante que los hijos aprendan que sus padres son UNO, que se mantienen unidos y que ninguno le quita autoridad al otro porque se respetan y se aman.

Este es el mejor ejemplo del buen funcionamiento de un matrimonio que le podemos dar a los hijos. Qué hacer para que los hijos no sean motivo de discordia?... Comparto con ustedes 3 ideas que espero les sean útiles:

1) El hombre prudente le demuestra amor a su esposa aprendiendo cuáles son los efectos físicos y mentales que produce en la mujer el nacimiento de un hijo. Uno de ellos es la tendencia a los cambios repentinos de humor, por lo cual el amante esposo ejerce el dominio y propio y la paciencia con ella, dos frutos del espíritu que los hombres suelen necesitar en el ámbito familiar.

2) Por otra parte, la esposa perspicaz animará a su marido a que asuma sus nuevas funciones de padre. Lo incluirá en el cuidado del bebé enseñándole con paciencia cómo se cambian los pañales o se preparan los biberones, aunque al principio no lo haga bien. Ella tiene que ejercer los frutos de la paciencia y la mansedumbre.

3) Reafirmen su amor y respeto mutuos. Dios ha dispuesto que los hijos dejen la casa algún día pero que la unión entre el marido y la mujer dure toda la vida (Mateo 19:3-9). Sin duda, el que una pareja primeriza asimile esta idea les ayudará a mantener sus prioridades en la debida perspectiva y favorecerá la correcta crianza de sus hijos y la felicidad de toda la familia.

AGOSTO 5

5 AFIRMACIONES PARA REMENDAR UN CORAZON PARTIDO

Todos sabemos –pero una cosa es la teoría y otra la práctica- que para que cambie nuestra realidad primero tienen que cambiar nuestros pensamientos y las palabras que declaramos. Si nuestra actitud hacia la vida está marcada por el reclamo, la queja, la crítica y el lamento, lo más probable es que cosechemos lo que sembramos y que nada bueno nos suceda mientras no pensemos y digamos en voz alta afirmaciones positivas y optimistas, en concordancia con la Palabra de Dios. Les sugiero las siguientes, para levantarse los ánimos, luego de una decepción amorosa.

1) Si usted no puede desligarse de su pasado repita en voz alta:

Hoy le doy gracias a Dios por mi presente y mi futuro. Saco de mi mente y mi corazón los recuerdos dolorosos, los pongo en una canasta y los echo al río.

2) Si usted siente remordimiento:

Recuerde que nada ni nadie es irreemplazable en esta vida. Todo se olvida con el tiempo. Todos nuestros seres queridos nos fallan constantemente. El único que nunca me falla es Dios. "Lo que siento pasará. Me libero ahora mismo de este sentimiento y le pido a Dios que me limpie y purifique".

Perdono porque el rencor me hace más daño a mí que a la persona a la que odio. Perdono porque soy capaz de elevarme por encima de las mezquindades. Perdono porque Jesús me enseñó el camino del perdón y me perdona una y otra vez, sin cesar, permanentemente.

4) Si usted tiene una actitud negativa:

Lleno mi mente de pensamientos positivos y optimistas. Miro mi futuro con ojos llenos de esperanza. Los planes del Señor para mi vida son maravillosos.

5) Si usted repite siempre los mismos patrones:

Aprendo de mis anteriores errores. Reconozco que cada golpe representa una lección de vida que me fortalece. Crezco como ser humano. Crezco en el amor, la misericordia, la gracias y el perdón de Dios.

AGOSTO 6

PAREJA IDEAL = PROYECTO EN CONSTRUCCION (I)

Cuántos de nosotros no hemos escuchado alguna vez la historia de una pareja perfecta que nunca discute, que tiene gran vida sexual, con hijos maravillosos y son sumamente felices? Será verdad tanta maravilla?

La experiencia me ha enseñado que las apariencias engañan y que detrás de cada gran pareja hay mucho dolor, esfuerzo y sacrificio que no se revela al mundo. Todas las parejas tienen conflictos. Las que sobreviven al paso del tiempo con alegría son las que aprenden a discutir madura, civilizada y positivamente.

Y es que la pareja ideal es un proyecto en construcción. La persona con la que convivimos nos va a fallar de todos modos en algún momento. Y entonces tendremos que hacer el esfuerzo de soportar sus fallas como ella aguanta las nuestras.

Todos sabemos que nuestro ser amado tiene tantas buenas intenciones como nosotros mismos de mejorar, de superarse, de limpiar las heridas de su pasado, sanar y vivir una vida digna.

AGOSTO 7

PAREJA IDEAL = PROYECTO EN CONSTRUCCION (II)

El tiempo que le tome llevar a cabo ajustes y cambios que consoliden tal mejora, será el TIEMPO DE PRUEBA en el que le demostraremos amor incondicional.

La idea de algunos de chantajear al otro con "O CAMBIAS YA O TE DEJO" no suele funcionar. Claro que hay ciertas cosas que no se pueden ni deber soportar: Como el abuso físico o verbal, el alcoholismo o la drogadicción y el adulterio, entre otras. Pero para todo lo demás debemos hacer uso del primer atributo del amor que ya describí largamente en otras reflexiones: la PACIENCIA.

La paciencia no es la acción de esperar sino la BUENA ACTITUD MANTENIDA MIENTRAS SE ESPERA. Si no deseamos que nuestra otra mitad se DESESPERE por nuestra lentitud al intentar cambiar nuestras fallas y defectos... Por qué no aplicamos la misma exigencia de paciencia a nosotros mismos?

La paciencia es un fruto del espíritu que nos ayuda a ponerle buena cara a los tiempos adversos. La paciencia nos brinda FORTALEZA DE ESPIRITU.

Y de esta fortaleza depende, en mucho, la sobrevivencia de un matrimonio, su duración y estabilidad

AGOSTO 8

POR QUE A MUCHAS PAREJAS SE LES ACABA EL AMOR?

Aunque siempre he sostenido que el amor no se acaba, como bien lo dice Pablo en Primera de Corintios 13, la gente cree que esto les pasa y que este motivo es suficiente para divorciarse. Lo que se les acaba en realidad es la paciencia, las ganas de esforzarse, los deseos de seguirse sacrificando, la fuerza de voluntad y la perseverancia. En la sociedad en la que vivimos en la que todo se desecha, en la que todo se bota, nadie quiere luchar por lo que una vez consideraron que valía la pena.

Y por qué es que ya no vale? Si todos los amigos y familiares del cónyuge opinan que él o ella sigue siendo la persona valiosa que siempre fue...por qué su otra mitad la ve bajo una perspectiva tan negativa?...Porque **han programado sus mentes para la catástrofe**, para enfatizar en los defectos del otro en vez de en sus virtudes, para ver el lado oscuro de las situaciones vividas por ambos en vez del lado luminoso, para mirar al otro como enemigo en vez de como la persona más importante en sus vidas.

Cómo logramos salir de este atolladero? *Reprogramando la mente: Cambiando los pensamientos tóxicos por pensamientos de luz.*

AGOSTO 9

RELACIONES AMOROSAS CON GRAN DIFERENCIA DE EDAD (I)

Quién no conoce un caso de una pareja dispareja en años de edad? Lo común, lo socialmente aceptable es que el hombre sea el mayor y a nadie le preocupe que le lleve 15 o hasta 20 años a la novia o esposa. Pero qué ocurre cuando pasa lo contrario?

Cuando el hombre es mucho mayor que la mujer.- Sin embargo, la tendencia muestra que, en más de una década de brecha etárea, se presenta un distanciamiento intelectual y emocional así como un bajo deseo por compartir los mismos espacios.

Hay algunos hombres adultos que se unen a jovencitas porque padecen **El Síndrome de Peter Pan**: Su personalidad es inmadura y narcisista. El sujeto crece en edad, pero su "yo" presenta las características de Peter-Pan: Irresponsabilidad, rebeldía, narcisismo, dependencia, negación del envejecimiento, manipulación, y la creencia de que está más allá de las leyes de la sociedad y las normas en ella establecidas. En ocasiones los que padecen este síndrome acaban siendo personajes solitarios.

Para el hombre es someterse a un retroceso generacional, donde deberá adaptarse a espacios de jóvenes inexpertos y comportarse como ellos, u optar por ser el padre de familia que los cuida, les paga la cuenta, los acompaña y les transporta.

AGOSTO 10

RELACIONES AMOROSAS CON GRAN DIFERENCIA DE EDADES (II)

Lo que ocurre a nivel físico/estético.-

Es verdad que para la mayoría de los hombres: Todo entra por los ojos. Para él, ver a su lado a una niña, figurando como mujer, es motivo de complacencia y agrado. Lo que sus amigos que lo envidian no saben es que ella está a su lado debido a su mentalidad inmadura para relacionarse o...por su dinero.

Para la joven, la idea de tener por pareja a un hombre mayor llena algunos vacíos por la ausencia de una figura paterna (desde cualquier óptica: ausencia total del padre, padres separados, padre fallecido, padre que abandona, padre desconocido) y esto la hace sentir más segura.

En términos generales, cuando este tipo de relaciones se establecen es muy común ver cómo los hombres están buscando desesperadamente sentirse jóvenes y se niegan a adoptar roles, comportamientos y actitudes propias de su edad. Para la joven es muy valiosa la actitud del hombre mayor, ya que consciente o inconscientemente lo ve como a un padre, y ella a su vez tiene un camino de retribución: El Sexo.

AGOSTO 11

RELACIONES AMOROSAS CON GRAN DIFERENCIA DE EDADES (III)

Relación de pareja basada en interés económico

Muchas jóvenes establecen este tipo de relaciones para "Salir de Pobres" o legalizar su estatus en el país en el que se encuentran, sin importar el precio. Las razones conscientes o inconscientes que las conducen a "enamorarse" de un hombre mucho mayor que ellas son las siguientes:

* Liberarse de las normas y costumbres de casa
* Tener quien le cubra los gastos, inclusive el de sus amigas
* Explotar económicamente a su pareja
* Ver a ese hombre como el trampolín para alcanzar lo que de otra forma no podría alcanzar

El hombre la conquista con regalos y viajes. Por su parte, ella no desaprovecha la ocasión para despertar en él lastima frente a las circunstancias de vida que la circundan y sutilmente, sacarle provecho a la situación.

Lo que acabo de compartir con ustedes no quiere decir que no puedan darse casos de una pareja en la que él tenga 50 y ella 30 y haya amor verdadero. Claro que estos casos existen. No los niego. Pero el mayor porcentaje de estas uniones dura muy poco. De allí que mi recomendación sea: No más de 10 años de diferncia. 15 ó 20 ya son demasiados y pesarán en los dos, o por lo menos en uno de ellos, más temprano que tarde.

AGOSTO 12

CONOCES EL LENGUAJE DEL AMOR DE TU PAREJA?

Casi todo el mundo reconoce la importancia de la buena comunicación como uno de los pilares sobre los cuales se construye la relación de pareja. Sin embargo, ¿cuántos están conscientes de que para comunicarse bien hay que aprender a hablar el idioma del otro?...

Como mencionamos antes, los 5 lenguajes del amor son: Palabras de Afirmación, Tiempo Compartido, Actos de Servicio, Contacto Físico y Regalos.

Cada persona tiene uno o dos lenguajes específicos con los que se siente especialmente cómodo para percibir y expresar amor. A veces expresamos amor en un lenguaje y deseamos recibirlo en otro. Si nadie nos habla en nuestro lenguaje de amor, nos resultará difícil sentirnos amados. Intentaremos provocar en los demás la expresión de amor en el lenguaje que entendemos mejor y sentiremos frustración si no lo conseguimos.

Reconocer y respetar tanto el temperamento como el lenguaje de amor de las personas con las que convivimos ayuda a abrir cauces de comunicación emocional y crea un ambiente más cálido y seguro para la convivencia diaria y para la resolución pacífica y creativa de los conflictos.

AGOSTO 13

NO HAY NADA IMPOSIBLE PARA DIOS

Cuando las parejas vienen a mí en busca de consejo, empiezo a escuchar sus problemas y me concentro por algunos minutos en el terreno psicológico, para terminar siempre en la esfera espiritual. Porque lo que no es posible para los seres humanos, es posible para quien posee todo el poder y toda la gloria, para quien detenta un poder sobre natural, sin límites de tiempo ni de espacio.

El y sólo El puede restaurar matrimonios que parecían destinados a odiarse el resto de sus vidas.

Entonces, el reto para quien anhela salvar su matrimonio es el siguiente:

1) Pregúntate qué tanto te ha amado Cristo a lo largo de tu vida, qué tanto te ha compadecido y perdonado.

2) Decide mirar a tu cónyuge de la forma en que Jesús lo mira: con ojos de compasión y misericordia.

3) Decide perdonar a tu cónyuge de corazón, como Cristo te ha perdonado a tí.

4) Decide empezar a amar a tu cónyuge de la manera en que Jesucristo lo ama:
INCONDICIONALMENTE.

Y para poder vivir de acuerdo a tu nueva decisión, tienes que acercarte al Señor como nunca antes en tu vida porque sólo conociéndolo a El profundamente podrás cumplir con su mandamiento de amar sacrificándote, de amar dando tu vida por la persona a la que juraste fidelidad eterna.

AGOSTO 14

5 CONSEJOS NO SEXUALES PARA MEJORAR LA VIDA SEXUAL

Muchos hombres creen que cuando la vida sexual en el matrimonio está fallando es porque ellos ya no son tan buenos en la cama o porque ya no hay compatibilidad con la esposa. Pero pocos se detienen a considerar que hay FACTORES NO SEXUALES QUE INCIDEN SOBRE LA VIDA SEXUAL y para mejorar ésta hay que primero mejorar esos otros.

He aquí una relación de 5 factores no sexuales que contribuyen a una vida conyugal más satisfactoria:

1) Mejoren los niveles de energía y la apariencia física haciendo ejercicio con regularidad: tanto aeróbicos como pesas para mejorar la tonicidad y elevar la autoestima, lo que redundará en beneficio de la vida sexual.

2) Generen mas momentos de contacto físico no sexual durante el día como antesala de lo que será la noche. Es recomendable redoblar la dosis de AFECTO (abrazos, besos y caricias no sexuales). De esta manera, el hombre prepara a su esposa para una noche apasionada.

3) Mejoren la comunicación y la resolución de conflictos. Abran sus corazones a un diálogo sobre la relación cuando hayan problemas. No permitan que los normales conflictos de la vida matrimonial los separen. Resuelvan sus conflictos. No los acumulen. MAS IMPORTANTE QUE QUIEN TIENE LA RAZON ES LA RELACION.

4) Compartan las tareas domésticas y responsabilidades. (Aquí si se aplica el famoso 50% - 50%)... especialmente si hay niños pequeños en casa. El que el marido colabore la hará sentir mas descansada y relajada y esto favorecerá la vida sexual de la pareja.

5) Mejoren el trato mutuo: practicar las virtudes del amor; EL AMOR ES PACIENTE Y BONDADOSO. Tratar al otro con amabilidad y consideración, con ternura y delicadeza. No hay mujer que pierda interés en el sexo cuando tiene un marido que la trata como diría José Martí "con el pétalo de una rosa".

AGOSTO 15

COMO SOBREPONERSE A LA PERDIDA DE UN SER QUERIDO

Todos hemos experimentado alguna vez en la vida esa sensación de corazón pesado, cargado de dolor y pena, que no se calma ni siquiera con el llanto. Es cierto que ver a un cónyuge o novio(a) abandonarnos es algo sumamente triste, pero es aún peor el fallecimiento de la persona amada. Yo he experimentado dos veces hasta ahora esta clase de sufrimiento y he identificado 5 etapas del proceso de duelo y recuperación emocional y espiritual:

1) Shock.- En esta etapa el sujeto se niega a reconocer que el ser amado ha fallecido. Puede ser inclusive que manifiesta cierto grado de histeria. Esta etapa suele durar unos días.

2) Cuestionamiento y "castigo divino".- La persona se pregunta qué ha hecho para merecer esto. Por qué Dios la está castigando de esta manera. Hay una dosis de culpa presente. Y ciertamente esta etapa es negativa y debe pasar. Pero es natural experimetarla. Hasta los de fe más sólida suelen dudar en momentos como éstos. En esta etapa los hombres suelen experimentar ira.

3) "Se trata de una prueba".- Es una frase que mucha gente le dice al deudo y que él o ella termina creyendo, por lo menos por algún tiempo. Cuando las personas son creyentes, y más aún si practican su religión, suelen teorizar sobre los motivos de Dios que explican lo sucedido. "Dios está probando mi fe". Como si se

tratara de un test o de un examen que hay que pasar o reprobar.

4) Depresión.- En medio de la profunda pena, la vida puede parecer inútil y sin esperanza. Se da una sensación de adormecimiento, como que ya nada importa y la vida no tiene sentido.

5) Aceptación.- Llega más rápidamente y efectivamente si la persona cuenta con ayuda psicológica y/o espiritual.

La aceptación se produce cuando finalmente el deudo se da cuenta de que su ser querido se ha ido y que no hay nada que pueda hacer al respecto. La ira y el dolor empiezan a disminuir, las emociones se vuelven más fáciles de tratar, iniciándose la recuperación. Las personas que llegan más pronto a La Aceptación son las menos egoístas, las que practican el desapego, las que reconocen que su ser amado goza de una paz y felicidad que nunca experimentó antes en la tierra, ni siquiera en los mejores momentos a su lado. Hay que decirse que nuestro difundo desea vernos felices. Y hay que acudir al único que puede consolarnos y devolvernos la paz interior: Dios

AGOSTO 16

SEAMOS UN SACRIFICIO VIVO Y NUESTRO MATRIMONIO DURARA TODA LA VIDA

La mayor parte de cristianos conoce ese versículo bíblico tan pero tan poderoso que el apóstol Pablo nos entregó como una de sus mas valiosas recomendaciones: *"Por lo tanto, hermanos, tomando en cuenta la misericordia de Dios, les ruego que cada uno de ustedes, en adoración espiritual, ofrezca su cuerpo como sacrificio vivo, santo y agradable a Dios."* (Romanos 12:1).

A los que se van a casar no les suena bonito que el matrimonio es un CONSTANTE SACRIFICIO POR EL OTRO. Suena a demasiado pedir. Suena a no ser feliz. Pero son quienes no aceptan esta gran verdad los que serán infelices porque terminarán divorciándose y quizá no solo una, sino varias veces.

Dios le pide a la mujer el mayor de los sacrificios: someterse a su marido, sujetarse a su autoridad como al Señor, lo que en lenguaje actual equivale a RESPETARLO y esto a su vez supone MORDERSE LA LENGUA para no decir todo lo que pasa por su linda cabecita, para no criticar a su esposo, para no darle órdenes, para no acusarlo ni atacarlo, para no manipularlo ni querer controlarlo.

Dios le pide a la mujer que respete a su marido y es algo que ella tiene que aprender a hacer sacrificándose. Al esposo el Señor le pide el sacrificio máximo, el AMOR QUE DA LA VIDA POR LA ESPOSA.

"Esposos, amen a sus esposas, así como Cristo amó a la iglesia y se entregó por ella para hacerla santa" (Efesios 5:25)... Cómo se entregó Cristo a su iglesia? Entregando todo lo que tenía, hasta su vida misma; crucificando su carne por amor.

La práctica del amor incondicional es un sacrificio para el esposo porque no le nace naturalmente amar de esta manera: sometiendo su ego, poniéndose a sí mismo en segundo plano. Esto equivale en la vida diaria a TRATAR A LA MUJER CON DELICADEZA Y TERNURA, CON SUAVIDAD Y DULZURA, CON COMPRENSION Y PACIENCIA.

Ambos esposos se tienen que sacrificar, en el ejercicio del amor AGAPE, que es el úncio amor que nunca muere.... porque es el amor de Dios en nosotros. Y para aprender a amar de esta manera, necesitamos estar conectados a la fuente.

AGOSTO 17

INFIDELIDAD Y REDES SOCIALES (I)

Una modalidad creciente es **"La infidelidad cibernética"** que se produce cuando alguien le dedica tiempo en línea –conectado a una computadora o celular- a otra persona que no es su pareja, y sobre todo cuando le cuenta a otra persona lo que debiera contarle solo a su pareja.

Incluye también los casos de muchas personas que tienen sexo a través de la Internet o del teléfono, aunque físicamente los cuerpos nunca se toquen. Más allá de un acto sexual, lo que valida la infidelidad en la red es la "intimidad emocional". "La persona se va separando más y más de su pareja porque está satisfaciendo todas sus necesidades con quien tiene intimidad emocional en la red.

En algunos, el que una computadora medie y los amantes no tengan un encuentro corporal es un estímulo a su autoestima. En muchos es la curiosidad la que los lleva a experimentar; otros tienen grandes vacíos existenciales que intentan llenar con este simulacro de amor. Sensación de vacío, abandono, soledad y desinterés por parte de la pareja, necesidades no cubiertas o búsqueda de novedad son algunas de las causas de la infidelidad cibernética, pero ninguna de ellas la justifica.

AGOSTO 18

INFIDELIDAD Y REDES SOCIALES (II)

Qué triste es cuando uno de los cónyuges se refugia en la computadora hasta altas horas de la noche o de la madrugada mientras chatea con alguien íntimamente. Los chat rooms son sumamente peligrosos. **Chatearía usted con esa EX que se encontró en el facebook o con esa amiga del trabajo que le cae simpática si tuviera a su esposa sentada al lado suyo, al frente de la computadora, viendo lo que se escriben?**

Hay quienes tienen este tipo de relaciones cuando están en crisis de edad y con una misma pareja por muchos años. Pero ninguna de estas causas justifica la infidelidad cibernética. Muchas personas que descubren que sus parejas sostienen este tipo de relaciones se sienten traicionados, lo que puede detonar la ruptura.

Cuidado con el Facebook!

Un estudio en 2008 concluyó que el 40 por ciento de todos los perfiles de Facebook son falsos. Han sido creados por programas de computadora o impostores.

Cuidado con los Exes en Facebook y otras redes sociales. Prevenir es mejor que lamentar. Pecar de ser demasiado fiel es mucho mejor que pecar por no asumir medidas preventivas.

AGOSTO 19

MANTENIENDO LA PAZ

Dos de los estados más difíciles de mantener en el matrimonio son el de la paz interior y el de la paz en la relación. Ambos se vinculan estrechamente. Se trata de una relación directamente proporcional. A mayor paz interior de cada uno de los miembros de la pareja, mayores posibilidades de mantener la paz en la relación. Y si uno de los dos no tiene paz interior, el otro sufrirá las consecuencias, y el sistema que conforman como matrimonio se desequilibrará inevitablemente.

El matrimonio es un sistema vivo en el que podemos constatar la ley de la Teoría de Sistemas llamada SINERGIA que señala que EL TODO ES MAYOR QUE LA SUMA DE LAS PARTES. Porque lo que sucede en el matrimonio no tiene que ver con lo que le ocurre a cada una de las partes por separado como entidades independientes sino, sobre todo y ante todo,con la dinámica de la relación resultante de la forma en que ambas partes interactúan. Nadie puede dudar que marido y mujer se afectan el uno al otro. Si uno de ellos no tiene paz interior, al otro le va a costar mantener la paz en la relación amorosa, sobre todo si la propia tambalea.

Claro que quien vive de manera pacífica también puede influenciar sobre quien no conoce la paz como fruto del espíritu, pero para ello el primero debe tener una paz sólida, inamovible, firme, estable, duradera.

Una persona así puede salvar su matrimonio influyendo positivamente sobre su ser amado.

La única vía para alcanzar la paz interior individual y con ella beneficiar al otro y a la relación es la vía espiritual, la del acercamiento al Príncipe de Paz, Jesucristo,el Hijo de Dios, quien nos dijo numerosas veces en el Nuevo Testamento: "No teman", "No se preocupen", "No se afanen" y "La paz sea con ustedes".. Una vez que dedicamos nuestra vida al conocimiento del Hijo de Dios y a imitarlo como sus fieles discípulos, la paz llega a nosotros como fruto del Espíritu y nuestras relaciones humanas mejoran inmensamente, incluído por cierto nuestro matrimonio.

El camino de la paz interior es el camino del dominio propio, de la fe, la esperanza y la confianza en que Cristo nunca nos falla, nunca nos condena, nunca nos abandona. En el Señor encontramos nuestro mejor refugio para los tiempos difíciles. El es nuestra roca y nuestra fortaleza. El es el Buen Pastor y a su lado nada nos ha de faltar. Nadie como El nos ayuda a llevar nuestra carga pesada. En El y sólo en El encontramos la paz que sobrepasa todo entendimiento.

AGOSTO 20

SINTOMAS DE LA INSEGURIDAD
FEMENINA

No hay nada más devastador para un hombre que vivir al lado de una mujer insegura. Cada día hay más y más mujeres inseguras. Eres tú una de ella? O usted señor reconoce a su mujer en los síntomas que voy a compartir a continuación con ustedes? Todo el mundo ha escuchado decir que los celos de las mujeres se deben a la inseguridad femenina. Y esto es verdad. Y son muy pocas las mujeres verdaderamente seguras de sí mismas. Pero hay diversos tipos y niveles de inseguridad. Los síntomas que voy a describir son los que caracterizan a un alto grado de inseguridad.

Una mujer insegura es capaz de celar a su pareja hasta de sus hijos, del perro, de todo. Es una obsesión constante. Ella genera un ambiente en el hogar altamente tenso: Gritos, reclamos, llanto y sollozos. Toda una histeria. Es capaz de sospechar hasta del elogio que su esposo le da. Siempre mirará cualquier supuesta intención oculta. Usa el sexo como arma de manipulación y finge orgasmos. La mujer insegura se hace dependiente del hombre a fin de que este le cueste mas dejarla por la lastima que genera. Inclusive usa a sus hijos como instrumentos de chantaje.

Pllanifica los más intrincados sistemas de averiguación y control de su pareja. Piensa que los hombres son infieles y que por tanto, el suyo, lo es o lo será si ella no lo controla. No perdona ni de cerca a ninguna ex de su marido así ésta tenga 10 años de separada de él. Una mujer insegura al ver un "me gusta" que su pareja le colocó a alguien en FB, inmediatamente piensa en infidelidad. Se obsesiona con el twitter, el FB, el teléfono de su pareja. Son prácticamente sus únicos objetivos. La mujer insegura no saca fotos sino es con su pareja. Quiere que todos sepan que ese hombre es de ella.

La mujer insegura ve en toda mujer una rival porque teme que cualquiera le pueda quitar a su hombre. Cualquiera!! Una mujer insegura -aunque tenga pruebas de la inocencia de su marido, desconfía-. Huele la ropa interior de su pareja y le revisa los bolsillos. Le hace ver al hombre que ella "también" puede levantar a otros, para sacarle celos y "estar iguales". Una mujer insegura no le presenta a su marido ninguna de sus amigas bonitas, sobre todo si son solteras.

A la mujer insegura le horroriza la soledad. Y tal vez lo más triste sea el alto nivel de *DENIAL* (negación de su condición) en el que vive. De manera tal que la mayoría de las mujeres inseguras que escuchan esto se dirán a si misma "Menos mal que no soy insegura".

AGOSTO 21

TIPOS DE MIEDOS (I)

El miedo es una emoción dolorosa, excitada por la proximidad de un peligro, real o imaginario, y que está acompañada por un vivo deseo de evitarlo y de escapar de la amenaza. Es un instinto común a todos los seres humano del que nadie está completamente libre. Nuestras actitudes ante la vida están condicionadas en gran medida por esos temores que brotan de nuestro interior, en grados tan diversos que van desde la simple timidez hasta el pánico desatado, pasando por la alarma, el miedo y el terror.

Una de las necesidades más emocionales más importantes de las mujeres es la SEGURIDAD. Ahora bien, así como hay grados y niveles de inseguridad femenina, así también los hay en los celos.

Una de las razones más frecuentes por las cuales las parejas se separan es por los celos de una de las partes. Y en el centro del problema de los celos anida el MIEDO.

Los miedos mas comunes de las mujeres están relacionados con la inseguridad financiera, la inseguridad con respecto a su futuro y sobre todo y ante todo la inseguridad con relación al grado de compromiso y fidelidad de su hombre en la relación.

AGOSTO 22

TIPOS DE MIEDOS (II)

Otro de los miedos más devastadores es el miedo a ser abandonadas. Las mujeres que fueron abandonadas por sus padres de niñas son las que suelen sufrir este miedo con mayor intensidad. También lo sufren las mujeres que le tienen miedo a la soledad porque no se aman ni se valoran lo suficiente a sí mismas como para no necesitar compañía masculina y la protección de un hombre.

A los seres humanos se nos lastima desde la infancia. Todos hemos padecido la presión, con su sentido de la recompensa y el castigo. Se nos dice algo que nos causa enojo y nos lastima. Se nos hiere desde la infancia y por el resto de nuestra existencia cargamos con esa herida, temerosos de que se nos vuelva a lastimar o tratando de que no se nos lastime, viviendo una forma de resistencia. Nos damos cuenta, pues, de estas heridas y que por ellas creamos una barrera alrededor de nosotros, la barrera del miedo.

Pero nada, inclusive el pasado más doloroso, justifica que el miedo reine en nuestras mentes, porque el miedo es opuesto a la fe. Los 2 no pueden coexistir en nuestra mente y espíritu. El miedo nos paraliza, nos inhabilita para ser quienes el Señor nos llama a ser: sus discípulas, sus fieles seguidoras, sus hijas. El miedo y la inseguridad generan celos y los 3 combinados destruyen nuestra alma.

AGOSTO 23

CELOS ENFERMIZOS

Existe consenso en la Psicología moderna en calificar los celos como "un estado emotivo ansioso que padece una persona y que se caracteriza por el miedo ante la posibilidad de perder lo que se posee, sea amor, poder, imagen profesional o social". La persona que sufre de celotipia tiene un perfil psicológico, cuyas características son baja autoestima e inseguridad; altas necesidades de estimación y aprobación externas; demanda de ser amado o amada, con dosis de egoísmo y desconfianza.

Los celos están denominados como sentimientos y pensamientos bajos, dañinos y destructivos, al igual que la ira, la rabia y el resentimiento. Afectan no sólo a la persona que los siente, sino también a quien está alrededor del afectado; en tercer lugar dañan la atmósfera del hogar. Los celos pueden llegar a afectar al cuerpo, generando una serie de desequilibrios como gastritis, colon irritable y otros daños para quien los siente. En el caso de padecer de celos enfermizos, la persona celosa puede llegar a extremos máximos, como la muerte. Entre los latinos una de las causas más comunes de asesinatos son los celos despechados.

AGOSTO 24

METODO PRACTICO PARA LUCHAR
CONTRA LOS CELOS(I)

Este método consta de 7 pasos:

Paso 1: Cada vez que tengas un pensamiento que te provoque celos, escríbelo y clasifica cuán fuerte es en una escala del 1 al 10. Por ejemplo: Mi esposo está teniendo un affair con una muchacha del trabajo: Nueve (estoy segura que es verdad).

Paso 2: Debajo de la oración, enumera todas las razones por las que crees que es verdad, sin importar cuán tonto pueda sonar. Por ejemplo: "Está trabajando hasta tarde muy seguido". "Usa sus pantalones de la suerte para ir a trabajar".

Paso 3: Espera dos minutos y quédate un poco más de tiempo en el sentimiento que te molesta y enoja. Permanece en ese estado de rabia, de manera que cada pensamiento sospechoso emerja para escribirlo.

Paso 4: Espera otros dos minutos más, pero ahora intenta liberarte de la rabia y cálmate. Respira profundo. Ora. Pídele perdón a Dios por tus pensamientos y ruega por Su ayuda para desterrarlos.

Ya más serena, oblígate a cuestionar cada punto con una explicación lógica. Escribe esas explicaciones: "Está trabajando hasta tarde porque desea que lo promuevan. Usó sus pantalones de la suerte porque tenía una presentación importante."

AGOSTO 25

METODO PRACTICO PARA LUCHAR
CONTRA LOS CELOS(II)

Sigamos estudiando los pasos concretos para superar esos celos enfermizos que destruyen relaciones.

Paso 5: Lee lo que has escrito, centrándote en las explicaciones lógicas y re-evalúa ahora cuán fuerte es la idea que inicialmente considerabas verdadera. Acepta que hay mas posibilidades de que las explicaciones lógicas sean verdaderas.

Paso 6: No hables con tu pareja hasta que hayas reducido tu grado inicial (nueve) al menos a un punto. No te alarmes si al minuto que sales de donde has estado ocultándote, todo te inunda nuevamente y tu grado vuelve a subir a nueve. Sólo felicítate por recuperar algo de control cuando, normalmente y en otras ocasiones, hubieras estallado sin pensar.

Paso 7: Si aún te sientes fuera de control, repite el ejercicio o retírate. Retrocede y vuelve a los siete pasos una vez más. Inténtalo una y otra vez .

Repite este ejercicio. Después de un mes, habrás notado una pequeña mejora. No te des por vencida. Escribe tus emociones hasta que puedas realizar el ejercicio mentalmente, sin necesidad de un lapicero y un papel. Una vez que has entrenado a tu mente para combatir pensamientos tóxicos con lógica, el proceso comenzará a funcionar automáticamente.

AGOSTO 26

VIAS ESPIRITUALES DE SOLUCION PARA LA INSEGURIDAD FEMENINA (I)

Para disminuir tu carácter posesivo debes aumentar tu autoestima (cosa que reconoces como problema y éste es el primer gran paso) **y decirte a ti misma que el verdadero amor no sujeta o somete al otro sino que lo deja "en libertad de ser".** Mírate con ojos de compasión, perdona tus errores y acéptate tal como eres. Mira todo lo de bello, bueno y digno que hay en ti. Repite varias veces al día que eres una mujer que vale mucho y que merece ser amada.

Pero comprende que para ser amada de verdad primero tienes que amar tú...Entonces comienza a dar sin esperar recibir nada a cambio... ¡y serás recompensada con creces!... **Crea una nueva identidad en Cristo confiando en El.**

Tu esposo (o novio) te va a fallar. Cristo es el único que nunca te falla. No quieras controlar a tu hombre. DEJALO SER. El tendrá que darle cuentas a Dios por sus actos. Lo que él piense, inclusive sus fantasías sexuales o sus amores platónicos con otras mujeres, son entre él y Dios. Mientras NO tengas pruebas de su infidelidad, lo peor que puedes hacer es TEMER que te es infiel porque inconscientemente lo estás conduciendo a ello. Y a esto le llamamos en Psicología: PROFECIA AUTO CUMPLIDA.

AGOSTO 27

VIAS ESPIRITUALES DE SOLUCION PARA LA INSEGURIDAD (II)

Muchas mujeres les echan la culpa a sus esposos por sus problemas de miedos, celos e inseguridades. Es cierto que hay maridos más coquetos que otros y que, sin querer, hacen sufrir a sus mujeres por su carácter y la forma en que se relacionan con otras mujeres. Pero él no va a cambiar porque tú quieras y menos menos si lo obligas a la fuerza.

Ora por tu esposo, Dios puede cambiarlo, no tú.

Los celos, los miedos y las inseguridades se basan en PENSAMIENTOS TOXICOS que moldean una forma de pensar negativa y destructiva, que destruye nuestra propia vida.

Cada vez que Satanás te ataque con pensamientos destructivos, recuerda estos pasos:

1) Reconoce que tu pensamiento es negativo/

2) Detenlo, para, deja de pensar en lo que estabas pensando. Dite a tí misma "Stop, Maria, stop...lo que piensas no es bueno ni para tí ni para él..."

3) Clama el nombre de Jesús. El te ayudará.

4) Haz switch. Pasa de un pensamiento tóxico a un pensamiento de luz.Recita en voz alta un versículo bíblico que te ayude a desterrar el pensamiento tóxico y no permitirle que te destruya.

AGOSTO 28

COMPONENTES DE LA SATISFACCION SEXUAL EN EL MATRIMONIO

En anteriores reflexiones he precisado la importancia de la satisfacción sexual en el matrimonio. El sexo fue creado por Dios para el lecho conyugal y la pareja de esposos cuenta con aprobación divina para disfrutar de intimidad plena, complaciéndose el uno al otro. Uno de los problemas más comunes que enfrentan la mayor parte de casados en la cama es la falta de sincronización en la frecuencia con la que desean hacer el amor.

Numerosos estudios coinciden en que los hombres siempre están disconformes con la asiduidad de las relaciones sexuales con su pareja, mientras que para ellas suele ser mucho. Es muy complejo, y hasta imposible definir qué significa normalidad, ya que depende de las costumbres, civilización y cultura. En el caso del sexo no existen los porcentajes ni los números precisos. Se considera normal lo que satisfaga a la pareja. A ambos, no a uno de ellos. Si hacer el amor una vez a la semana mantiene el vínculo intacto, esto es normal, si se mantienen relaciones diariamente, eso también será lo normal si los satisface a ambos.

Dado que el mayor inconveniente es que hombres y mujeres suelen discrepar en cuanto a la cantidad de encuentros se refiere, lo importante es llegar a un acuerdo a partir de una negociación. Muchas veces no es fácil que ambos coincidan en el deseo sexual debido al estrés laboral, las ocupaciones o los problemas sexuales disfuncionales pero lo importante es poder hablarlo y que se llegue a un acuerdo antes de que se convierta en un problema.

Es tan "errado" exigir sexo, como ceder siempre para complacer a la pareja . Hay que llegar al punto medio. Lo que vale en estos casos es preguntarse si existe deseo y de qué manera llevarlo a cabo en el momento en que ambos estén predispuestos a ello. Como bien saben los caballeros cuando de sus esposas se trata, el buen sexo comienza en el cerebro. De allí que ellas necesiten mucho más para encenderse y disfrutar del encuentro sexual.

Negociar implica llegar a un acuerdo y respetarlo. No tiene nada de malo fijar días y horas para hacer el amor. Para muchos esposos esperar por el encuentro espontáneo equivale a no tener sexo. La planificación es entonces justa y necesaria.

AGOSTO 29

20 DETALLES DE LA PAREJA EXITOSA

Varios besos al día, una cita romántica por lo menos una vez al mes y una escapada de fin de semana o vacaciones, solos, por lo menos una vez al año, contribuyen a tener una relación exitosa. Otros factores cruciales son admitir cuando uno se equivoca y pedir disculpas, compartir las tareas domésticas y hacer el amor dos veces por semana como mínimo.

Los 20 factores seleccionados fueron resultado de una encuesta realizada entre 2,000 adultos. Curiosamente, los entrevistados no mencionaron tener hijos como un ingrediente para la fórmula exitosa. La lista de los 20 factores fue confeccionada teniendo en cuenta lo que ayuda a las parejas a mantenerse unidas y a reforzar el amor que sienten el uno por el otro.

Compartir hobbies, considerar a tu pareja tu mejor amigo(a) y decirse "Te amo" por lo menos una vez al día, de preferencia antes de dormir, son otros 3 elementos que favorecen una mayor satisfacción en la relación amorosa.

Las parejas más felices reconocieron que "conversar" era la actividad principal que les permitía permanecer enamorados, además de abrazarse y besarse, y no sólo al hacer el amor. Qué tienes que comenzar a hacer YA para resucitar o mejorar tu relación? Mañana te daré la lista completa.

AGOSTO 30

MI RANKING DE 20 ACCIONES QUE CONTRIBUYEN AL EXITO EN EL AMOR

El orden no indica cuál es más importante. Pueden haber muchas cosas que hayan quedado fuera de esta lista pero....para muestra un botón!...Cada uno ponga un signo de visto bueno al lado de las que ya está poniendo en práctica....luego compara la lista con tu media naranja y decidan mejorar, practicando las que hasta ahora no habían tomado en cuenta....

1. Admite que te equivocaste y pide disculpas después de una pelea

2. Dile a tu pareja "Te amo" antes de cerrar los ojos por la noche

3. Compartan las tareas domésticas equitativamente

4. Tengan citas románticas con regularidad

5. Usa los buenos modales con tu pareja más que con cualquier otra persona. Dile "por favor" y "gracias" siempre.

6. Hagan el amor por lo menos dos veces por semana

7. Hagan cosas juntos fuera de la casa, como salir de compras o visitar a la familia.

8. Bésense apasionadamente en la puerta al ir y volver del trabajo.

9. Cuando el otro esté de mal humor, muérdete la lengua y calla hasta que el mal momento pase.

10. Díganse mutuamente elogios, resaltando todo lo bueno que ven en su otra mitad.

11. Compartan uno o más hobbies (ir al gym o hacer ejercicio juntos puede ser uno de ellos).

12. Tengan amigos comunes.

13. Salgan a tomar contacto con la naturaleza y contemplen el paisaje juntos.

14. Considera a tu pareja tu mejor amigo(a).

15. Haz reír a tu pareja o ríete de las cosas que ella te dice en broma.

16. Designa un momento fijo para darle un abrazo bien dado diariamente hasta que este acto se convierta en un bello ritual.

17. Escápense de vacaciones, solos, por lo menos una vez al año.

18. Usen nombres cariñosos para dirigirse a su pareja: "mi amor, mi vida, mi cielo", etc.

19. Díle a tu pareja regularmente: Qué puedo hacer para hacerte más feliz?...

20. Vayan a la iglesia, oren y busquen su superación espiritual individualmente y como UNO ante Dios.

AGOSTO 31

COMO EL ESTRES AFECTA LA VIDA SEXUAL

Son muchas las parejas que vienen a mi consulta quejándose de que ya no tienen intimidad porque llevan vidas sumamente estresantes.

Una investigación realizada por la Universidad de Zagreb, la Universidad de Olso y la Sociedad Portuguesa de Sexología Clínica elimina el mito de que el hombre siempre está listo para una relación sexual.

De acuerdo con este estudio recientemente realizado con más de cinco mil 200 varones heterosexuales, un 15% de los encuestados reconoció que el cansancio y el estrés son los factores más asociados a la falta de deseo, lo que derivó también en problemas de eyaculación precoz, así como dificultades para mantener la erección. Fueron varones entre 30 y 39 años los que reconocieron padecer una mayor disminución del deseo sexual, dado que en ese periodo de la vida tienen muchas más responsabilidades.El segundo grupo más afectado es el de los hombres entre los 40 y 49 años.

En resumen, el cansancio y la carrera por el ascenso perjudican la intimidad en el matrimonio y por ende la vida conyugal en general. La pregunta que salta a la vista es: Qué es más importante....el dinero y la carrera profesional o la felicidad conyugal?

SEPTIEMBRE 1

5 SEÑALES QUE INDICAN QUE TU RELACION TIENE FECHA DE EXPIRACION! (I)

Cuando todas las luces amarillas que señalo más abajo aparecen juntas, la pareja puede estar presenciando el principio del fin sino hace nada por prevenir la separación o divorcio. Lo conveniente es tomar cartas en el asunto cuando dos o tres de estas señales alertan sobre la negasta forma en que lo negativo en la relación está sepultando lo positivo. Pero no te desesperes si reconoces que estos 5 factores ya están presentes en tu relación. Nunca es demasiado tarde! Si ya tienes los 5 elementos es hora de que un experto les indique qué hacer para evitar el divorcio.

Hoy veremos los dos primeros:

1. Tu vida sexual brilla por su ausencia

Como siempre lo repito cuando me presento en los medios masivos, el 50% de la felicidad conyugal está basada en la satisfacción sexual (dependiendo de la edad de los esposos: a mayor edad el porcentaje se reduce).

2. Casi no comparten tiempo de calidad juntos

Hay mil y un excusas pero lo cierto es que casi ya ni se ven las caras y cuando están en la cama se dan la espalda. Por otro lado, si prefieres la compañía de un familiar o una amistad, es tiempo de darse cuenta de que la relación anda mal, muy mal.

SEPTIEMBRE 2

5 SEÑALES QUE INDICAN QUE TU RELACION TIENE FECHA DE EXPIRACION! (II)

Veamos ahora las siguientes 3 señales:

3. Se comunican mal o no se comunican

Una comunicación muerta es muy difícil de resucitar. Si cuando salen a cenar cada quien mira a su plato, a su celular y a los vecinos....la relación peligra altamente: sin comunicación no hay conexión emocional!

4. Pelean por todo, inclusive por motivos insignificantes

Para ustedes cualquier motivo es más que suficiente para empezar una gresca. Lo que antes te parecía divertido en tu pareja ahora te molesta e incomoda. Ya no le aguantas lo que antes te hacía reír. Ahora discuten hasta por tonterías. Y de esta manera lo único que consiguen es alejarse más el uno del otro.

5. Ya no se prodigan afecto durante el día

Los gestos amorosos, las caricias, los besos y abrazos son recuerdos del pasado. Ya no son afectuosos, ya no se dicen palabras cariñosas. A veces recuerdan decirse "Te amo" pero lo hacen de manera mecánica, fría y distante....o tal vez ya no se dicen "Te amo" desde hace mucho.... y están minando las bases de su relación!

Si ustedes no están casados todavía, tal vez sea momento de reconocer que la ruptura de un noviazgo es menos dolorasa que el mejor de los divorcios.

SEPTIEMBRE 3

UN HOMBRE DE DIOS

La mayor parte de hombres cristianos casados desean ser el sacerdote de su hogar, el líder espiritual de su esposa y de sus hijos pero no saben cómo. Algunos se desesperan y hasta tiran la toalla en el intento. Espero que esta reflexión pueda ayudarlos a meditar sobre lo que realmente importa....en esta vida y....para la próxima.

Un hombre de Dios

Un hombre de Dios no tiene un corazón de piedra
sino de pan para compartir con otros…
No es un túnel oscuro de emociones,
sino un río de aguas cristalinas de bondad y compasión…
No es una torre de acero,
sino un árbol flexible en la tormenta…
No es un gobernante duro y dictatorial,
sino un siervo que procura el bienestar de otros…
No es un frío y rígido poste que indica el camino,
sino un guía que lidera mediante el ejemplo…
No es un receptor indiferente y distante de los mensajes de otros, sino un comunicador que escucha y habla con el corazón…
No es un individuo auto-suficiente que quiere ir por la vida solo, sino un sarmiento de la vid que depende completamente de Dios.

SEPTIEMBRE 4

ACASO DIOS NO RESPONDE TUS ORACIONES?

Tal vez puedas encontrar respuesta a la pregunta obvia de por qué tus oraciones no están siendo respondidas en el muy conocido pero poco entendido versículo bíblico de 1 de Pedro 3:7. "7 De igual manera, ustedes esposos, sean comprensivos en su vida conyugal, tratando cada uno a su esposa con respeto, como VASO MAS FRAGIL, -ya que como mujer es más delicada-, y como coheredera del don de la vida. Así nada estorbará tus oraciones."

La mayor parte de caballeros entienden muy bien la primera parte del mandamiento del apóstol Pedro, pero muy pocos se detienen a analizar la segunda parte de tan importante versículo. Atención: La primera parte condiciona la segunda. Es decir, si la primera no se lleva a cabo, la segunda no funciona tampoco!...Cuántos hombres podrían ponerse ahora mismo la mano en el pecho y reconocer que quizs sus oraciones no obtienen respuesta PORQUE NO ESTAN TRATANDO A SU ESPOSA COMO VASO MAS FRAGIL?

Qué significa tratarla de esa manera? Supone utilizar la consideración, la delicadeza, la ternura, la comprensión, la paciencia y la amabilidad al dirigirse a ella...Expresando respeto tanto en las palabras que se dicen como en la forma en la que se expresan....Y el tono entra aquí a tallar de manera relevante! Si la oración es un requisito básico para una conexión espiritual con Dios y si Dios no presta atención a las oraciones del marido que MAL TRATA A SU ESPOSA...No debieran los hombres DARLE PRIORIDAD A LA FORMA EN QUE TRATAN A LA MUJER QUE DIOS LE DIO POR COMPAÑERA????....

DIOS VE AL HOMBRE CASADO A TRAVES DE SU ESPOSA. LO VE COMO UNIDAD CON SU ESPOSA. SI LA UNIDAD ESTA ROTA, DIOS NO VE NI OYE A NINGUNO DE LOS DOS... La enseñanza cristiana les dijo a los hombres durante décadas que para mejorar su vida matrimonial debían acrecentar su vida de oración como pareja....Pero es al revés....si el hombre, el sacerdote del hogar, el líder espiritual de su esposa, no mejora su matrimonio....no podrá mejorar su vida de oración ni la de su esposa como coheredera de la gracia con él.

El apóstol Pedro -quien estuvo casado- nos revela que la oración no es la herramienta que refinará nuestra vida conyugal....sino que NUESTRA VIDA CONYUGAL ES EL INSTRUMENTO QUE REFINA NUESTRA VIDA DE ORACION!

SEPTIEMBRE 5

EL ADULTERIO DESTRUIRA TU VIDA

No me interesa dorar la píldora para ganar aplausos. Yo llamo las cosas por su nombre. La infidelidad es un pecado condenado por Dios en los 10 Mandamientos, un pecado contra la santidad del hogar al que, lamentablemente, casi toda persona está expuesta.

El sexo prohibido es un pecado que tiene consecuencias devastadoras para la persona involucrada, su familia, el o la amante y su familia respectiva. Mucha gente se verá perjudicada. El adulterio hace pedazos la confianza, la intimidad y la autoestima. Destruye a los hijos, arruina carreras y deja una estela de dolor y depresión a su paso. Este legado potencial de dolor emocional para los hijos debería ser suficiente para detenerse y calcular el costo antes de que sea demasiado tarde.

En la Biblia, en el libro de Hebreos leemos: "Honroso sea en todos el matrimonio y el lecho sin mancilla; pero a los fornicarios y a los adúlteros los juzgará Dios." (Hebreos 13:4) El adulterio figura entre los pecados que impiden que una persona herede el reino de Dios, como bien lo dice el apóstol Pablo:

"¿No sabéis que los injustos no heredarán el reino de Dios? No os engañéis: ni los fornicarios, ni los idólatras, ni los adúlteros, ni los afeminados, ni los homosexuales, ni los ladrones, ni los avaros, ni los borrachos, ni los maldicientes, ni los estafadores, heredarán el reino de Dios." (1 Corintios 6:9-10)

También quisiera que consideren otras de las consecuencias del adulterio:

Emocionales: sentimientos de culpa, temor, ansiedad, pérdida de la auto-estima, pérdida del sentido de dignidad, depresión, etc.

Físicas: Embarazos y nacimientos ilegítimos, enfermedades venéreas y abortos.

Sociales: Pérdida del hogar, la familia, el respeto de los hijos. Y peor todavía, es altamente probable que el ejemplo del adúltero sea seguido por sus hijos, los cuales continuarán el camino de destrucción y pérdida.

Espirituales: Pérdida de la relación con Dios en esta vida y en la del más allá.

Puede una o mas noches de lujuria valer más que la salvación de nuestras almas? Puede una o mas noches de lujuria valer más que la paz, bienestar y felicidad de nuestra familia?...

SEPTIEMBRE 6

SE LE PUEDE PERDONAR QUE TENGA UN HIJO CON OTRA?

Hoy me tocó un caso que se repite tanto últimamente en mi consulta que pareciera que me estoy especializando en esto: Adulterio. Los dos tienen un total de 10 hijos en conjunto (6 de parte del marido y 4 de la mujer). Solo tienen dos hijos fruto de su matrimonio. Ella tiene dos de su anterior esposo y él 3 de su primera esposa y una niña de un año y medio fruto de su infidelidad. La inmoralidad sexual fue consecuencia de un involucramiento sentimental por Internet con una mujer de su tierra natal a quien él no confesó que era casado hasta luego de haber tenido algunos encuentros sexuales con ella. La iba a visitar dos o tres veces al año con el pretexto de visitar a sus padres residentes en la misma ciudad y de realizar trámites. La esposa no se imaginó, por un buen tiempo, que él le era infiel. Lo comenzó a descubrir a los dos años. El mantenía la relación a distancia oculta lo mejor posible.

Su esposa le descubrió unas fotos de esa mujer en el auto y un mensaje de texto en el celular que decía:

"Estoy vomitando, por favor llámame". Ese fue el principio del fin. Cuando el esposo confesó la historia completa, la madre de sus hijos decidió dejarlo. Se fue a un shelter con sus pequeños de 4 y 5 años de edad. Pasaron los meses y él le pidió perdón tantas veces y de manera tan pero tan sincera que ella decidió darle a la relación una última oportunidad. El ya era cristiano cuando cometió la infidelidad pero reconoce que se había alejado de Dios. Ahora está mucho más cerca de El. Vinieron conmigo porque ella no logra recuperar la confianza en su marido y tienen una serie de escollos con los que lidiar que hacen las cosas muy pero muy difíciles.

El esposo tiene que pasar una mensualidad a la amante con la que tiene la niña de año y medio y la llama una vez al mes para hablar del dinero y de la bebé. Esto le molesta mucho a la esposa porque le parece que él sigue teniendo algún tipo de relación sentimental con ella aunque él jure lo contrario.

La mayor parte de mujeres son celosas por naturaleza porque desean proteger su relación, porque para ellas el valor "seguridad" es una de las necesidades emocionales más importantes. Imaginémonos cuán celosas quedarán después de constatar que el esposo les fue infiel a pesar de desear perdonarlo y olvidar?

SEPTIEMBRE 7

PRIMEROS PASOS PARA RESTAURAR LA CONFIANZA

Basándonos en el caso que comencé a exponer ayer, mi primera recomendación fue que él dejara de llamarla y que hiciera una gestión ante su banco para un depósito automático en la cuenta de ella en su ciudad para que el dinero llegara en una fecha fija cada mes y así no tuviera que mantener ningún tipo de comunicación con la otra hasta que su mujer se sintiera en mejor condición emocional para permitírselo.

La"rendición de cuentas" requiere de medidas radicales : A mayor gravedad del delito, las soluciones son más drásticas. La esposa mencionó que él tiene de "amiga" en el Facebook a la EX amante con objeto de ver las fotos de la hijita. La esposa cree que en realidad él contempla las fotos de esa otra mujer. Mi recomendación fue que él eliminara a esa mujer de su Facebook porque la madre de sus hijos tenía razón para sentirse incómoda ante esa "amistad".

"No basta con serlo sino que también hay que parecerlo", dice el adagio. Si el adúltero dice que va a cambiar y quiere restaurar la relación con su cónyuge, no debe mantener ningún contacto, de ningún tipo, con quien fue cómplice de su infidelidad.

Es posible la restauración, sí. Pero se requerirá mucho trabajo, esfuerzo y sacrificio de parte de ambos.

SEPTIEMBRE 8

7 CONSEJOS PARA VOLVER A EMPEZAR (I)

Toda pareja pasa por crisis y conflictos graves que producen una ruptura en la relación, aunque sigan viviendo bajo el mismo techo. Algunos hasta se toman un *break* y se van de la casa por unos días o unas semanas a respirar, meditar y decidir qué hacer a continuación. La mayoría se va a casa de los padres o familiares cercanos. La huída parece ser la única salida. Al principio el ofuscamiento no hace más que mostrar el lado negativo del ser amado.

Gracias a Dios, luego de un tiempo de separación, las cosas malas comienzan a ser erradicadas de la memoria y las buenas empiezan a aparecer ocupando la mente con recuerdos que producen nostalgia, melancolía y deseos de volver con esa persona... Lo bueno es ahora más notorio que lo malo...Una noche o mañana te das cuenta de cuánto lo(a) extrañas y te preguntas qué hacer... Y te arrepientes de haber salido de la casa!...Amas a esa persona y estás dispuesta a perdornarla...Pero cómo volver a los buenos tiempos, aquéllos en que ambos eran felices?

Estas son mis recomendaciones:

1) Pide perdón con arrepentimiento sincero.

La comunicación oral suele ser más complicada que la escrita para la primera aproximación.

Escríbele un email al que añades un toque romántico adjuntando un video o audio con la canción que los identifica como pareja o un poema que rerpresente todo lo que vivieron juntos. En ese email lo primero que harás es pedirle perdón por los errores cometidos en la relación, sin justificarte. Evita emplear la palabra "pero". Eso es lo bueno de escribir...te permite revisar el texto hasta que estés completamente conforme con lo expresado. No le menciones para nada los errores que él o ella cometió. Se trata de que asumas tu parte de responsabilidad en la ruptura...no que le achaques al otro todos sus defectos en la cara....Por otro lado, aunque no lleves sobre tus hombros la mayor parte de la culpa, la humildad y el arrepentimiento son las llaves que abren cualquier corazón de piedra.

2) Dile que es hora de OLVIDAR COMPLETAMENTE EL PASADO, SEPULTARLO Y NO RECORDARLO MAS.

Es la única manera de reconstruir la intimidad perdida. Ninguno de los dos deberá guardar resentimientos o rencor hacia el otro porque, de ser así, la relación no funcionará.

Mañana continuaremos con los siguientes pasos.

SEPTIEMBRE 9

7 CONSEJOS PARA VOLVER A EMPEZAR (II)

Continuando con el tema que iniciamos ayer, éstos son los siguientes pasos en el camino de la renovación del amor de pareja:

3) Ofrécele que estás comprometido(a) a cambiar como un proceso de superación personal...y que necesitas de su ayuda para lograrlo....que el cambio de la dinámica de la relación es algo que necesitan hacer juntos, COMO EQUIPO....

4) Sugiere hacer un acuerdo de completa honestidad, sinceridad, lealtad y compromiso del uno hacia el otro de allí en adelante.

Que ninguno se coloque un escudo protector por temor a ser herido por el otro.

5) Promete concentrarte en todo lo bueno, bello, digno, positivo y precioso que la relación tuvo y podrá volver a tener, echándole tierra a los errores cometidos por ambos lados.

No se trata de "arreglar" lo que estuvo mal. Se trata de construir una relación armoniosa, duradera y feliz juntos, de ahora en adelante.

6) Pídele que te dé otra oportunidad de demostrarle cuánto lo(a) amas y extrañas.

7) Concéntrate en tu cambio personal: Predica con el ejemplo. El cambio personal, de por lo menos uno de los dos, generará cambios positivos en la relación.

SEPTIEMBRE 10

4 TIPS PARA SUPERAR LA INCOMPATIBILIDAD SEXUAL

Existe en una pareja compatibilidad sexual, cuando en la cama estas dos personas consiguen entenderse, adaptarse al otro y complacerse mutuamente.

1) Los problemas de raíz: FRECUENCIA

Una situación común es que al principio de la relación exista sexo frecuente y a medida que avanza el mismo vaya disminuyendo hasta representar un problema para uno o ambos miembros de la pareja. Esto puede ocurrir por muchos factores, la cantidad no necesariamente tiene que ver con la compatibilidad, y la clave para determinar qué pasa es ahondar en la raíz del problema y definir qué puede estar causando la incompatibilidad o perdida de interés, de lo contrario solucionarlo será imposible.

2) Cómo el hombre la trata durante el dia

Si la pareja vive peleando, lo mas probable es que su vida sexual sea mala o deficiente. La mujer no va a poder hacerle el amor a su marido si no se siente conectacda con él emocionalmente.

Si la pareja se lleva bien fuera de la cama, si no pelean como perros y gatos, si se comunican bien, se respetan y buscan la forma de expresarse afecto mutuo durante el día, lo más probable es que los niveles de satisfacción sexual sean altos.

3) Hablar, compartir, no callar, no poner al otro a adivinar

A veces la disminución o pérdida del interés sexual se debe a factores que pueden corregirse en pareja, por lo que es importante hablar acerca de lo que nos gusta, de nuestra manera de ver el sexo y de lo que nos gustaría recibir en cada encuentro. La compatibilidad también se desarrolla a medida que la relación avanza y ambos se van adaptando el uno al otro.

4) Tomarlo en serio y buscar ayuda

Si tu y tu pareja no se entienden más, todo es una discusión y llegar a un acuerdo parecer imposible, es normal que busquen la ayuda de un terapeuta, pues necesitan que alguien los ayude y oriente con el fin de entenderse mejor. Lo mismo ocurre en el sexo, la compatibilidad sexual es un estado de armonía en la cama, donde ambos se entienden y conectan y es tan importante como la relación fuera de ella, por eso si presentan problemas y no saben como solucionarlos lo mejor es acudir a un especialista.

SEPTIEMBRE 11

COMO LIDIAR CON LA EX DE TU ESPOSO

Cuando una mujer se casa con un hombre divorciado se involucra también en otras relaciones, como las que mantiene con sus hijos y su ex esposa. Las cosas pueden ponerse color de hormiga si sabe que la EX le guarda rencor, al igual que si se niega a aceptar que la relación romántica entre ella y su EX marido ha terminado.

1)Si la encuentran en un lugar público y tienen que hablarle, no compitas con ella copiando todo lo que ella hace por ganarse la atención de tu honbre. No le demuestres inseguridad ni incomodidad. No hay nada más regocijante para un ex que observar como la actual novia del que alguna vez fue su hombre, se incomoda ante su presencia, así que ten cuidado con tu actitud: Ante todo seguridad, tranquilidad y mucha confianza.

2) DEMUESTRA QUE ERES UNA DAMA: Sonríele y trátala con cortesía. Lleva la fiesta en paz: ella es parte de su pasado pero como madre de sus hijos continuará en su presente.

3) PARTICIPA DE LAS ACTIVIDADES QUE ELLA ORGANICE Y A LA QUE TU MARIDO SEA INVITADO: Si ella tiene hijos con tu actual pareja, ve con tu marido a todos los cumpleaños infantiles u otras reuniones familiares en casa de la EX a las que él sea invitado. Demuestra que él te considera parte importante de su vida y que no te va a dejar arrinconada por salir corriendo a ver a sus hijos.

4) NO TE CONVIERTAS EN SU ENEMIGA: No te rebajes a encararla o pelear con ella. Pídele a tu esposo que él haga respetar tu lugar en su vida: tú eres su prioridad como su esposa actual y la otra tiene que entenderlo y aceptarlo.

5) TOMA MEDIDAS EXTREMAS SOLO DE SER NECESARIO: Si tu hombre NO quiere cortar la comunicación con la EX (y no tienen hijos comunes que la justifique) explícale por qué no te agrada que lo haga, pídele que deje de hacerlo y si su respuesta es NO entonces ponlo entre la espada y la pared: o ella o yo. No queda más remedio!

SEPTIEMBRE 12

ORIGENES DE LA VIOLENCIA DOMESTICA

No es la voluntad de Dios que ninguna persona esté en una relación verbalmente abusiva. Esas palabras airadas y críticas destruirán su confianza y su autoestima. Ser sumisa en una relación de matrimonio (Efesios 5:22) no significa dejarse golpear física o verbalmente por su pareja. La Biblia no enseña que deban permitir ser abusadas verbalmente o físicamente. ¿De dónde surge la violencia doméstica?:
1) Del deseo de tener y ejercer poder sobre el otro
.2) Del egoísmo innato en el ser humano
Es el egoísmo el que nos lleva a pisotear y maltratar a nuestro cónyuge y por extensión a nuestros hijos. El egoísmo es el que produce celos, desconfianza y hasta malos pensamientos acerca del cónyuge. Por eso los crímenes pasionales. Como toda área de la acción humana, comienza en la mente y el corazón.

Un elemento clave en este área del abuso verbal indudablemente será confrontar al abusador. Yo le recomendaría que busque ayuda de un pastor o un consejero. Pero también le recomendaría que consiga hombres y mujeres de Dios que puedan confrontar afectuosamente a la persona que la está abusando. Su objetivo debería ser penetrar a través de su negación y restaurarlo amablemente con un espíritu de mansedumbre (Gálatas 6:1).

SEPTIEMBRE 13

5 HABITOS PARA UNA VIDA SEXUAL SALUDABLE

Así como lavarse los dientes, ducharse, hacer las cuatro comidas, tratar de descansar 8 horas diarias, existen una serie de pautas cotidianas que ayudan a promover una vida sexual plena y saludable en el matrimonio.

A continuación, algunos hábitos que resultan esenciales:

1. Estar informados.- La información apropiada disminuye la incertidumbre y, por ende, nos aleja de la ansiedad. Hay que informarse para prevenir y disfrutar sin riesgos ni temores. Es importante saber sobre anticonceptivos y otras medidas preventivas.

2. Conocer y aceptar nuestro cuerpo.- Esto promueve la confianza y eleva la autoestima.

3. Hacer deportes o ejercicios aeróbicos.- La actividad física no sólo fomenta la salud y predispone el cuerpo a un mayor rendimiento, flexibilidad y fortaleza; sino que, además, es un estimulante seguro y natural.

4. Dar prioridad a la higiene.- No está de más decir que la limpieza frecuente de los genitales es clave. Los cuidados deben extremarse en los momentos previos y apenas terminado el acto.

5. Ante la menor duda, consultar.- Sobran los profesionales especializados para la consulta. Siempre hay respuesta y solución para cada problema. Si necesita ayuda, búsquela!

SEPTIEMBRE 14

QUE NO DECIRLE A TU HOMBRE SI DE VERDAD LO AMAS (I)

Todas las mujeres enamoradas quisieran tener una excelente comunicación con sus novios o esposos que posibilitara una relación estable, armoniosa y duradera. Pero son pocas las que caen en cuenta de que tan importante como saber qué decir es saber qué NO decir.

La primera consideración que espero retengas es que a tu hombre le aturde el exceso de palabras. Las mujeres hablamos hasta por los codos. Es algo tan natural en la mayor parte de nosotras como nuestro sentimentalismo y nuestras emociones "a flor de piel". Pero tu hombre no habla tu lenguaje. Y cuando escucha tu torrente de oraciones, esa verborrea que lo deja "*knockout*", lo que dices le entra por un oído y le sale por el otro, porque se bloquea ante lo que para él es tu vana palabrería y sencillamente no te presta atención.

Espero que los siguientes tips de sean de utilidad para NO decir lo que no será de ningún beneficio para tu relación:

1) No abras la conversación diciendo "Tenemos que hablar".

Esto lo pone a la defensiva. Le haces recordar a su mamá o a su jefa. Parece que de antemano le quisieras imponer tus ideas. Le sonará mejor escuchar : "Mi amor, me gustaría compartir algo contigo si éste es un momento oportuno..." Esta frase es respetuosa. Si el momento no fuera propicio, le pides te diga para cuándo le parecería posible. El respeto abre las puertas al diálogo constructivo.

2) Evita emplear oraciones en las que aparezcan varios "tú", uno tras otro, sobre todo si el tono es acusador.

Por ejemplo: "Porque tú llegaste tarde quedamos mal con nuestros amigos..." Una frase como ésta es recibida por muchos hombres como un ataque. Resulta bastante obvio que le estás echando la culpa. En vez de iniciar la frase con "tú", emplea la primera persona y expresa respeto de la siguiente manera: "Siento que defraudamos a nuestros amigos al llegar tan tarde a su fiesta...me sentí algo avergonzada por ello..."

Aquí asumes la responsabilidad de tus emociones y no lo culpas de nada.

Mañana continuaremos con otros tres tips para que NO digas lo que puede destruir tu relación.

SEPTIEMBRE 15

QUE NO DECIRLE A TU HOMBRE SI DE VERDAD LO AMAS (II)

Continuando con los 5 tips sobre aquello que no debemos decirle al hombre en nuestras vidas si queremos retenerlo a nuestro lado, veamos los tres últimos:

3) No le corrijas la plana cuando se equivoque o haga algo mal.

A los hombres les molesta inmensamente escuchar de labios de su mujer las palabras: "No, no es así, estás equivocado" o "No, no fue así". Aunque sea verdad, si se lo dices de esa manera, lo humillas. Y le resulta aún más humillante si lo dices delante de otros.

Imaginemos que, en otra ocasión, se ofrece a cocinar en tu lugar para los invitados y se le quema la comida. En vez de molestarte con él y requintar malhumorada: "Qué barbaridad, a hora sí la embarraste!"... emplea palabras amorosas de afirmación de su dignidad como: "Más se perdió en la guerra, mi amor....Cómo podríamos solucionar esto ahora?" con un tono dulce y delicado. Lo más probable es que ante una reacción tan paciente de tu parte se le ocurra encargar comida por teléfono.

4) No le digas cosas que suenen a órdenes, como palabras del tipo imperativo: "Apúrate, muévete, haz algo, párate, siéntate, vete!"

Tu marido no es ni tu hijo ni tu sirviente. O lo tratas con respeto o conseguirás lo opuesto a lo que quieres lograr con tus palabras. Pídele lo que necesitas utilizando los mismos esmerados modales que aplicarías al pedirle un favor a tu jefe. Tu esposo es más importante en tu vida que tu jefe de turno y merece ser tratado con mayor consideración aún.

5) Destierra de tu vocabulario los adjetivos despectivos para describirlo. Ni se te ocurra decirle: Eres flojo, eres un borracho, eres un perdedor....o cosas por el estilo. Con esto lo estás denigrando e hiriendo su ego de manera mortal. O abres la boca para elogiarlo y decir cosas POSITIVAS o callas, aunque te duela.

Finalmente te recuerdo que, en materia de conexión verbal con tu hombre, en materia de número de palabras, MENOS será siempre MAS.

SEPTIEMBRE 16

7 ELEMENTOS DE ESTABILIDAD PARA RELACIONES AMOROSAS DURADERAS (I)

Si se trata de medir hasta qué punto tu pareja y tú son compatibles, los invito a evaluarse en base a estos elementos y considerar en qué deben mejorar, si quieren durar!

1) Profundidad y balance de las conversaciones.- Hablan de todo, inclusive de los temas que no son gratos, de manera madura y civilizada? Hay balance en sus conversaciones o uno de ustedes acapara y el otro casi no participa?

2) Intimidad.- No interesa tanto lo que digan los expertos sobre la frecuencia y duración ideal del acto amoroso, lo importante es que ustedes encuentran satisfacción por igual y se sienten sumamente unidos y felices con su vida sexual.

3) Respeto mutuo.- No se levantan la voz ni mucho menos se insultan de manera frecuente. En caso de que se dén pleitos fuertes de vez en cuando, es importante hacer algo para controlar la ira y negociar los conflictos con madurez emocional y respeto.

4) Risa, diversión y relajación.- Las parejas que ríen por todo suelen ser las que se relajan con mayor facilidad, disfrutando inclusive de las cosas simples de la vida.

Mañana continuaremos con los otros 3 factores que contribuirán a prolongar tu relación amorosa.

SEPTIEMBRE 17

7 ELEMENTOS DE ESTABILIDAD PARA RELACIONES AMOROSAS DURADERAS (II)

Evidentemente nadie es igual a otro, pero hay diferencias a las que somos más tolerantes según nuestro grado de compatibilidad con esa persona.

Continuando con los factores constitutivos de las relaciones amorosas que consiguen el éxito a largo plazo, veamos ahora los 3 últimos:

5) Compartir metas y objetivos.- Cuando uno de los dos es muy ambicioso y el otro no lo es, pareciera que algo falla. Lo ideal es que ambos empujen hacia adelante con la misma pasión y el mismo deseo de alcanzar ciertas metas o que por lo menos se apoyen mutuamente para hacer camino al andar.

6) Compartir intereses, actividades y gustos.- Aunque es obvio que marido y mujer son diferentes y que por tanto tendrán gustos e intereses diferentes, es recomendable encontrar por lo menos uno que compartir juntos, al menos una vez por semana: un hobbie, un deporte, asistir al gimnasio o ir a la playa.

7) Compartir valores.- La dimensión espiritual es una de las más importantes y trascendentales para una pareja. Un ateo y una persona religiosa se repelen. Mientras mayor similitud en las creencias y prácticas espirituales, mayores probabilidades de que la relación se construya sobre una roca firme.

SEPTIEMBRE 18

CUANDO NO QUEDA MAS REMEDIO QUE DECIR ADIOS (I)

Ansiedad, desasosiego, angustia, depresión, mente atormentada y torturada: éstas son algunas de las consecuencias de permanecer en una RELACION TOXICA. La mayor parte de la gente que ha vivido o todavía vive en una, sabe lo que se siente y sin embargo, por una u otra razón, se demora en terminar con ella. E inclusive a los que desean salir de ella, les cuesta.

Cuáes son los síntomas que te permiten reconocer que estás en ese tipo de relación destructiva?:

1) La otra persona te hace sentir "menos", usa el ataque frontal, el sarcasmo o la ironía -de manera regular- para desvalorizarte.

2) Te acusa y achaca la culpa de todo lo malo que les sucede como pareja.

3) No sabes qué esperar de sus reacciones: vives caminando sobre un campo minado temiendo que en cualquier momento la bomba explote.

4) La pareja se somete a un alto desgaste emocional en la medida en que desean convencerse de que la relación puede salvarse.

5) La relación nos ha quitado parte de nuestro gozo y paz interior.

Mañana veremos las excusas más frecuentes de aquellos que se quedan en una.

SEPTIEMBRE 19

CUANDO NO QUEDA MAS REMEDIO QUE DECIR ADIOS (II)

Si te encuentras atrapado(a) en una relación tóxica, probablemente te justificas empleando uno o más de los siguientes pretextos (conscientes o inconscientes):

1) Porque eres la víctima de la historia y tu autoestima está tan baja que crees que te mereces el mal trato que recibes,

2) Porque tu autoestima es baja y temes que no encontrarás nadie más que te ame (o por lo menos diga amarte).

3) Porque tienes miedo a quedarte solo(a) y abandonado(a).

4) Porque nos hallamos en medio de una relación de co-dependencia que nos hace creer que "no podremos vivir sin" una persona tan tóxica como ella.

5) Porque te crees el salvador personal de tu ser amado...porque consideras que nadie más puede ayudarlo.

Si tu relación amorosa te ha conducido a vivir en medio del miedo y la inseguridad emocional, NO es amor. Es una relación tóxica y tienes que liberarte de las toxinas que emanan de ella y pudren tu alma.

Es hora de dejar ir a esa persona. Basta de llorar sobre la leche derramada. Es hora de soltar, aflojar, tirar la carga. Es hora de cortar las cadenas, despojarnos del yugo y volver a ser libres.

SEPTIEMBRE 20

BENEFICIOS DE REIR EN PAREJA

Cuando una pareja sabe reír con ganas, si los dos tienen un buen sentido del humor, las probabilidades de tener una relación feliz son considerablemente mayores.

Los principales beneficios de reir en pareja son los siguientes:

- **Reduce el estrés.-** Todos conocemos los efectos negativos del estrés en el organismo. La risa produce los efectos contrarios: fortalece el sistema inmunológico, relaja la musculatura, mejora la circulación sanguínea, reduce la presión arterial y fortalece el corazón. Y estos efectos fisiológicos benéficos contribuyen a tener mejor sexo.

- **Alivia los síntomas de depresión y ansiedad.-** Reír fortalece y estimula los estados de ánimo positivos. La experiencia de reír plenamente en pareja aporta relajación, ternura, confianza, motivación, placer y felicidad... Y estos efectos psicológicos positivos promueven la mejor vida sexual.

- **Mejora la interacción personal con la pareja y nuestra percepción del otro.-** Tener buen humor genera otras emociones positivas y fortalece los lazos amorosos. Cuando reimos con nuestro cónyuge, lo encontramos más sexy. De allí que la risa aumenta las posibilidades de tener una mejor vida sexual ....especialmente si nos reimos entre sábanas!....

SEPTIEMBRE 21

3 PRINCIPIOS DE LA RESTAURACION MATRIMONIAL

Creo en la restauración matrimonial. Creo que es mil veces mejor luchar por salvar un matrimonio que optar por el camino del divorcio. El divorcio es un flagelo. Y no sólo entre los no creyentes sino también en el mundo cristiano.

Con la ayuda de mi querida amiga Rosario Idiaquez a quien se le ocurrió esta idea cuando tenía mis terapias grupales para mujeres (y ella era mi coordinadora), sabemos que solo hay 3 causales justificadas de divorcio, a las que llamaremos las triple "A"s del divorcio justificado: Adulterio, Abuso (físico y/o psicológico) y Abandono del hogar.

Todas las otras razones no justifican llegar al extremo de destruir lo que Dios ha unido y no debería separar el hombre. Qué hacer para restaurar una relación que parece rota?

He aquí 3 Principios o Llaves para la Restauración Matrimonial:

1)*Concientización*.- Entienda que usted no tiene un "Problema Matrimonial." Usted no tiene simplemente una crisis marital, sino también una crisis espiritual.

Esta crisis fue permitida por Dios para conducirle o acercarle más a El. Por lo tanto, para obtener un Matrimonio Restaurado, usted DEBE buscar una relación íntima con el Señor y acudir a El en busca de ayuda antes que a ninguna otra persona.

2) *Responsabilización*.- Entienda que sus errores son tan grandes, si no mayores, que los de su cónyuge. Si usted desea un Matrimonio Restaurado, usted DEBE darle una dura y profunda mirada a sus propios pecados en lugar de mirar sólo los de su cónyuge. Practique la humildad y la mansedumbre.

3) *Negociación basada en perdón*.- Para poder salir de una situación de resentimiento, ambos o al menos uno de los dos, debe asumir una actitud madura y sabia para sentarse a hablar sin buscar culpables, sino solamente para pedir perdón, perdonar y buscar salidas a las crisis.

Pero recuerde que las heridas emocionales no se sanan solo con pedir perdón y perdonar. Esa es la llave, el paso inicial; pero luego es necesario restituirse mutuamente y con paciencia hasta recuperar el gozo y la paz en la relación. No es un proceso fácil, pero con mansedumbre y humildad es posible. NO HAY NADA IMPOSIBLE PARA DIOS!

SEPTIEMBRE 22

DICIENDO LA VERDAD EN AMOR

Aunque nos cueste reconocerlo, la persona más calificada para decirnos la verdad con respecto a nuestra conducta debería ser nuestro cónyuge. Nadie nos conoce mejor. Con nadie tenemos ese nivel de intimidad por el solo hecho de conivivir bajo el mismo techo y compartir la misma cama.

Pero si hay algo que le fastidia a los casados es escuchar la cruda verdad de los labios de su ser amado. Especialmente a los hombres quienes suelen creer que su mujer los ataca o los acusa de algo si les dice la verdad, inclusive, "en amor".

En el proceso de cambio del ser humano, admitir la magnitud de nuestros errores y limitaciones es la parte más difícil. Pero es cierto que no nos será posible cambiar ni mucho menos hacer cambios efectivos sino partimos por reconocer en qué área específica hay que priorizar porque los problemas saltan a la vista.

Es probable que Dios esté utilizando a tu cónyuge para abrir tus ojos a la dolorosa realidad: algo está mal y hay que asumir el reto del cambio como algo perentorio. "El hierro se afila con el hierro", nos recuerda Proverbios 27:17. Si te duele mucho reconocer que lo que te dice tu ser amado es la pura verdad...tal vez te sirva de consuelo saber que Dios emplea tu pena o sufrimiento para podarte, para purificarte y sanarte en el camino de tu crecimiento espiritual.

SEPTIEMBRE 23

A MAYOR DECEPCION, MAYORES PROBABILIDADES DE RUPTURA

Lo he dicho cientos de veces y lo repetiré una más: No existe una pareja que lleve más de un año de conocerse que no haya discutido, que no se haya enojado o peleado, sintiendo un ligero o hasta profundo desencanto con respecto a la relación. Uno o los dos se sienten decepcionados, desilusionados. El castillo de naipes salió volando con el primer viento.

Ahora bien, el principal problema no está basado solamente en el número de conflictos y su intensidad sino también en el nivel de las expectativas con el que se ingresó a la relación. A mayor nivel de expectativas. mayores probabilidades de desengañarse.

A mayor desengaño, mayores probabilidades de romper el lazo que los une. La gente se casa esperando que el otro la haga feliz, cuando el cónyuge no debería cargar sobre su espaldas tamaña responsabilidad.

Reducir las expectativas ayuda a vivir el futuro con menos exigencias inalcanzables. A menores expectativas (o expectativas más razonables) menores probabilidades de decepcionarse. Inclusive antes de casarse los novios deberían ingresar a su nueva vida conyugal sabiendo que el otro les va a fallar. Sí, les va a fallar! Y si lo aceptamos tal y como es, a pesar de sus defectos, sin pretender cambiarlo a la fuerza, entonces y sólo entonces podremos hablar de verdadero amor.

SEPTIEMBRE 24

LA FALTA DE PREPARACION CONDUCE AL FRACASO AMOROSO

No interesa tanto encontrar a una persona a la que amar y por quien ser amada como aprender a CONSTRUIR LA RELACION AMOROSA, -una vez en ella- acrecentando los niveles de confianza mutua, comprensión, paciencia y afecto que sienten el uno por el otro con el objetivo de PERMANECER CASADOS y felices. Tener un buen matrimonio es mucho más importante que cualquier carrera laboral. Todos hacemos méritos diarios para mantener un buen empleo. Pero son pocos los que hacen méritos día a día para mantener a su cónyuge satisfecho y feliz. Muchas parejas dicen haberse casado porque querían compartir con esa persona el resto de sus vidas pero al cabo de 2 años de vivir juntos suele suceder que uno de los dos (o los dos) considera que la causa de su insatisfacción y desdicha es precisamente esa otra persona!

Para evitar caer en el negativismo deberíamos hacer un esfuerzo consciente por continuar priorizando las virtudes de nuestro cónyuge. Las mujeres que declaran palabras positivas sobre sus esposos hacen que ellos se sientan honrados y un esposo respetado suele amar más a su mujer. La mayor parte de los divorcios se gesta a partir de la percepción del lado negativo del otro, la decepción, la desilusión y el desaliento.

Esta percepción errónea puede ser controlada e inclusive puede ser prevenida cuando la razón por la que nos hemos casado y nos mantenemos casados NO es egoísta. Los dos están llamados a construir un matrimonio sobre la roca, basado en su relación individual y de pareja con Dios, en el cual ellos se digan mutuamente: "Nunca te dejaré, nunca te abandonaré" que es lo que Dios también promete a los esposos fieles.

Un matrimonio puede mantenerse feliz a lo largo de los años si LA RAZON POR LA QUE LOS ESPOSOS ESTAN CASADOS ES MAS FUERTE QUE LOS NIVELES DE ESTRES A LOS QUE LA PAREJA SE SOMETE por vivir bajo el mismo techo. Los que perseveran a pesar de los problemas, demuestran que son generosos, que están dispuestos a esforzarse y sacrificarse por una buena causa. El mejor matrimonio del mundo es aquel conformado por dos amantes dispuestos a servirse el uno al otro.

La actitud de servicio que debemos imitar en el matrimonio es la de Jesucristo hacia su iglesia. Por eso es que el apóstol Pablo le dice a los maridos en Efesios 5:25 que deben amar a sus esposas como Cristo amó a su iglesia, sacrificándose por ella, entregando su vida por ella. Cuando los esposos colocan a Jesús en el centro de su relación, la matemática del matrimonio es única: Marido + Mujer + Dios = UNO. Si los esposos son UNO EN CRISTO, las probabilidades de divorcio son mínimas o casi nula. Nada más sólido que un matrimonio Cristocéntrico.

SEPTIEMBRE 25

SEXO EN LA TERCERA EDAD

La necesidad de intimidad en el matrimonio no tiene edad. Los estudios confirman que se puede disfrutar de una vida conyugal activa teniendo 60 o 70 años. Hay mayor conocimiento de las artes amatorias y mayor confianza con la pareja. Si los dos son personas seguras, van a REDUCIR SUS EXPECTATIVAS para gozar del sexo sin falsos temores, de una manera mas relajada y sin tantas distracciones.

Los beneficios del sexo en la tercera edad son múltiples: **alarga la extensión de la vida, mejora la salud física y mental, fortalece la relación amorosa y sirve de refugio para huir de la dura realidad del mundo en que vivimos.**

Mis principales consejos para tener gran sexo en la tercera edad son los siguientes:

1) Aproveche los beneficios que trae consigo la mayor experiencia. Ustedes saben lo que les gusta y no les gusta tanto en materia sexual.

2) Deje de lado las expectativas con respecto a una vida sexual loca o salvaje. No se concentren tanto en la cantidad como en la calidad.

3) Aprecie y ame su cuerpo que envejece. Los cambios que su cuerpo sufre son naturales. Eleve su autoestima reconociendo que si Dios le dio la salud necesaria como para disfrutar del sexo a los 70, ya tiene bastante por lo que dar gracias!

SEPTIEMBRE 26

CUIDADO CON ESAS AMISTADES POR INTERNET

Es muy común que quienes establecen relaciones vía Internet consideren que no son infieles. De hecho, para los varones si no existe contacto físico no hay traición, mientras que para las mujeres sí la hay porque existe una vinculación afectiva. Muchas personas que descubren que sus parejas sostienen este tipo de relaciones se sienten traicionadas, lo que puede detonar la ruptura.

Esta situación puede ser un punto de partida para que las personas evalúen su relación de pareja. Es común que ambas partes se relacionen vía Internet con otras personas y lo oculten y además culpen al otro.

Cuando se entablan estas relaciones es muy fácil idealizar a las personas que están detrás de la pantalla, pues no es lo mismo dedicar unas horas del día a chatear, que estar en una relación de tiempo completo donde se comparte todo, sobre todo la rutina. Por ello, parte de la vivencia virtual puede ser fantasiosa e idealizada, además de que es muy fugaz, de corta duración y suele poner al otro en un pedestal.

La insatisfacción con la relación de pareja NO justifica la infidelidad digital. Siempre hay maneras de solucionar nuestros problemas con nuestra pareja actual. La solución NO pasa por la infidelidad!

SEPTIEMBRE 27

LA IMAGINACION Y LA INFELIDAD CIBERNETICA

La imaginación en la relación cibernética es ilimitada. El que desarrolla este vínculo sexual y/o emocional entra en unas aguas profundas que no entraría con tanta libertad con una persona de carne y hueso.

La imaginación desbocada y una libertad no contemplada antes se fusionan de tal forma que la fantasía generada en una computadora es titánica. No hay ataduras, sólo hay escapismo.

De hecho, contrario a la concepción popular, la conducta desleal en los confines del mundo virtual se manifiesta tanto en hombres como en mujeres. El componente visual también tiene su puesta en escena en los amantes cibernéticos. La tecnología ha hecho que ese adulterio implícito se convierta finalmente en uno físico en quienes practican el llamado ciber sexo, quienes estimulan su apetito sexual con una cámara web o las distintas corrientes de la pornografía.

Estos experimentos generan adrenalina porque supone una "aventura", sí, pero a qué costo?... Cómo crees que reaccionaría tu actual pareja si se enterara que le eres infiel por internet? Hasta qué punto estás haciéndole daño ya, ahora mismo, cada vez que te conectas a internet a chatear con tu ciber amante?...

SEPTIEMBRE 28

ESTAR ENAMORADO MEJORA TU SALUD

Contar con el apoyo de un cónyuge incondicional es beneficioso para la salud, de acuerdo a un nuevo estudio realizado por la Universidad de Georgia. La investigación publicada en el Journal de Psicología Familiar comprueba la relación existente entre la presencia de una pareja positiva y la buena salud de los amantes.

Otros estudios de Salud Familiar han demostrado que permanecer en una relación de mala calidad es más perjudicial para la salud que no estar en ninguna relación. Resulta interesante constatar que, según los datos estadísticos, las parejas inter-raciales son las que reportan peor salud. Esto se debe a una serie de factores siendo los principales los del aislamiento de la pareja con respecto a sus respectivas familias, amigos previos y ambiente social en general, dado que no suelen ser aceptados con facilidad: ni ellos ni sus hijos. Esto eleva la tensión, la ansiedad y la insatisfacción si la pareja no tiene la suficiente fortaleza interior.

Por el contrario, el vínculo afectivo que tenemos con nuestra pareja mejora la presión arterial, lo que ayuda a reducir los niveles de ansiedad, estrés y depresión, conocidos como "factores psicológicos del riesgo cardiovascular". De manera tal que podemos afirmar, sin duda alguna, que EL AMOR HACE BIEN AL CORAZON, inclusive desde la perspectiva de la salud física.

El estar enamorado ayuda también a mejorar la respuesta ante tratamientos de enfermedades como el cáncer, la diabetes o las cardiopatías. Así lo demuestra un estudio llevado a cabo por *la World Heart Federation* en el que se demostró que las personas con fuertes lazos afectivos mejoraban entre dos y cuatro veces más su capacidad para reponerse de la enfermedad de la que estaban siendo tratados.

El enamoramiento reduce el cortisol, la hormona que se libera como respuesta al estrés y origina un aumento de la tensión arterial, por lo que se disminuyen los efectos negativos del estrés crónico en nuestro organismo, de una forma natural y placentera. Al producirse mayor liberación de endorfinas, la sensación de felicidad aumenta, ya que éstas son las sustancias conocidas como mejores antidepresivos naturales, permitiéndonos disfrutar más de la vida. ...Y qué viva el amor!....

SEPTIEMBRE 29

ESTAN EN UNA RELACION TIPO"MARAÑA"?

La maraña es una *relación cubierta de maleza* que enreda todo lo que toca. Tratas de abrirte paso por la intrincada maraña pero al hacerlo te cortas con sus espinas y te desangras, de a pocos, con heridas que se abren una tras otra.

Mientras que la relación amorosa positiva te rejuvenece, la maraña te carga de negatividad, ansiedad y miedos. El verdadero amor te carga de energía, mientras que la maraña te drena. En la maraña ambas partes están tratando de conseguir algo de la otra persona y si la otra no le da lo que desesperadamente necesita, los dos se sienten insatisfechos y hasta vacíos. La buena noticia es que si estás viviendo atrapado(a) en una maraña puedes cambiarla a una relación armoniosa, edificante y constructiva.

Cuidado con el cuco!

Uno de los mecanismos que interfieren mas frecuentemente en la relación de pareja es el temor. Inclusive el temor a la felicidad. "Demasiado bueno para ser verdad", "No te hagas ilusiones". "Lo bueno dura poco" son algunos de los pensamientos tóxicos que inundan nuestras mentes cuando estamos en una relación que parece marchar bien....

Y no cabe duda que con este tipo de pensamientos sucederá precisamente lo que tanto tememos!

A esto se le conoce en Psicología como Profecía Autocumplida. Es tu propio miedo el que te condena al fracaso, el que cava tu propia tumba, el que hace de tu relación una maraña. Otro temor que se apodera del alma cuando se vive en una relación tipo maraña es que no podemos esperar más porque "todos los hombres son unos perros" o "todas las mujeres son unas P"... No resulta una sorpresa que con ese tipo de mentalidad no hagamos más que atraer gente negativa y relaciones tóxicas a nuestras vidas!

Un miedo más es el de que cualquier cosa va a estropear la relación y que tenemos que estar constantemente "vigilantes" para que nada ni nadie nos la vaya a quitar. Lo curioso es que mientras más la sobreprotegemos, pareciera ser que menos nos dura!... De allí que levantemos murallas, paredes altas para escondernos detrás de ellas, que nos cubramos con escudos protectores, los que nos impedirán experimentar las bendiciones del verdadero amor.

SEPTIEMBRE 30

EL BAROMETRO DE TU FELICIDAD Y TU ESCUDO PROTECTOR

La barrera inconsciente y el escudo protector con el que te aislas para no experimentar el éxtasis del amor, son los que te inhiben e impiden su mayor disfrute. El primer pensamiento tóxico que debes desterrar es el siguiente: "Tengo que cuidarme de no amar demasiado para no sufrir"... Lo único que haces con esto es fijarte un UMBRAL, UN LIMITE a tu capacidad amatoria y, por tanto, no logras experimentar la pureza del amor vulnerable.

Es esta manera de pensar la que conduce a situaciones en las cuales luego de gozar de un día maravilloso, terminas en una pelea sin sentido con tu pareja que parece decirte: "Sí, era verdad! Era demasiado bueno para durar!" La dinámica del miedo a ser demasiado feliz genera un conflicto, cualquier conflicto, que lanzará los sentimientos de felicidad por la borda hacia un más cómodo territorio de "es obvio que mi pareja no me ama tanto como pensaba..." Y con este mecanismo reforzamos nuestra tendencia a la desdicha!

Para dejar de vivir en la maraña debemos tomar conciencia, primero y ante todo, de nuestros miedos y mecanismos defensivos para sepultarlos en el baúl de los recuerdos y abrazar un nuevo estilo de amar.

OCTUBRE 1

CUIDADO CON LAS SUPOSICIONES

Una de las mayores debilidades de las mujeres en una relación es su alta capacidad para "suponer" lo que está sintiendo y pensando su hombre. Y la mayor parte de las veces, se equivocan. Los hombres -en su mayoría- son mucho mas simples de lo que sus mujeres imaginan. La manera de pensar masculina suele ser mucho mas definida, "o blanco o negro" que la femenina. A las mujeres, las sutilezas y los detalles les encantan. Ella quisiera que su esposo hablara tanto y como su mejor amiga. Y esto no es realista.

Ahora bien, debido a la complejidad del pensamiento femenino, las mujeres tienen la tendencia a leer los mensajes latentes o "implícitos",los que ella supone que se esconden detrás de lo que su hombre le dijo. La imaginación femenina hecha a correr con suma facilidad y entonces entran a tallar las suposiciones. "Qué es lo que en realidad me quiso decir con lo que me dijo", se pregunta la señora. A lo que el caballero respondería: "Exactamente lo que dije, nada más ni nada menos".

Las suposiciones nos enredan en el círculo vicioso de la uda, la sospecha y la condena sin tener pruebas. Preguntemos, averiguemos, aclaremos…y sólo encaremos al otro si tenemos pruebas fidedignas. No dejemos que las suposiciones destruyan nuestra relación.

OCTUBRE 2

RITUALES AMOROSOS

No importa cuántos años lleve al lado de su media naranja...tienen la posibilidad de potenciar o reflotar su relación de pareja utilizando cierta dosis de esfuerzo y mucha buena voluntad.

Trate a su pareja como trataría a su mejor amigo: brindándole su atención y cuidando sus modales. Dé las gracias y sea amable: Reedite sus primeras citas, ésas en las que ambos se desvivían por complacerse y sentirse a gusto.

Practique el arte de elogiar. Haga el esfuerzo de decirle algo agradable a su pareja con relación a su aspecto físico o a sus cualidades intelectuales o espirituales diariamente.

No pierda el sentido del humor. Trate de hacer bromas simpáticas que faciliten cierto intercambio de risas entre ustedes. Es algo que no se puede forzar pero por lo menos se debe intentar.

Bese y abrace a su pareja durante el día sin motivo alguno. Recuerde que un beso largo y apasionado vale más que mil palabras y que la comunicación no verbal suele ser más importante en las relaciones humanas que la verbal.

Recupere el espíritu de aventura que los conectó cuando se conocieron. Esto ayudará a combatir el aburrimiento que es consecuencia natural del paso del tiempo. Hagan algo inusual, como un deporte al aire libre, si el clima lo permite.

OCTUBRE 3

EL INFIERNO DE LA ADICCION AL SEXO

Según el National Council of Sexual Addiction (NCSA) de EEUU: un 60% pierde a su pareja, otro 40% sufre embarazos no deseados, un 72% tiene ideas obsesivas sobre el suicidio, un 17% ha intentado quitarse la vida, un 36% aborta, un 27% tiene problemas laborales y un 68% tiene riesgo de contraer Sida u otras enfermedades de transmisión sexual.

El adicto sexual se caracteriza por una necesidad de conducta sexual excesiva, y por un pensamiento continuo y obsesivo sexo. El comportamiento sexual compulsivo se gesta, en la mayoría de los casos, en la mente, donde las fantasías sexuales, los sueños y los pensamientos eróticos se convierten en la válvula de escape de los problemas laborales, las relaciones rotas, la baja autoestima, la insatisfacción personal u otros conflictos.

Adicción es la pérdida de control; es todo lo que sirve como mecanismo de defensa o refugio para huir de una realidad dolorosa que la persona no quiere o no tiene capacidad de enfrentar. El adicto persiste en este comportamiento a pesar de las graves consecuencias negativas que le reporta y a las personas de su entorno. El adicto cree que controla su consumo de sexo en internet, por ejemplo, cuando en realidad ocurre todo lo contrario: la pornografía lo controla a él. Lo que antes lo excitaba ahora le parece insuficiente y tiene que escalar a niveles mayores de perversión y obscenidad.

El adicto engaña a su pareja estable y le contagia enfermedades de transmisión sexual y hasta el SIDA. No puede ser un buen padre, no es un buen ejemplo para sus hijos. La búsqueda de sexo o la realización de conductas sexuales ocupan un tiempo excesivo, hasta el punto de relegar obligaciones profesionales, académicas, familiares. Es imperativo que el adicto al sexo busque ayuda. la mejor combinación es la de la consejería espiritual con la psicoterapia.

OCTUBRE 4

BENEFICIOS DE LLORAR JUNTOS

Existen estudios que demuestran que al producirse el llanto se generan ciertas hormonas que causan efectos analgésicos que permiten eliminar adrenalina y noradrenalina, neurotransmisores que se segregan en exceso en las situaciones de estrés. Pero hay que tener en cuenta que el llanto produce verdadero alivio cuando se le permite estar, sin cuestionarlo ni juzgarlo, y cuando uno se atreve a escucharlo y a preguntarse ¿qué necesito? Y es este espacio el que entrega una información nueva que ayuda a centrarnos en el presente, explorando lo que necesitamos para definir nuestro futuro y aprender a soltar lo que nos ata.

Llorar trae muchos beneficios, como la calma y la relajación. También libera tensiones y estrés. Y además nos permite conocernos interiormente.

Ayuda a tomar conciencia de nuestros estados internos y hacernos cargo de ellos captando nuestras necesidades e incorporándolas en las decisiones y acciones, aportando claridad.

En términos relacionales, llorar con nuestro ser amado (cuando este sabe validar nuestro llanto) abre la posibilidad de generar redes de apoyo, de intercambiar ideas, de ampliar nuestra mirada y de relacionarnos de una manera más honesta con quien es la persona mas importante en nuestras vidas.

OCTUBRE 5

4 CLAVES PARA FORTALECER EL VINCULO AFECTIVO CON TU PAREJA

Para que logres un vínculo afectivo más estrecho, ten en cuenta las siguientes claves:

1.- Exprésate: Todas las personas tienen heridas en el amor, que se curan con el tiempo y se superan cuando aparece el amor de su vida; sin embargo, durante este camino debes descubrir todo lo que te lastima y tratar de transformar estas debilidades en fortalezas. Con esto, se acabarán tus inseguridades y gozarás de una relación de pareja placentera. En caso de que aparezca alguna duda en la relación, coméntalo con tu pareja para que ambos se ayuden y encuentren una solución.

2.- Sé transparente: La honestidad es un compromiso que se tiene en una relación de pareja. Expresa todos tus sentimientos y deseos, para evitar malos entendidos y para no herir susceptibilidades.

3.- Solución de problemas: Mantengan una actitud positiva ante cualquier problema que se presente y no piensen que la relación de pareja está por terminar. Cuando se muestra un compromiso real por arreglar la situación se refleja un nivel de crecimiento personal y espiritual.

4.- Vínculo sexual: Las relaciones íntimas fortalecen la relación de pareja, favoreciendo la conexión emocional. De allí la importancia de la monogamia y la fidelidad.

OCTUBRE 6

DE HOLLYWOOD AL ABOGADO DE DIVORCIOS

El concepto de amor de pareja que tanto las películas románticas de Hollywood como las vidas reales de sus actores promueven, es nocivo para quienes anhelan una relación estable y duradera. Sobre todo para los niños y adolescentes que ven sus mentes saturadas por un MODELO DE ROMANCE FUGAZ que de amor tiene poco en realidad.

La propuesta amorosa de Hollywood se ve reforzada por la alta tasa de divorcios de los famosos que cambian de pareja como de camisa. Cuál es el mensaje latente de las producciones audiovisuales hollywoodenses?...Que el amor es un sentimiento que tiene como finalidad primera hacerte feliz.... De allí que, si alguien ya no te hace feliz por cualquier causa, no tienes por qué permanecer a su lado. Típico egoísmo de una sociedad con la escala de valores patas arriba.

En mi opinión, ésta es una de las causas del creciente número de rompimientos y separaciones: el falso concepto que la gente tiene del amor de pareja y las altas expectativas con que se mide al otro en la relación. De acuerdo a este paradigma del amor hollywoodense, el amor debe sentirse en la piel. Si ya no sientes nada especial es porque se te acabó el amor.

Uno de los más graves errores que cometen los novios al casarse es pensar que el sentimiento va a garantizar que se queden juntos el resto de sus vidas. Craso error porque sabemos que los sentimientos son efímeros por naturaleza.

Lo que Hollywood describe NO es el amor duradero sino la primera etapa del proceso de enamoramiento conocida como Deslumbramiento o Fascinación. La antropóloga Helen Fisher de la Universidad de Rutgers sostiene en su libro "Por qué amamos" que esta locura temporal llamada "amor romántico" se debe a los altos niveles de dopamina, un químico cerebral que produce sentimientos de satisfacción y placer, asociado con una gran capacidad de euforia y dependencia, dos factores que a su vez son síntomas de adicción.

La mala noticia es que esta ebullición hormonal es relativamente efímera. A partir del momento en que se conocen los defectos del otro y aparecen los conflictos y las crisis, el deslumbramiento termina...Y entonces qué empieza para los actores de Hollywood y sus admiradores?...Las visitas al abogado de divorcios. La primera etapa del amor de pareja no es eterna. La alta tasa de divorcios se reducirá significativamente el día que la gente comprenda que el amor duradero no es un sentimiento sino una decisión, un compromiso basado en una pasión y una amistad que coloca la felicidad del otro por encima de la propia, donde se acepta y ama al otro con sus defectos, más allá del deslumbramiento.

OCTUBRE 7

REQUISITOS PARA QUE EL AMOR SEA ETERNO

Hoy les presento 3 requisitos que deben tomar en cuenta y poner en práctica para no llegar a suponer que el amor se terminó:

Para enamorarse bastan los ojos. Para permanecer enamorados se necesita esfuerzo.

Su apariencia, su atractivo físico pudo deslumbrarte al principio pero no bastará para el éxito del matrimonio. Ni siquiera aquellos que experimentan con el sexo antes de casarse y lo tienen muy bueno, pueden garantizar que esa pasión baste para mantenerlos unidos.

Para enamorarse basta con hablar bonito. Para permanecer enamorado hay que aprender a decir "la verdad en amor".

Cuando la pareja se ama a pesar de sus defectos, están en condición de ser vulnerables. Sin miedos, sin temores, sin ponerse a la defensiva cuando el otro expresa sus críticas constructivas, estableciendo un nivel de intimidad que no tiene parangón con ningún otro tipo de relación humana.

Para enamorarse basta con la química. Para permancer enamorado se requiere compromiso.

La atracción sexual causa un incremento en los niveles de dopamina -entre otras hormonas- lo que te da una sensación de "caminar en las nubes". La atracción actúa como una droga.

OCTUBRE 8

6 PILARES ESPIRITUALES DE LA PAZ CONYUGAL (I)

Deseas que tu relación se vea fortalecida de manera tal que nada ni nadie pueda separarlos, ni siquiera el enemigo? Deseas vivir en paz con tu ser amado? Los 6 pilares que paso a describir son de naturaleza espiritual y no están diseñados para los no creyentes. Pero aquellos que siendo cristianos saben que no hay nada imposible para Dios coincidirán conmigo en que su matrimonio cambiará favorablemente de seguir los siguientes consejos:

1) Mira a tu cónyuge con los **ojos misericordiosos** de Jesús..

2) Escucha a tu cónyuge con los **oídos compasivos** de Jesús

3) Responde con las **palabras amorosas** con que Jesús le hablaría: PALABRAS DE EDIFICACION. No reacciones con ira. Si no puedes decir nada bueno, calla.

4) Trata a tu cónyuge como Jesús lo(a) trataría, sobre todo en medio de una crisis o conflicto. Jesús lo(a) trataría con delicadeza y consideración, con bondad y respeto.

5) Perdónalo(a) como el Hijo de Dios lo perdona, perdonando 70 veces 7... diciendo con Cristo: "Padre, perdónalo(a) porque no sabe lo que hace".

OCTUBRE 9

6 PILARES ESPIRITUALES DE LA PAZ CONYUGAL (II)

Te parecen demasiado pedir los primeros 5 puntos que vimos ayer? Entonces acepta que hay algo que te está faltando en tu vida cristiana:

6) Reconoce que no puedes hacer nada de lo anterior si no conoces a la persona del Espíritu Santo. Tú no tienes en tí el poder de amar de esta manera. Es una forma de amar SOBRENATURAL. El poder que necesitas para amar como Jesús te ama viene del Espíritu Santo.

Antes de empezar su ministerio a los 30 años, Jesús no caminó sobre el agua ni resucitó muertos. Los milagros empezaron DESPUES DE RECIBIR AL ESPIRITU SANTO, cuando Jesús fue bautizado en el río Jordán y recibió ese poder extraordinario como Ungido del Altísimo.

Son millones los cristianos en el mundo que NO viven lo que Jesús nos enseñó ni anhelan santificarse porque -aunque hayan recibido a Cristo como su Señor y Salvador-, no conocen a la persona del Espíritu Santo. Jesús mismo dijo que lo estaba dejando en Su lugar como nuestro consolador, defensor y ayudador.

Si tu sincero deseo es amar a tu cónyuge como Jesús lo(a) ama, necesitas conocer al Hijo de Dios cada día más y recibir el poder del Espíritu de Dios para ser capaz de practicar tal amor sobrenatural.

OCTUBRE 10

MATRIMONIOS SIN SEXO

La intimidad sexual en el matrimonio es vista como expresión de deseo mutuo. La mayor parte de las parejas son generalmente muy sexuales al inicio de su relación pero la frecuencia y la intensidad de los encuentros sexuales suelen disminuir con el tiempo.

Algunos factores causantes de esto son: el envejecimiento, el deterioro de la relación, la concentración en el cuidado y crianza de los hijos y el exceso de estrés laboral. En términos generales, si Ud y su cónyugue solo tienen relaciones sexuales una a 10 veces al año, pueden ser considerados en la categoría de MATRIMONIO SIN SEXO.

La falta de sexo puede estar encubriendo problemas más profundos derivados de la presencia de conflictos no resueltos y una mala comunicación. Si en realidad no tienen sexo porque están demasiado cansados por la crianza de los hijos pequeños o carreras sumamente estresantes, por lo menos tienen que conservar la conexión a través de un contacto físico que genere cierto nivel de intimidad.

Numerosos estudios han demostrado que el sexo es como cualquier deporte o arte, mientras más se practica, más se disfruta y se domina y mientras menos se practica más difícil y menos placentero se convierte el hacerlo.

OCTUBRE 11

SOBRE LA CUERDA FLOJA DEL RESPETO VS. EL CAMBIO

Cuando tuve la oportunidad de entrevistar en mi show radial a la psicóloga y novelista Estrella Flores Carretero, con motivo de su más reciente libro, hablamos del amor, el desamor y los miedos más íntimos en la pareja. Aproveché y le pedí su definición personal. Me agradó escucharla decir que el amor es GENEROSIDAD, que se trata de aceptar al otro tal y como es, respetándolo, desapegándonos, dejándolo en libertad para volar por sus propias alas.

Le comenté que creo que es algo que a las mujeres les cuesta mucho porque en el fondo todas las que se casan desean cambiar a sus maridos. Recuerdo que en una de mis conferencias de mujeres recientes, le pedí a las mujeres casadas presentes que levantaran la mano aquellas que nunca habían querido cambiar a sus esposos. Ni una sola mano se alzó esa tarde. Y la sala estaba llena.

La mujer trata de cambiar o de perfeccionar al hombre de muchas maneras. Piensa que sus intentos de cambiarlo son afectuosos, pero él se siente controlado, manipulado, rechazado y no amado. Él la rechazará obstinadamente porque siente que ella lo rechaza a él primero.

Cuando una mujer trata de cambiar a un hombre, este no recibe la confianza y la aceptación que realmente necesita para cambiar y crecer. El problema es que cuando un hombre se resiste a sus intentos de perfeccionarlo, la mujer malinterpreta su respuesta. Piensa erróneamente que él no quiere cambiar, probablemente porque no la ama lo suficiente. Sin embargo, la verdad es que él se resiste a cambiar porque cree que no es lo suficientemente respetado. Cuando un hombre siente que recibe confianza, aceptación, aprecio, y demás, comienza a cambiar, a crecer y a mejorar en forma automática.

Por qué no funcionan los intentos femeninos de cambiar a sus hombres entonces? Porque ella no es su cabeza. No lo puede ni debe tratar como su madre o su jefa. La mujer no tiene autoridad sobre el marido, no debe pretender controlarlo, dominarlo ni manipularlo. Difícil, sí, pero no imposible.

OCTUBRE 12

CUANDO LOS PROBLEMAS LOS CREA LA FAMILIA EXTENDIDA (I)

Voy a abordar el tema compartiendo con ustedes mis respuesta a 63preguntas que recibo con frecuencia:

1) Por qué le resulta tan difícil a los recien casados separarse de sus respectivos padres, si es que vivian con ellos al momento del matrimonio?

Hay varios factores que condicionan que la separación sea más o menos difícil:

- La calidad e intensidad de la relación con los padres. Mientras mas apegados esten los novios a sus padres, mas dificil les logrará separarse de ellos

- La edad de la pareja y su madurez emocional. A mayor edad y mayor madurez emocional, mayores probabilidades de que la separación sea llevadera.

2) Es cierto que hay cada dia mas adultos latinos en los EEUU viviendo con sus padres hasta que se casan?

Sí, y se trata de un asunto cultural. A los padres les agrada la idea de que los hijos se queden en el hogar hasta que se casen y a los hijos les conviene, desde la perspectiva económica.

3) Que sucede cuando los novios deciden vivir en casa de los padres de uno de ellos despues de casados?

Las cosas se suelen complicar mucho.Hay muchas asperezas que limar casi diariamente y con el tiempo las relaciones se van deteriorando.

OCTUBRE 13

CUANDO LOS PROBLEMAS LOS CREA LA FAMILIA EXTENDIDA (II)

Prosiguiendo con el tema de ayer, revisemos otras 2 preguntas clarificadoras:

4) Que suele complicar mas la vida de la pareja, el vivir en la casa de los padres de él o en la casa de los padres de ella?

Mas complicado resulta que se muden a la casa de los padres de él. La esposa se siente fuera de lugar porque la casa es toda territorio de su suegra y ni siquiera se siente cómoda en la cocina, porque todo le pertenece a la mamá de su esposo. La suegra suele criticar a su nuera porque no le parece que hace las cosas como su hijito lo merece.

5) Qué deben hacer las suegras para contribuir a la felicidad de sus hijos en sus matrimonios?

Que se abstengan de intervenir en los conflictos y problemas de sus hijos casados con sus respectivos cónyuges. Que no critiquen al nuero o nuera. Si su hijo la escogió y la ama, ella tiene el deber de aceptarla y quererla aunque sea solo por eso. Que no se metan en la crianza de sus nietos. Que no dén su opinión, a no ser que sea requerida.

Finalmente, les recuerdo a los esposos que después de Dios no debiera haber nadie más importante para ellos que su cónyuge. Que luego vienen los hijos y después la familia extendida.

OCTUBRE 14

EL COMPLEJO BALANCE ENTRE LA RETIRADA MASCULINA Y LA SEGURIDAD FEMENINA

Desavenencias? Obstáculos en la comunicación? Orgullo? Qué es lo que hace que parejas que parecen amarse y ser el uno para el otro terminen decidiendo separarse por una estupidez? Uno de los motivos mas frecuentes es que la inseguridad femenina se ve reforzada por el grado de fidelidad o infidelidad masculina que incluye la forma en que el hombre mira a otras mujeres.

Una pareja latina que viene a mi consulta compartió conmigo su último altercado. En una de sus salidas a cenar, ella mencionó su incomodidad ante la forma en que él miró a la joven parada a su costado. Ella asegura que el tono que usó para decir lo que le fastidió fue atento y suave. Pero el problema para él no era el tono, era el contenido de lo que ella decía. El afirma que no miró a nadie. El perdió toda la paciencia cuando ella intentó defenderse y ya no quiso compartir ni un minuto más a su lado. Se levantó y se fue del lugar.

El no solamente optó por la retirada emocional, sino que eligió inclusive la retirada física y éste fue su mayor error.

Para una mujer, por más que el hombre tenga alguna justificación para sus actos, que él se "mande mudar" por un quítame esta paja, la hace sentir "abandonada" y no hay mayor temor en el alma femenina que el abandono.

Este es el típico juego de las parejas que se distancian por tonterías. Suelen tener temperamentos orgullosos y darle demasiada importancia a quién tiene la razón. Una vez que llegan a mi consulta, les explico que lo importante aquí es la construcción de una relación equilibrada, armónica y duradera, y no quien tenga la razón o quién tenga la culpa. Les explico también la importancia de controlar sus reacciones.

El hombre que verdaderamente ama a su mujer debe hacerla sentir segura emocionalmente. Y esa seguridad se basa, asimismo, en la certeza de que él no la va a dejar, pase lo que pase. Este es un punto que los hombres tienen que entender para asegurar el corazón de su mujer. Si él amenaza con abandonarla o efectivamente la deja por cualquier cosa, ella no logrará entregarle su corazón completamente, por temor a ser herida, por miedo a que él la deje una y otra vez. La lucha contra la inseguridad es el principal reto feminino. El no dejarla en los momentos difíciles es uno de los mayores retos masculinos.

OCTUBRE 15

SUPOSICIONES DE QUIENES JUSTIFICAN SU IRA (I)

Todos hemos sentido frustración o/y indignación alguna vez en la vida, es probable que hayamos experimentado estas emociones más de una vez. La ira (pasiva o activa) puede variar en intensidad y deberse tanto a factores internos como externos. También es cierto que todos tenemos formas diferentes de manejarla y que algunas formas son más saludables que otras. Veamos un primer ejemplo de una suposición equivocada. Pregúntate si te auto justificas empleando esta frase o una similar: **"Supongo que tengo un problema. Pierdo mi genio bastante rápido. Pero es que los demás hacen cosas que me molestan."**
El error aquí es creer que nos enojamos o fastidiamos porque otros nos provocan. El temperamento no es algo que se pierde. Es algo que uno decide perder. Si pierdes el control, es porque dejas que otros te controlen. Si pierdes tu calma o paz es porque dejas que otros te las roben. La rabia es el equivalente humano a la conducta animal. Desde el pez globo que se hincha para aparentar el doble de su tamaño y verse más intimidante hasta el león en la sabana que sacude su melena y ruge. El alarde es suficiente para que el predador o intruso se retire. Las personas que se enfurecen hacen lo mismo.
Cuando se sienten amenazadas adoptan esta postura. Infunden miedo. Tiran todo control maduro por la borda y vociferan y se enfurecen como un niño de 2

años al que le da un berrinche. Y la gente muchas veces los deja "ganar" con tal de poder alejarse de ellos.

Las 7 suposiciones erradas que la gente irritable emplea para justificarse son:

1. **"No puedo evitarlo"**. Las personas con problemas de ira tienen un montón de excusas. Las mujeres culparán al síndrome premenstrual. Ambos sexos lo atribuirán a su estrés, su cansancio o sus preocupaciones. Sin importar que otras personas que pasan por el período premenstrual, se estresan, se cansan o se preocupan igual pero no se la agarran contra el mundo. Las personas con problemas de ira todavía no comprenden que se están dando permiso para vociferar. En ese sentido, ellos PIERDEN el control.

2. **La única forma de expresar enojo es explotar, decir al otro lo que "merece" escuchar.** Estas personas creen que el enojo es como la acumulación de vapor en una máquina sobrecalentada. Piensan que deben quitar el vapor para estar bien. Cuando de hecho, airarse tiende a producir más de lo mismo, a generar más ira pasiva o activa en sus vidas porque el patrón se repite.

OCTUBRE 16

SUPOSICIONES DE QUIENES JUSTIFICAN SU IRA (II)

Ayer empezamos a analizar las 2 primeras suposiciones de las 7 que la gente irritable usa para justificar su mal genio. Presta atención a las 5 siguientes e identifica cuáles son las que sueles usar tú o tu ser amado:

3. **La frustración es intolerable.** Las personas enojadas no pueden sentarse con la frustración, la ansiedad o el miedo. Para ellos, tales sentimientos son señales de que están siendo desafiados. Cuando sus mejores planes se interrumpen o cometen un error, simplemente no pueden tolerarlo. Para ellos, es mejor reventar que quedarse con esos sentimientos. No entienden que la frustración es una parte normal de la vida de todos y que es, muchas veces, la fuente de la creatividad y la inspiración.

4. **Es más importante ganar y tener la razón.**

Crónicamente, los individuos con problemas de ira suelen tener la idea de que su estatus está en juego cuando hay un conflicto. Cuando son cuestionados, lo toman como algo personal. Si están perdiendo una discusión, experimentan pérdida de autoestima. En ese momento, necesitan afirmar su autoridad aunque estén equivocados.

Cuando es seguro que están equivocados, buscarán la forma de demostrar que la otra persona está más equivocada que ellos.

Para las personas maduras, la autoestima está basada en ser capaz de poner el ego a un lado para encontrar la mejor solución.

5. **"Respeto" significa que la gente hace las cosas a mi manera".**

Cuando el compañero se rehúsa a seguir un plan, cuando un niño no salta cuando se le dice, sienten que se les falta el respeto. Para ellos, la falta de respeto es intolerable. Hacer mucho ruido y amenazar es su forma de reafirmar su derecho de ser "respetado" por otros. Tristemente, cuando la base del "respeto" es miedo, se paga un precio en lo que respecta a amor y cuidado.

6. **La manera de hacer las cosas bien, es pelear .**

Algunas personas con problemas de ira han aprendido al pie de un maestro. Haber crecido con padres que pelean es su "normalidad". No tenían idea de como negociar diferencias o manejar conflictos excepto a través de este medio. Luego se convierten en una versión muy parecida al padre o la madre que detestaban y temían cuando eran niños.

7. **"Otras personas deberían entender que no era mi intención decir o hacer lo que dije o hice cuando estaba enojado".**Las personas con problema de ira sienten que su enfado les da derecho a perder el control. Después de todo, dicen ellos, solo estaban enojados. No comprenden que otras personas están legítimamente lastimadas, humilladas o temerosas.

OCTUBRE 17

EL PODER DEL ESPIRITU SANTO EN LA PAREJA

Cuántas parejas encontrarían eficaz salida a sus conflictos, si oraran al Padre en el nombre de Jesús por la sabiduría del Espíritu Santo antes de abrir la boca para aportar en una discusión con su cónyuge. Conozco muchos cristianos que no viven en victoria porque no tienen relación alguna con el Espíritu Santo, porque no lo conocen.

A medida que cavamos más profundamente en la persona del Espíritu Santo, más maduramos en la fe. Jesús prometió a los discípulos que a Su partida iban a recibir al Consolador, el Ayudador, el Espíritu de la Verdad: el Espíritu Santo. Y la vida de los apóstoles se vio transformada poderosamente desde el momento en que lo recibieron (Hechos capítulo 2).

Los que han abierto completamente sus corazones a Jesucristo pueden identificarse con esto. Hay un sentido inquebrantable de estar en común acuerdo con Dios y una compulsión que nos consume por hacer las cosas bien para El. Y cuando ambos esposos conocen a la persona del Espíritu Santo, su matrimonio se nutre de los FRUTOS DEL ESPIRITU y los refleja en la vida diaria:amor, gozo, paz, paciencia, bondad, bondad, fe, mansedumbre y dominio propio.

OCTUBRE 18

4 OBSTACULOS QUE PERJUDICAN TU RELACION (I)

Todos hemos escuchado decir alguna vez que una de las causas del incremento de la tasa de divorcios es la nula o deficiente comunicación de pareja. También hemos oído o leído antes que más importante que las palabras que usamos es la forma en que las expresamos. Pero pocos tienen una noción clara de cuántos mecanismos defensivos pueden obstruir la comunicación y deteriorar su calidad.

En su libro "The Seven Principles for Making Marriage Work", John Gottman describe 4 tipos de comunicación tóxica que son indicio de problemas graves. El les llama los 4 Jinetes del Apocalipsis porque predicen la caída o destrucción de la relación amorosa. Los 4 Jinetes se presentan en las relaciones que Gottman define como "desastres" y son:

1) **La crítica destructiva.-**

Supone atribuir la causa de una situación incómoda a un defecto, falla o problema personal de la pareja. Como por ejemplo decirle que es "egoísta" porque se olvidó de devolver una llamada telefónica.

Es echarle en cara todas las veces que hace algo mal o que se equivoca o que no hace lo que uno quiere. Lo peor del caso es que aquéllos que están en una relación tipo desastre creen que su pareja debiera agradecerles cada vez que le apuntan con el dedo y le hacen saber sus defectos, errores y problemas personales. Es como si esperaran que después de criticar destructivamente a su cónyuge, el otro le respondiera: "Gracias por señalar todas las formas en que te estoy fallando como ser humano".

2) **Ponerse a la defensiva.-**

Ante la crítica, la defensa. Es una reacción muy humana: defenderse cuando uno se siente atacado. La gente en relaciones tipo desastre suele estar a la defensiva permanentemente y contra-atacar diciendo: "No es mi culpa...yo no soy así...TU ME HACES ASI!". Esta es la defensa típica de las personas con baja autoestima: echarle la culpa al otro de todos sus males.

Las personas que se comunican a la defensiva, como si el otro todo el tiempo las estuviera atacando, suelen recibir mal hasta las críticas constructivas. En tal situación un individuo emocionalmente sano y estable respondería: "Te parece? Me interesa conocer tu perspectiva del problema....Dime más..." y se prepara para escuchar con atención y practicando la empatía.

El día de mañana compartiré con ustedes las dos siguientes barreras de la comunicación de pareja.

OCTUBRE 19

4 OBSTACULOS QUE PERJUDICAN TU RELACION (II)

Continuando con el análisis que iniciamos ayer, veamos los siguientes dos mecanismos negativos que inciden sobre la relación amorosa:

3) **Menosprecio.-**

Se da en cada vez que uno emite una opinión sobre su pareja desde una postura de superioridad. Incluye utilizar malas palabras para referirse al ser amado (en presencia o ausencia), ignorar su sufrimiento o "matarlo" con la mirada.

Algunos usan la ironía, el sarcasmo o las bromas pesadas para encubrir su menosprecio. Ya sea de manera directa o disfrazada, hacer sentir al otro poca cosa es un mal hábito que, en casi todos los casos, conduce al divorcio.

4) **Ignorar al otro.-**

Se produce cuando uno de los dos deja de sintonizar con el otro y se retira de la conversación, aunque en apariencia esté presente.

Esa persona ni siquiera se toma el esfuerzo de producir los sonidos que indican que seguimos con atención lo que el otro nos dice.

Calla y muchas veces justifica su encerrona en sí mismo en que prefiere no hablar porque empeoraría aún más la situación.

Sí, es cierto que en ocasiones esta manera de pensar es correcta, pero en otras genera el efecto opuesto al que se pretende.

Lo ideal es contener la ira, recuperar la calma y decirle al otro algo como esto: "Por favor disculpa pero no estoy en condición de continuar discutiendo sobre esto ahora mismo...Te amo y no quisiera decir algo de lo que después me arrepienta... Terminemos de tratar el tema en otro momento, cuando los dos estemos más tranquilos..OK?"

En resumen, es obvio que en una relación amorosa vamos a herir los sentimientos del otro tarde o temprano. Y cuando esto suceda, debemos estar dispuestos a REPARAR el daño causado. Lo que implica aprender a pedir perdón y a reconocer que metimos la pata. Asimismo es necesario reducir las expectativas de ambas partes y entender que los conflictos son parte intrínseca de la naturaleza de la relación.

OCTUBRE 20

LA CIENCIA DEMUESTRA POR QUE LOS HOMBRES NO OYEN BIEN A SUS MUJERES

El psiquiatra Michael Hunter, profesor de la Universidad de Sheffield, Inglaterra, realizó una investigación que demuestra las dificultades que experimentan los hombres ante la voz femenina en sí misma. Ellos la escuchan con la parte de su cerebro que procesa la música, no la voz humana. Por eso tienen que trabajar doble para prestarle atención...cosa que no les sucede cuando escuchan a otros hombres.

Es la vibración de la voz y el número de las ondas de sonido lo que causa el problema... no tanto el timbre de la voz femenina. Es cierto que la voz femenina es más compleja que la masculina debido al tamaño y forma de las cuerdas vocales y a que su voz tiene más melodía natural que la masculina. Esto produce un más complejo rango de frecuencia de sonido.

El hombre reconoce fácilmente otra voz masculina porque la escucha con la parte de su cerebro conocida como "el Ojo de la Mente", lugar donde se comparan los estímulos externos con los que él mismo produce, de manera tal que el hombre compara su propia voz con la nueva voz y la reconoce sin la menor dificultad.

Moraleja: Si a los hombres les cuesta más aceptar la voz femenina, hagamos que la forma cuente.

OCTUBRE 21

QUE HACER CUANDO LA MUJER TIENE MAS APETITO SEXUAL QUE SU MARIDO (I)

Tradicionalmente se ha creído que los hombres tienen mayores deseos sexuales que las mujeres. Es falso. Los hombres no son erecciones con pies, listos para ir a donde los lleve el viento. **Existe un 42% de mujeres con niveles superiores a los de la media masculina.** Eso explica por qué ahora, que se habla con mayor libertad de estos temas, muchas mujeres se quejan del poco ardor de sus hombres.Mencionaremos 2 de las 4 más importantes hoy las otras 2 mañana:

Salud

Hay varias causas físicas posibles que expliquen el bajo deseo sexual masculino, desde enfermedades cardiacas, antidepresivos, uso de alcohol o drogas, hasta bajos niveles de testosterona. Si un hombre ya descartó otros factores, sería buena idea visitar al médico.

Factores Externos

El impulso sexual de un hombre suele estar ligado a su autoestima. Cuando uno sufre, también el otro. La crisis económica ha afectado seriamente a varios hombres, con cambios o pérdida de empleo, temores financieros y depresión, estrés prmanente que pueden sumarse para reducir la libido. Podría sentirse menos hombre, sin importar que su pareja no deje de decirle que el dinero no importa.

OCTUBRE 22

QUE HACER CUANDO LA MUJER TIENE MAS APETITO SEXUAL QUE SU MARIDO (II)

Continuando con las posibles causas que explican por qué un hombre puede tener menos deseo sexual que su esposa, veamos ahora otras 2 razones:

La relación en sí misma es insatisfactoria.-

Las sensaciones como el enojo, el resentimiento y la falta de satisfacción general con una relación pueden confundir la vida sexual de un hombre con su pareja, pero estos problemas no necesariamente hunden la libido. Sí, tal vez puede decir que no está de humor, pero eso implicaría que ponga su energía sexual en otra parte, ya sea en la masturbación, en clubs de strippers o con una amante. Lo que ocurre fuera de la habitación afecta lo que ocurre dentro de ella, y cuando un hombre está aburrido en una relación, tiende a aburrirse dentro de la alcoba.

Pornografía

Muchas mujeres que vienen a mi consulta se quejan de que sus maridos ya no las tocan desde que ingresaron al mundo de la pornografía.. Estos hombres no tienen el 'entusiasmo' por el sexo real porque están agotados por la masturbación ante los estímulos pornográficos.

OCTUBRE 23

QUE HACER CUANDO LA MUJER TIENE MAS APETITO SEXUAL (III)

Ayer vimos las posbiles causas por las que el marido suele tener menos apetito sexual que su mujer. Veamos ahora 5 sugerencias para que la esposa pueda colaborar con él a cambiar tan insatisfactoria situación.

1) **SEDUCIRLO**: practicar la coquetería y los juegos de roles, vestirnos sexy para recibirlo en la casa, hablarle sucio, enviarle mensajes de texto calentándolo.

2) **RESPETARLO**: Complacerlo en todo lo que podamos fuera de la cama para que cuando lleguemos a ella nuestro hombre quiera retribuirnos el buen trato

3) **ADMIRARLO:** Elogiarlo para que su ego se eleve para subirle la autoestima decirle que es un buen amante y que extrañamos al hombre fogoso que conocimos

4) **LIBERARLO**: No presionarlo demasiado porque tanta insistencia puede resultar contraproducente.

5) **ADAPTARSE:** El uno al otro a las necesidades de cada uno y a las expectativas mutuas. Negociar para llegar al punto intermedio donde ninguno se sacrifique demasiado ni el otro sea el que siempre se aprovecha.

OCTUBRE 24

LO QUE SE DICE Y LO QUE NO SE DICE PUEDE MARCAR LA DIFERENCIA

Casi nadie nos ha enseñado lo que no se debe decir y cuando es mejor callar que decir cualquier cosa, sobre todo la primera que se nos venga a la cabeza. Las mujeres tenemos que aprender a valorar el silencio para relacionarnos mejor con nuestros hombres. Hay que tener presente la manera tajante y acalorada con que ellos nos reclaman su 'espacio, que nos solicitan tener momentos de privacidad y silencio.

Hay momentos en que a tu hombre le gustaría mucho más saber que estás allí, a su lado, sin que tengas que decir una sola palabra. No le tengas miedo al silencio! El que él esté callado por largo tiempo no significa necesariamente que no esté interesado, no significa que esté preocupado o molesto contigo. Hay oportunidades en que, simple y llanamente, él no tiene nada que decir.

Es importante aprender a detener ese bla-bla-bla continuo por temor al incómodo silencio. El se da cuenta. El percibe que estás hablando por hablar, por llenar un vacío que sólo te perturba a ti. Para terminar con este hábito improductivo, es importante priorizar la comunicación no verbal, sintiendo nuestro cuerpo y controlando nuestra mente.

En vez de hablarle, tócalo. Dale la mano, acaríciale el pelo, dale masajes en el cuello y los hombros, abrázalo. Si él está preocupado y no molesto contigo, o si está pensativo o cansado, o simplemente no quiere hablar, tus caricias no le molestarán y a ti te mantendrán "conectada" con él y esto mantendrá tu tanque del amor lleno... Y si practicas el arte de respetar su derecho al silencio, él te amará y apreciará más cada día!

El día en que te sientas cómoda guardando silencio delante de él, ése también será el día en que te será mucho más fácil abrir la boca para decir solamente las palabras correctas y morderte la lengua para no decir las incorrectas. Y él indudablemente lo apreciar

OCTUBRE 25

LOS 2 NIVELES DE LA COMUNICACION DE PAREJA

Todos reconocemos que muchos de los problemas matrimoniales tienen su origen en una deficiente comunicación. Pero pocos se detienen a reflexionar sobre la manera en que comunican a su ser querido.

Lo primero que hay que hacer para mejorar en esto es reconocer la importancia del adecuado manejo de los 2 Niveles de la Comunicación de Pareja: EL CONTENIDO Y LA RELACION.

El Contenido es el QUE SE DICE, las ideas que expresamos y las palabras que elegimos para expresarlas. La Relación es el nivel de la FORMA, el tono, la cadencia, el volumen, los gestos y la expresión facial con que adornamos lo que tenemos que decir.

Ahora bien, muchos estudios han demostrado que más importante que lo que decimos es la forma en que lo expresamos. Se estima que un 70% de la efectividad de la comunicación oral está basada en el tono de la voz. Si pedimos un favor utilizando las palabras correctas pero con tono de orden, el tono invalida el contenido. Nuestro cónyuge le va a hacer caso a la forma y no a las palabras "por favor" empleadas. Un tono suave y delicado logra mucho más que las palabras más bellas expresadas en un tono duro. Ya sabe, amigo...recuerde esto la próxima vez que su esposa le pida que le diga "te amo"....

OCTUBRE 26

7 CARACTERISTICAS DEL MARIDO IRRESISTIBLE PARA SU ESPOSA(I)

Muchas esposas quisieran que sus maridos le pusieran más interés a mantenerse irresistibles para ellas. Lo fueron en la etapa de enamoramiento. Acaso no pueden continuar siéndolo, de uno u otro modo, a lo largo de su vida conyugal?....Para que un hombre alcance -o conserve- los más altos niveles de sex-appeal debería poseer estos 7 atributos (o por lo menos la mayoría de ellos):

1. Luce una sonrisa franca. Una buena sonrisa es síntoma de seguridad y eso es tremendamente sexy. Una sonrisa atractiva es una fuente de endorfinas que hace muy sexy a su portador.

2. Irradia calma, serenidad y paz interior, inclusive en medio de las más difíciles y complicadas situaciones. Esto lo distingue del resto y lo vuelve sexy ante los ojos de su amada. Los hombres iracundos que reaccionan acaloradamente ante acontecimientos desagradables pierden lo poco que de sexys hayan podido tener antes.

3. Cuida su cuerpo y su apariencia. Cuida lo que come, lo que bebe y se ejercita constantemente para mantenerse en forma. Tiene estilo. Luce pulcro y limpio.

OCTUBRE 27

7 CARACTERISTICAS DEL MARIDO IRRESISTIBLE PARA SU ESPOSA(II)

Veamos ahora las 4 últimas características:

4. Mira directo a los ojos, demostrando sinceridad e interés en su mujer. Tiene una mirada que la derrite. La mira embelesadamente mientras ella habla. Le habla con los ojos. Si le brillan los ojos cuando la mira, ella notará cuánto la admira y esto le resultará altamente sexy.

5. Demuestra su inteligencia sin alardear: Si a la educación le sumamos la inteligencia, el cóctel puede ser arrollador. Un hombre inteligente es irresistible para muchísimas mujeres. Un hombre que sabe de historia, de cine, de música o de actualidad participará en charlas mucho más interesantes que quien no tiene temas de conversación.

6. Es afectuoso y no se siente mal mostrándolo en público. Por el contrario, es un maestro de las manifestaciones públicas de afecto pero dentro de lo socialmente apropiado. Es aún más sexy cada vez que le dice a su esposa "te amo".

7. Se ríe fuerte, con ganas y con frecuencia. Sabe decir buenos chistes, es bromista y festeja los chistes ajenos. Se ríe a carcajadas viendo comedias y esto le resulta sexy a su mujer, aparte de ser relajante y benéfico para la relación.

OCTUBRE 28

AMOR A PRIMER OLFATO

Cada persona posee un aroma que atrae al otro o lo ahuyenta... La atracción sexual también entra por la nariz! Al percibir el olor característico de la pareja el cerebro actúa y trae a la mente al ser amado, a esto se suman una serie de reacciones del organismo, como mayor irrigación sanguínea.

Los resuLtados de nuevas investigaciones rechazan las frases "de la vista nace el amor" o amor a primera vista y han colocado al olfato como la fuente del enamoramiento, por lo que decir "amor a primer olfato" sería científicamente más correcto.

Si bien la vista es fundamental para sentirse atraído por una persona, el olfato resulta esencial en el enamoramiento. Como si se tratara de huellas digitales, cada persona posee un aroma que la caracteriza, cuya función es atraer al otro; sin embargo, es disfrazado y hasta cierto punto modificado por perfumes y desodorantes.

Aunque se ha tratado de reprimir el aroma corporal, debido a que el sudor es socialmente mal visto, los humanos al igual que los animales reaccionan a ciertos olores para identificar a su pareja en lo sexual.

Cada vez que la persona percibe el aroma de su pareja, su cerebro reacciona y trae a la mente al ser amado, incluso cambia el estado de ánimo.

OCTUBRE 29

LA IMPORTANCIA DE APRENDER A HABLAR SOBRE LAS FINANZAS FAMILIARES (I)

Las relaciones entre ambos cónyuges pueden verse seriamente afectadas cuando es notorio que uno de ellos abusa en el uso del dinero o bienes que se tienen en común. La falta de acuerdos conduce a que la relación se deteriore considerablemente.

Por ejemplo, cuando uno de los dos se apropia del hogar y decide invertir el dinero extra en la casa eligiendo desde las cortinas hasta el color de la pintura por su propia cuenta, sin conversar con cónyuge si en ese momento es prudente invertir en la casa, el monto a emplear o la existencia de otras necesidades de mayor prioridad, como la cancelación de la tarjeta de crédito que tiene un alto interés.

Debemos llegar a acuerdos y confiar en que ambos cónyuges respetan los convenios acordados. Cuando se haga un gasto considerable de dinero designado al presupuesto familiar que no ha sido planeado debemos ser prudentes, ya que un error podría generar dolor en el corazón de nuestra pareja y por lo tanto quebraríamos la confianza. Es vital respetar lo negociado, esto genera un ambiente de armonía y tranquilidad.

OCTUBRE 30

LA IMPORTANCIA DE APRENDER A HABLAR SOBRE LAS FINANZAS FAMILIARES (II)

Extorsionar o manipular con los bienes familiares socava las relaciones sanas, además de trasmitir el mensaje de que todo se puede comprar, modificar o reparar con recursos materiales. Al establecer una relación de matrimonio es beneficioso estar dispuestos a ceder y dedicar tanto emocional como materialmente. Ya no es solamente mi casa, es nuestra casa. Por lo que amenazar con aportar menos al presupuesto familiar, o con no ceder el auto no se arregla el problema de fondo, además de cercenar las buenas relaciones.

Desequilibrio en el manejo de las finanzas:

Esto ocurre cuando hay **falta de trasparencia en la rendición de cuentas de cada cónyuge.** Por ejemplo, cuando se apuesta el dinero de la familia "nuestro dinero", malgastando el presupuesto familiar de manera imprudente y egoísta, en lugar de pagar la mensualidad de la casa.

Es importante que ambos miembros del hogar rindan cuentas claras y trasparentes de cómo gastan el dinero asignado para la familia, así como la porción individual que cada uno guarda, de manera equitativa, para sus gastos personales.

OCTUBRE 31

LA IMPORTANCIA DE APRENDER A HABLAR SOBRE LAS FINANZAS FAMILIARES (III)

Veamos ahora 4 sugerencias para avanzar positivamente en el manejo de la economía familiar.

1) Fijen momentos para repasar las finanzas y hablar al respecto.

No esperen a que los cheques comiencen a rebotar o se agoten los ahorros para afrontar el problema y conversar sobre el dinero de la familia. Al programar charlas periódicas, aunque sea una o dos veces por semana, para repasar las finanzas y planificar al respecto, podrán atenuar aquellas situaciones con una posible carga emocional.

2) Comprométanse a respetarse entre sí.

Las cuestiones de dinero pueden ser muy estresantes en cualquier familia. Pero la presión adicional de relaciones y complicaciones financieras con ex cónyuges y los torbellinos emocionales al tratar de criar hijastros pueden hacer que aun las parejas con las mejores intenciones creen un gran conflicto matrimonial. Hablen acerca de las cuestiones financieras y contemplen la idea de poner por escrito cómo lo harán y, sobre todo, que se respetarán mutuamente mientras estudian decisiones y problemas difíciles.

Cuidado con utilizar los bienes materiales como instrumentos de amenaza, discusión, enemistad o manipulación.

3) Concéntrense en los problemas principales que afectan a la familia.

Decidan juntos qué cuestiones financieras "no son negociables", es decir, aquellos aspectos con los que ambos se encuentran plenamente comprometidos, y concéntrense en las áreas claves en vez de distraerse con discusiones innecesarias. Por ejemplo, si deciden que no contraer una deuda adicional es un valor central, concéntrense en ello y bríndense mutuamente (y a sus hijos) un poco de respiro en relación con ciertas cuestiones, como las mesadas de sus hijos. Aquí es cuando resulta práctico tener prioridades financieras en común. El hecho de saber qué metas persiguen como familia los ayudará a evitar discusiones.

4) Pidan ayuda profesional si la necesitan.

Las personas inteligentes suelen pedir consejos cuando no están seguras de qué opciones tienen o cuál sería la mejor opción para su familia ante varias alternativas. Decidan de antemano que si necesitan ayuda profesional, como los servicios de un abogado o un asesor financiero, la pedirán juntos en beneficio del matrimonio y la familia.

NOVIEMBRE 1

15 CONSEJOS PARA HABLARLE A TU HOMBRE EN SU LENGUAJE (I)

Las mujeres a menudo se quejan de que sus hombres no quieren hablar con ellas. Lo que quieren decir es que los hombres no hablan como las mujeres. Es importante sintonizar con nuestros maridos. Para ello:

1. Considere que ellos tienen menos capacidad de atención, generalmente solo hacen una cosa a la vez y por eso hay que buscar el momento propicio y llevarlos con un tono de voz adecuado a un espacio íntimo para hablar.

2. Como son prácticos, mejor use frases cortas y déle titulares antes de sentarse a conversar, ya que ellos buscan hechos prácticos y necesitan saber qué se busca con el diálogo. No haga un preámbulo largo para llegar al punto. Vaya al punto y luego explique clara y resumidamente.

3. Use oraciones que sean objetivas, constructivas y que resalten los mejor de la situación, lo positivo.

4. No haga muchas preguntas, una tras otra, especialmente cuando lo vea perturbado.

5. Si su hombre está molesto, no siga discutiendo, mejor ignorarlo hasta que se le pase.

6. Respete y no invada sus lugares de identificación masculinos como los deportes, la TV o cualquier hobby que tenga y requiera un espacio propio.

NOVIEMBRE 2

15 CONSEJOS PARA HABLARLE A TU HOMBRE EN SU LENGUAJE (II)

Siguiendo con las sugerencias, aquí van otras muy prácticas:

7. Tenga en cuenta que su esposo es mejor identificando emociones sencillas.

8. Jamás empiece el diálogo con una crítica, porque ciertamente predispone de manera anticipada a recibir lo que nos quieran decir de manera agresiva y muy molesta.

9. No intente llamarle la atención ni cambiar su comportamiento, como si él fuera un niño, dañará su autoestima y la relación.

10. No le recrimine por lo que hizo o no hizo, ni le dé órdenes como si fuera su mamá a su jefa.

11. Procure siempre que el ambiente de comunicación sea de validación, respeto y aceptación mutua.

12. Si algo no le parece siga escuchando sin enojarse.

13. No lo interrumpa.

14. No insista en mejorar ni cambiar a su hombre, eso lo debilita y él pierde su confianza. Ofrezca confianza y admiración en vez de crítica, reclamo o control.

15. Dé consejos solo cuando se lo pida, practique la paciencia, el respeto y la comprensión. Para que un hombre pueda mejorar necesita sentirse amado con respeto y aceptación.

NOVIEMBRE 3

CUIDADO CON EL YUGO DESIGUAL

Con mucha sabiduría, el apóstol Pablo nos aconseja en 2 Corintios 6:14 "No os unáis en yugo desigual con los incrédulos; porque ¿qué compañerismo tiene la justicia con la injusticia? ¿Y qué comunión la luz con las tinieblas?" Unas palabras para las mujeres que todavía no se han casado: Si él es una persona que conoces bien, y tú no estás segura si es cristiano o no, lo más probable es que no lo sea. Por lo menos, no es la clase de cristiano que tú querrás tener como pareja. No es suficiente que busques a alguien que simplemente sea cristiano. Necesitas buscar a alguien que verdaderamente haya entregado su vida a Jesucristo, alguien que ha hecho a Cristo el centro de su vida.

Y qué sucede con los que ya se casaron en yugo desigual? En este caso, los esposos son exhortados por la Biblia a permanecer al lado de sus cónyuges no creyentes. "...si algún hermano tiene una mujer que no es creyente, y ella consiente en vivir con él, no la abandone. Y si una mujer tiene marido que no es creyente, y él consiente en vivir con ella, no lo abandone, porque el marido no creyente es santificado por la mujer (1 de Corintios 7:14) "... mujeres, estad sujetas a vuestros maridos; para que también los que no creen a la palabra, sean ganados sin palabra por la conducta de sus esposas,..."(1 de Pedro 3:1)

NOVIEMBRE 4

COMPARTIR ACTIVIDADES
MEJORA TU RELACION

Una de las quejas más comunes de las personas que están en una relación que sienten se ha deteriorado palulatinamente, es que ya no comparten ningún tipo de actividad recreativa o social juntos....cosa que sí solían hacer cuando recién se conocieron...

Dos recientes estudios con muestras de más de 350 relaciones de largo plazo han demostrado que las parejas que compartían actividades recreacionales reportaban mayor satisfacción con la relación e inclusive gozaban de mejor salud. Las investigaciones descubrieron que no basta con que una de las partes la esté pasando bien y la otra esté fingiendo.

Se recomienda entonces hacer el esfuerzo de compartir actividades en las cuales los dos se diviertan, tal vez no por igual pero por lo menos en alguna medida.

Si ustedes no cuentan con dinero suficiente como para salir a descubrir nuevos lugares fuera de su área de residencia o como para registrarse en clases divertidas, tal vez una simple caminata alrededor de un parque o al borde del mar haga la diferencia. Lo importante es que la actividad sea repetitiva. Si no pueden salir a caminar juntos una hora diaria, vale la pena intentarlo por lo menos una hora a la semana....no les parece?...

NOVIEMBRE 5

CUIDADO CON LA CRITICA DESTRUCTIVA EN LA RELACION!

Los pleitos de pareja son el caldo de cultivo para conductas y palabras destructivas.

Una cosa es vocear nuestra crítica a la forma en que nuestra pareja viene actuando y otra muy distinta es atacar frontalmente su carácter con insultos o palabras despectivas. Y esto no ayuda para nada a resolver el conflicto. Por el contrario, lo agrava.

Pongamos un ejemplo concreto. Si tu cónyuge llega tarde con frecuencia, es lícito decir algo como esto "siento que no consideras cuánto me incomoda que me dejes esperando tanto..." Esta manera de hablar enfoca el problema desde la perspectiva de lo que la persona perjudicada está sintiendo. Muy distinto es atacar con una frase como la siguiente: "Eres un desconsiderado que siempre me deja esperando!". En este caso se está calificando a la persona, etiquetándola con el defecto de ser "desconsiderado" como un rasgo de su personalidad. Y la verdad sea dicha: Poca gente llega tarde a propósito, con el fin de molestar a quien espera.

La crítica deja de ser constructiva para pasar a ser exactamente lo opuesto cuando en vez de atacar el problema, lo que decimos ataca al otro en su esencia misma, en quién es como persona. Los insultos, las palabras despectivas, el ataque frontal son como bolas de fuego que le tiramos al otro y no sólo destruyen la relación y a la víctima sino que también nos destruye a nosotros porque nos encerramos en un tipo de pensamiento tóxico que nos acostumbra a mirar el defecto en el otro y a sobredimensionarlo. No resulta difícil entender entonces por qué tantas parejas se quejan de que tanto ataque mutuo ha terminado acabando con el amor que se tenían.

Queda claro que lo que no debemos hacer es atacar la integridad y dignidad del otro, etiquetándolo con adjetivos calificativos que magnifican su lado negativo. Cuando hacemos algo tan destructivo como esto con frecuencia, lo más probable es que la otra persona termine convirtiéndose, precisamente, en quien quisiéramos que no fuera.

NOVIEMBRE 6

5 COSAS QUE HACES EN EL DORMITORIO QUE ENFRIAN A TU CONYUGE

Te has preguntado recientemente por qué tu cónyuge ya casi no se interesa por hacerte el amor? Tal vez sea por algo realmente importante pero la mayor parte de las veces la causa es más simple de lo que te imaginas...y muy fácil de corregir. Tal vez estás haciendo alguna de estas 5 cosas que son "turn offs" en el dormitorio...o tal vez más de una! Y ya es hora de que dejes de hacerlas!

1)**Haces comentarios desagradables o desatinados sobre el cuerpo de tu pareja**. Si tu pareja camina desnuda delante de ti le dices que se ha engordado o que se le nota mucho la celulitis o que tiene una barriga de Santa Claus. La crítica del cuerpo de tu ser amado le baja la autoestima y disminuye su libido.

2) **Te pones a responder mensajes** en tu celular, laptp o tablet, chateando con todo el mundo mientras los dos ya están en cama....lo que le indica a tu pareja que ella no es tu prioridad y esto la desmotiva en el plano romántico.

3)**Vas al baño y no cierras la puerta**....Es cierto que ustedes se conocen bien y tienen intimidad....pero hay ciertas cosas que de todas maneras se deben hacer en privado, con discreción y pudor.

4) Crees que debes aprovechar el tiempo que están juntos en la cama para **ventilar todos los problemas del día** y hablar inclusive de las vidas de otros. No es bueno traer temas desagradables a la cama.

5) **No tienes tiempo de bañarte o lavarte los dientes** y vas a la cama tal y como estás después de un largo día de trabajo. Una higiene pobre es un verdadero turn off para nuestra pareja. Es recomendable tomar una ducha, lavarse los dientes, ponerse algún outfit sexy y hasta perfumarse un poco para que el otro sienta cuánto nos cuidamos para él o ella.

Resulta fundamental vivir ese momento con tu pareja como uno de los más importantes del día, lo que contribuirá a mejorar la intimidad en particular y la relación en general.

NOVIEMBRE 7

INTELIGENCIAS DIFERENTES (I)

La ciencia ha constatado que hombres y mujeres tienen niveles de inteligencia similares pero destacan en distintos tipos de inteligencia.

Serviría mucho definir previamente qué es la inteligencia. Para el término inteligencia existen muchas definiciones. La que estableció la *American Psychological Association* asegura que consiste en la habilidad a través de la cual los individuos son capaces de comprender cosas complejas y de enfrentar y resolver ciertas complicaciones a través del razonamiento. La inteligencia se mide a través del coeficiente intelectual, un número que resulta de la realización de una evaluación estandarizada que mide las habilidades cognitivas de una persona en relación con su grupo de edad.

Como estándar, se considera que el CI medio en un grupo de edad es 100. Esto quiere decir que una persona con un CI de 110 está por sobre la media entre las personas de su edad. En el caso de los Coeficientes Intelectuales superiores, se observa un predominio masculino en los CI mayores de 135.

NOVIEMBRE 8

INTELIGENCIAS DIFERENTES (II)

Desde la perspectiva única del CI se supone que los hombres podrían ser considerados más inteligentes que las mujeres pero no desde la perspectiva de otros tipos de inteligencias, como la emocional, por ejemplo, donde las mujeres son notoriamente más inteligentes que los hombres.

La IE incluye habilidades como percepción de los sentimientos (propios y de las emociones del entorno), utilización de las emociones(dominar los sentimientos con el fin de facilitar una actividad cognitiva), entendimiento de las emociones(comprender el lenguaje de los sentimientos y reconocer cómo evolucionan en el tiempo) y control de las emociones (habilidad para manejar los sentimientos propios en función de las necesidades, para alcanzar las metas que se ha propuesto).

Otra diferencia a considerar es que los hombres tienen 6.5 veces más materia gris que las mujeres y las mujeres tienen 10 veces más materia blanca que los hombres. La materia gris maneja el tratamiento de la información mientras que la materia blanca establece relaciones entre datos. El cerebro del hombre luce más compartamentalizado, con áreas más separadas entre sí, comparable al Hardware de una gran computadora.

El cerebro de la mujer luce más conectado -gracias a la presencia de más materia blanca- con la apariencia de la red de redes, la Internet. Los hombres tienen mas desarrollado el hemisferio izquierdo del cerebro que es el analítico-abstracto mientras que en las mujeres el más desarrollado es el derecho donde residen la imaginación, la creatividad, la sensibilidad y la comunicación no verbal.

Hay 7 tipos de inteligencia: Lingüística, Lógica-Matemática, Interpersonal, Intrapersonal. Musical, Espacial-kinésica, Corporal-Cinestésica y Naturalista. Los hombres suelen sobresalir en los campos de las inteligencias Lógico- Matemática, Musical, Naturalista y Espacial-Kinésica, meintras que las mujeres destacan más en los ámbitos de las inteligencias Linguítica, Intrapersonal, Interpersonal y Corporal-Cinestésica. De nada vale entonces competir por responder a la pregunta "Quién es más inteligente?" porque hombres y mujeres se complementan.

NOVIEMBRE 9

CUANDO PARECE QUE YA NO HAY NADA QUE HACER

Cuando parece que ya no hay nada que hacerm Dios interviene. El remueve obstáculos del camino como el jardinero poda las ramas del árbol para que éste crezca más frondoso. 5 obstáculos pedirán a gritos una PODA y Dios entrará a tallar iniciándose el proceso de purificación para removerlos.

Estos son los 5 obstáculos que el Señor tendrá que podar en tu relación amorosa para salvarla:

P esimismo, negatividad

O rgullo

D olores del pasado

A usencia de arrepentimiento

R encor y resentimiento

El camino de la poda esel de la renuncia personal. Se trata de dejar de lado el egoísmo para salvar el matrimonio, el pacto que hicieron ante Dios. Una vez que en alguna medida se complete el proceso de la PODA, podremos ver los frutos de la misma:

P erdón

O ración

D onación, entrega generosa

A mor inconficional

R enacimiento como individuos y como pareja

Ciertamente la poda resulta dolorosa pero vale la pena.

NOVIEMBRE 10

2 VIRTUDES DE LAS PAREJAS FELICES

Hay dos grandes tipos de parejas en este mundo: las que no logran mantenerse unidas después de algún tiempo de intertarlo -y desafortunadamente son la mayoría- y las que sobreviven a las tormentas y temporales que el vivir bajo un mismo techo trae consigo.

El famoso psicólogo John Gottman ha descubierto las 2 virtudes que caracterizan a las parejas que no tiran la toalla y permanecen juntas -y felices- hasta que la muerte las separa (y que representan un 30% del total): la amabilidad y la generosidad.

Los que individualmente y como pareja practican la amabilidad y la generosidad, los que tienen actitudes más positivas el uno hacia el otro, demuestran un mejor desempeño dentro de sus relaciones que aquellos que no poseen tales virtudes.

La verdadera amabilidad es aquella que nace de manera espontánea, natural y sin ningún tipo de interés o de intención de conseguir algo a cambio. Cuando se produce esa amabilidad libre, universal y que se ejerce como valor es cuando se puede decir que el individuo que la lleva a cabo es una persona emocionalmente madura.

Altruismo, compasión y respeto son otros de los valores que hacen que una persona sea considerada amable. Por el contrario, un individuo egoísta, agresivo, violento o indiferente está lejos de ser amable.

La generosidad, por otra parte, está vinculada al hábito de dar, donar o regalar. Una persona generosa no es egoísta, sino que quiere ayudar al ser amado para que éste se sienta mejor. La generosidad aparece así relacionada a la empatía, que es la capacidad de identificarse afectiva y emocionalmente con el estado de ánimo del otro

Por el contrario, qué tipo de persona es la que resulta particularmente venenosa en una relación? De acuerdo a la investigación de Gottman, el defecto # 1 que arruina el romance es la crítica destructiva. Todos sabemos que una postura negativa nunca ayuda a vencer obstáculos. Ahora bien, cuando se trata de la relación de pareja, aquellos que se dedican a resaltar los defectos, las faltas y las fallas de sus cónyuges, son los que mayor daño le hacen a la relación.

NOVIEMBRE 11

EL DESPECHO DEMUESTRA NUESTRA FALTA DE AMOR (I)

¿Hasta dónde podemos llegar por venganza hacia nuestras ex parejas? El despecho es una respuesta emocional intensa como consecuencia de un resentimiento ante lo que consideramos un desengaño, un menosprecio o una ofensa.

¿Qué es capaz de hacer el ser humano por despecho? Pues dependerá en gran parte de sus valores, de su vida espiritual. Aquellas personas que tengan mayor madurez emocional y espiritual, trascenderán el desengaño sacando de él una enseñanza respecto a sí mismos y su relación con su ex pareja. Ahora bien, aquellos que tienden a desbordarse con facilidad, que presentan dificultades en la comunicación y que ponen el foco de atención en los defectos del otro y no en ellos mismos, tienden a incurrir en algunas conductas de autocastigo, de apatía, autoengaño, o de tratar de devolver el dolor a la persona que despertó en nosotros esa frustación y malestar emocional.

Aunque se crea que con el despecho se puede atraer la atención de la otra persona haciéndole ver loel dolor que produce, en realidad lo único que hará esto es alejarla mucho más. Debemos esperar a calmarnos y posteriormente valorar por qué nos sentimos así, qué es lo que este dolor nos está queriendo decir...

NOVIEMBRE 12

EL DESPECHO DEMUESTRA NUESTRA FALTA DE AMOR (II)

El despechado reacciona tensándose y tratando de protegerse de ese dolor haciendo creer que es más fuerte que él. Pero en realidad, lo que suele pasar es que es una careta, un escudo, porque por dentro se siente realmente desprotegido. Lo que parece existir es un perfil de las personas más proclives a la venganza. Los que tienen este tipo de actitudes tan irracionales, son personas siempre inseguras, obsesivas, manipuladoras y controladoras. Suelen presentar dos actitudes claras: el autoritarismo y la dominancia social. Es decir, guarda relación con la sensación de mantener el poder y protegerse de futuras ofensas.

Pero la emoción que desencadena el proceso no tiene porqué ser la misma, ya que no todos consideramos igual una ofensa. Cuando le preguntas a alguien porqué desea vengarse, la respuesta suele ser siempre la misma: necesito darle una salida emocional a este rencor que siento. Piensan que si devuelven con la misma moneda el dolor se sentirán liberados, pero lo que suele suceder es justamente lo contrario.

Está demostrado que aquellas personas que dejan de lado la venganza, se sienten mejor que los que la llevan a cabo. Por tanto, consejo: siempre es mejor el perdón que el rencor, lo que no quiere decir que aceptes lo que ha pasado, simplemente asumir que no lo puedes cambiar pero sí construir un presente más armonioso.

NOVIEMBRE 13

PERFIL DEL ABUSADOR DE MUJERES (I)

De cada 10 denuncias de violencia doméstica, 8 corresponden a hombres abusando de sus mujeres y solamente 2 a mujeres abusando de sus maridos. Los agresores suelen presentar con frecuencia alteraciones psicológicas tales como:

falta de control sobre la ira, dificultades en la expresión de emociones, déficits de habilidades de comunicación y de solución de problemas y cuadros clínicos bien definidos (por ejemplo, alcoholismo, trastornos de la personalidad, celos delirantes).

Es importante conocer los síntomas de alarma para cualquier precaución.

Una de las características más comunes de los hombres es su control obsesivo sobre su pareja (la encierran en la casa,por ejemplo). Se trata de hombres extremadamente machistas y que justifican la violencia para resolver los problemas con sus parejas. Son personas que han sufrido violencia familiar cuando eran chicos. Están obsesionados con ejercer poder sobre quienes los rodean: SE CREE SUPERIOR.

Tiende a poseer y utilizar armas de fuego. Sin embargo, esto no quita que cualquier objeto hogareño (cuchillos, cinturones, planchas, etc.) se pueda convertir en arma mortal. Utiliza frecuentemente el sexo, como señal de poder. Abusa de alcohol/drogas/medicamentos. Y este abuso potencia su violencia a su máxima expresión.

NOVIEMBRE 14

PERFIL DEL ABUSADOR O MALTRATADOR DE MUJERES (II)

Recomiendo tomar en cuenta las siguientes señales de alarma para reconocerlo antes de casarse con él:

El aubsador tiene dificultades para acatar normas y límites (tránsito, cola en lugares públicos). Se irrita por cualquier cosa y es impaciente.

Tiene dificultad para ejercer sus derechos sin agredir a los de los demás. Se pelea con todo el mundo.

En momentos está bien y rápidamente explota.

Frente a un conflicto reacciona de inmediato con violencia, no encuentra una posibilidad de soluciones pacíficas.

Presenta violencia hacia terceros (como empleados o gente que le brinda servicios) /mascotas/ al volante. Las mascotas pueden recibir maltratos a causa de la ira del agresor. Por su parte, el auto puede convertirse en trampa mortal para sí y terceros, ya que el hombre violento abusa del riesgo y la velocidad.

Un hombre violento siempre quiere imponer su voluntad y establece una relación con su pareja en la que uno es el que decide y otro el que obedece.

Es probable que si estás iniciando una relación con un maltratador sin saberlo, él comience a demostrar su afán de poseerte, controlarte y restringir tu vida social a través de unos celos que él justifica como válidos porque está interesado en tí y quiere "protegerte".

NOVIEMBRE 15

FASES DEL ABUSO Y PERFIL DE LA MUJER MALTRATADA (III)

La mujer maltratada suele quedarse en la relación más de lo debido porque el abusador tiene períodos de luna de miel con ella en los que promete cambiar, se muestra arrepentido y dice amarla con toda su alma.

Las fases del abuso son 3:

1) Fase de la acumulación de la tensión
2) Del episodio agudo
3) De la Luna de Miel

Según los índices de violencia, una de cada tres mujeres puede sufrir violencia a lo largo de toda su vida. Se quedan al lado del abusador por miedo, por dependencia económica o por dependencia emocional. Las mujeres que abandonan el hogar violento tienen un 75% más de riesgo de ser asesinadas por el abusador que aquellas que se quedan conviviendo. El perfil de la mujer maltratada suele corresponder al siguiente cuadro:

Su perfil es inferior al de su hombre agresor. Son personas con un nivel de autoestima muy bajo. Ellas tienen asumido el rol patriarcal de la sociedad y se sienten inferiores por el hecho de ser mujeres.

Además no ven el maltrato como algo anormal; piensan que es algo que les ocurre a muchas. Un importante porcentaje se queda al lado del maltratador porque viven en una relación de co-dependencia.

NOVIEMBRE 16

RELACION DE CO-DEPENDENCIA ENTRE MALTRATADOR Y MALTRATADA (IV)

La dependencia emocional es la necesidad afectiva extrema que algunas personas sienten en sus relaciones de pareja. Esta necesidad hace que se enganchen demasiado de las personas de las que dependen. El patrón más habitual de relación de pareja de un dependiente emocional es el de sumisión e idealización hacia el compañero, por la baja autoestima que suele tener. El tratamiento es psicoterapéutico y a largo plazo, porque la dependencia emocional es un trastorno de la personalidad en sus formas más graves (con relaciones muy tormentosas y desequilibradas).

Muchas personas (sobre todo mujeres), idealizan a su compañero, tienen una dependencia patológica de él/ella, justifican el maltrato y llegan incluso a culpabilizarse de éste. Esto se conoce como Síndrome de Estocolmo y es un estado en el que la víctima se ha identificado con el maltratador/a.

La persona dañada se vuelve codependiente de su pareja (el/la agresor/a), aún después de ser golpeada o maltratada. A veces podemos escuchar frases como "es que yo lo/la quiero mucho". Son personas que llevan años soportando golpes alegando "yo no puedo dejarlo/a porque lo/la quiero". Si lo pensamos bien es imposible querer a una persona que te trata como si fueras un animal; eso es porque se depende de ella.

NOVIEMBRE 17

EL SINDROME DE OTELO

Cuando los celos son un rasgo distintivo de la persona -y no motivados solamente por circunstancias externas- nos encontramos ante un Trastorno Paranoide de la Personalidad. Son personalidades desconfiadas y suspicaces. Son fríos, calculadores, encuentran amenazas donde no existen y creen que lo que piensan es la única verdad. Su temperamento afecta todas las áreas: social, familiar, amorosa, laboral.. El grado más extremo es el del Síndrome de Otelo, denominado celotipia, es un trastorno delirante con ideas de celos enfermizos que atrapan el pensamiento y convencen al sujeto de que la otra persona es infiel. Construye su delirio con datos irracionales y se toma su tiempo para supuestamente confirmar sus sospechas, pero raramente lo hace. Puede formar parte del trastorno delirante crónico o paranoia. También se puede encontrar en los cuadros demenciales por deterioro involuntario de la corteza cerebral y en el alcoholismo crónico.

El paciente, normalmente un hombre, está absolutamente convencido de que su pareja le es infiel sin que exista motivo real que lo justifique. Cuando se sospecha que los celos están llegando a estos grados extremos, es recomendable visitar al psiquiatra, solicitar medicación e inclusive pensar en internar al paciente para evitar que cometa alguna locura.

NOVIEMBRE 18

CUIDADO CON LA MANIPULACION SEXUAL EN EL MATRIMONIO

Son muchas las mujeres que practican la **negación del sexo** como manera de castigar al esposo, de ponerlo a **DIETA**. Otro empleo manipulador es el **uso del sexo como chantaje**. La idea en la cabeza de la mujer es la siguiente: "O me da lo que quiero y hace lo que le pido o....que se olvide del sexo por un buen tiempo!"...Craso error... Por qué no hacerlo:

1) **El marido se siente maltratado**, no respetado y no amado. El marido se siente tratado como **niño al que se manda al rincón castigado.**

2) La dieta sexual puede **abrir la puerta a la infidelidad** de la pareja debido a su insatisfacción sexual que lo vuelve más vulnerable.

3) El marido duda sobre las intenciones de la esposa cuando efectivamente le hace el amor. Lo conduce a preguntarse: Y ahora qué querrá? Lo predispone a la desconfianza porque ella ha usado el sexo como herramienta de manipulación y lo ha acostumbrado a ello.

4) **Conduce a la desconexión emocional y a que el marido termine reduciendo su apetito sexual por su esposa**. Recordemos que para el hombre el sexo en una relación comprometida es su EXPRESION DE AMOR por su mujer. Si ella no le da sexo, él se bloquea emocionalmente y progresivamente deja de quererla.

NOVIEMBRE 19

QUIEN SE DIVORCIA SIN JUSTIFICACION BIBLICA Y SE VUELVE A CASAR COMETE ADULTERIO

"Pero yo les digo que, excepto en caso de infidelidad conyugal, todo el que se divorcia de su esposa, la induce a cometer adulterio, y el que se casa con la divorciada comete adulterio también." (Mateo 5:32)

Este es un mensaje para quienes están casados y están contemplando divorciarse sin tener causa válida. Hoy la gente se quiere divorciar por un quítame esta paja. Olvidaron acaso que Dios aborrece el divorcio? (Malaquías 2:16) Los que ya se divorciaron y se volvieron a casar tienen que arrepentirse y pedir perdón a Dios. El en su infinita misericordia los perdona. Quienes somos nosotros para juzgar? Solo Dios conoce los corazones.

En el versículo de Mateo 5:32 y otros similares, Jesús está diciendo que el divorcio es lícito, solo si se comete inmoralidad sexual. Las relaciones sexuales como tales son una parte integral del vínculo marital "y serán una sola carne" (Génesis 2:24; Mateo 19:5; Efesios 5:31).

Pablo agrega la causal de abandono del hogar en 1 de Corintios 7:15 "Pero si el no creyente se separa, sepárese, pues no está el hermano o la hermana sujeto a servidumbre en semejante caso, sino que a vivir en paz nos llamó Dios"...

Otra posible causal es el abuso físico o violencia doméstica cuando consideramos que el quinto mandamiento ordena "NO MATARAS"....pero esto no está explícito en la Biblia y por ende debe ser considerado con suma cautela...Hay quienes sostienen que basta con la separación temporal de cuerpos hasta que el abusador muestre cierta recuperación gracias a un tratamiento psicológico y consejería espiritual y esté en condiciones de convivir con su cónyuge nuevamente.

Podemos resumir las tres causales de divorcio justificadas (en mayor o menor medida) como la triple A del divorcio: adulterio, abandono y abuso. Todas las otras causas no son válidas a los ojos de Dios.

NOVIEMBRE 20

GENEROSIDAD Y FELICIDAD CONYUGAL

El odio no es el antónimo del amor, lo es el egoísmo. Hay 3 factores en los cuales la generosidad sen la relación de pareja se manifiesta:

1) COMUNICACION HONESTA Y ABIERTA; PREOCUPARSE POR SABER QUE QUIERE EL OTRO, QUE LE GUSTA AL OTRO.

Las personas que saben comunicarse mejor y entender las emociones de su pareja, practicando la empatía, son más propensas a tener una vida sexual más satisfactoria.

2) FIDELIDAD BASADA EN UN FIRME COMPROMISO

Produce seguridad y sensación de estabilidad, sobre todo en la mujer, para la cual este ingrediente suele ser el más importante de la receta. Cuando el hombre entiende cuán importante es para su mujer que él le sea 100% fiel, él está siendo generoso con ella.

3) INTIMIDAD Y TERNURA DESPUES DE HACER EL AMOR

Saber que la relación es exclusiva y excluyente y que no hay ninguna otra persona en el mundo que nos conozca mejor. Se trata de expresar el amor con ternura y con palabras de afirmación.

Hacer del lecho conyugal un altar donde los esposos se consagran el uno al otro y comparten sentimientos que no le confían a nadie más.

NOVIEMBRE 21

CUIDADO CON LA ENVIDIA

"El amor no tiene envidia, el amor no es jactancioso ni se envanece" (1 de Corintios 13:4) En esencia, para que el amor sea tal, no debe sentir envidia. El concepto de envidia proviene de "Zeloo", la palabra griega que significa celos y de otro término griego que se traduce literalmente por envidia: "Phthonos" que es el sentimiento de disgusto producido al ser testigo u oír de la prosperidad de otros. Esta segunda palabra significa la envidia que desea privar al otro de lo que tiene, en tanto que el celoso desea poseer lo mismo que el otro. La envidia es obra de la carne y clara evidencia de nuestra egoísta condición hamana.

Recuérdense los ejemplos de envidia en la Biblia: los hermanos de José que lo vendieron como esclavo y el hermano mayor del hijo pródigo. El amor verdadero (del cristiano verdadero) no tiene envidia. El amor no es jactancioso, no se envanece. El apostol Pablo exhorta en Romanos 12:3: "que nadie tenga más alto concepto de sí que el que debe tener, sino que piense de sí con cordura".

Lo que debemos hacer es optar por la humildad, El amor no se jacta de nada ni se envanece porque el amor que proviene de Dios es sumamente humilde y generoso.

NOVIEMBRE 22

QUE ES MAS IMPORTANTE: TU CARRERA O TU MATRIMONIO?

Una adecuada escala de prioridades te puede salvar del divorcio! Es cierto que si nos dedicamos completamente a la familia, es muy difícil que subamos de puesto en la compañía donde trabajamos o que encontremos el tiempo suficiente para cultivar nuestro propio negocio; si nos dedicarnos de lleno a nuestro desarrollo profesional, nos quedaremos sin disfrutar de las maravillas que representan la familia y especialmente el cónyuge.

¿Aceptaríamos un extraordinario éxito profesional a cambio de una malograda vida conyugal? Si tomaste más de tres segundos para responder esta pregunta, es probable que tu escala de valores no sea la cristiana. La dedicación marital es mucho más importante que cualquier otra cosa al determinar el bienestar personal, la felicidad y la entrega al prójimo.

Si tienes un matrimonio exitoso, no importa cuántos contratiempos profesionales tengas que sobrellevar, serás razonablemente feliz y contribuirás a la felicidad de tu familia.

Si tienes un matrimonio fallido, no importa cuántos triunfos alcances; te mantendrás considerablemente insatisfecho. Lo único realmente importante que dejaremos en este mundo son nuestras parejas e hijos. Todo lo demás se descompone o se devalúa.

Y si algo he aprendido de los muchos trabajos donde he estado, es que no importa si hemos sacrificado nuestras vidas por la empresa; en tiempos de crisis económica es prácticamente imposible que esta lealtad sea recíproca. No hay nadie que en su lecho de muerte haya deseado dedicarle mas tiempo al trabajo pero SI a la familia, especialmente al cónyuge y a los hijos. Está tu dedicación al trabajo y desarrollo profesional perjudicando tu relación de pareja? Se queja tu pareja de que no tienes tiempo para ella?

Analicemos uno de los lenguajes del amor (que suele ser uno de los principales de las mujeres): TIEMPO COMPARTIDO. Cuando el marido no tiene tiempo para su mujer le dice (con hechos) que no la ama aunque le compre muchos zapatos y le pase su tarjeta de crédito para que gaste! La moraleja que obtenemos de este tema es que si nuestra prioridad después de Dios no es nuestro matrimonio, lo más probable es que perdamos la inversión más importante de nuestras vidas a corto, mediano o largo plazo.

NOVIEMBRE 23

ACEPTANDO LAS DIFERENCIAS DEL CEREBRO FEMENINO

A qué mujer no le ha pasado ir sentada al lado de su pareja mientras éste va conduciendo y después de estar dando vuelta más de media hora sin rumbo fijo tratando de encontrar una calle nos permitimos sugerirle que pare en la próxima esquina y pregunte dónde queda el lugar que estamos buscando y recibir por respuesta un prolongado silencio, el sabe que la dichosa calle tiene que estar un poco más adelante, ahí, a la derecha...

Cabezonería masculina? ¿Nerviosismo femenino? El modo en que el cerebro masculino está organizado lo hace más capaz en las percepciones espaciales, por eso se fía de su sentido de orientación e intenta encontrar su destino sin ayuda. El modo en que el cerebro femenino está organizado hace a la mujer más capaz en áreas verbales, lo cual le lleva a intentar resolver el problema por medio de la palabra. La resonancia magnética revela que las diferencias de mentalidad se deben también a que hombres y mujeres resolvemos los problemas con células diferentes del cerebro.

Las mujeres son capaces de recordar los detalles más pequeños de sus primeras citas y sus enfrentamientos mayores, mientras que sus maridos apenas recuerdan que hayan sucedido estas cosas, la estructura y la química cerebral son las responsables de que esto sea así.

En zonas tales como el lenguaje y el oído, las mujeres tienen el 11% más de neuronas que los hombres. El hipocampo, centro de formación de la emoción y la memoria es también de mayor tamaño en el cerebro femenino, lo mismo ocurre con los circuitos cerebrales para el lenguaje y la observación de las emociones de los demás. Esto explica porque, las mujeres expresan mejor las emociones y recuerdan mejor los detalles de acontecimientos emocionales. Los hombres, por el contrario, tienen dos veces y media más de espacio cerebral dedicado al impulso sexual, igual que centros cerebrales más desarrollados para la acción y la agresividad. El hombre puede pasar de cero a pelearse a puñetazos en cuestión de segundos, mientras que la mujer hará cualquier cosa por evitar el conflicto, sin embargo el stress del conflicto se registra mucho más profundamente en el cerebro femenino.

El cerebro no es nada más que una máquina de aprender dotada de talento. Si bien la biología afecta poderosamente, no esclaviza nuestra realidad, podemos alterar dicha realidad usando nuestra inteligencia y determinación tanto sea para aprobar como para cambiar cuando sea necesario.

NOVIEMBRE 24

DE LA HORMONA DEL PLACER
A LA DEL VINCULO

La etapa de obnubilamiento, la primera en toda relación amorosa, donde la dopamina está en su apogeo, debe dar paso al vínculo del amor, que es mucho más que un sentimiento, donde la oxitocina entra a tallar. Las **mujeres** emplean más la **oxitocina**, la hormona de la confianza, que además aumenta su nivel con el contacto físico y la mirada. Los **hombres** usan más la **vasopresina**, que potencia la testosterona y facilita una empatía más racionalizada, aumentando también la detección de estímulos eróticos.

La liberación de oxitocina después del orgasmo ejerce un extraordinario bloqueo del estrés. Quizás sea la más delicada de nuestras hormonas, la más privilegiada. El organismo humano la segrega tras el orgasmo y cuando circula por nuestra sangre, quedamos convertidos en juguetes arrebatados de ternura.

Las etapas químicas del amor son tres:

° Deseo: Predomina la testosterona por ello incrementan las ganas de tener contacto sexual.

° Atracción: Aquí tenemos presentes a la dopamina y la norepinefrina, se desarrolla la etapa de euforia y romance.

° Vínculo: Tenemos presencia de la oxitocina y la vasopresina, es donde la relación se vuelve mucho más estable y segura.

NOVIEMBRE 25

EN CUAL DE ESTOS 2 CUARTOS PERMANECES MAS CON TU PAREJA?

El amor de pareja tiene dos cuartos o habitaciones. Dependiendo de en cual permanezcas más tiempo, tu relación florecerá o se marchitará con el paso de los años. Imagínate que en tu casa solamente hay dos cuartos y que a cada momento tienes que decidir en cual de los dos prefieres estar: en el cuarto de LA APRECIACION o en el de LA DEPRECIACION.

Todos podemos decir de la boca para afuera que amamos a alguien pero a la hora de la prueba demostrar con acciones lo contrario. Todos podemos ponernos las gafas oscuras para mirar al otro cuando nos falla o se equivoca y entonces echarle la culpa del problema, acusándolo y atacándolo, con o sin razón, con o sin causa justificada. Todos podemos quedarnos en el cuarto de la depreciación, en la oscuridad, y hacernos la vida miserable. Es una opción, sí, pero la peor sin duda.

Es obvio que mientras más permanezcamos en el Cuarto de la Depreciación, más infelices seremos y más infelices haremos a nuestro ser amado. Cuando doblegamos nuestro orgullo y nuestro ego para reconocer que estábamos equivocados, entonces demostramos que amamos a nuestra pareja con hechos y no solo con palabras. El verdadero amor opta por instalarse en el Cuarto de la Apreciación, a pesar de lo que el otro diga o haga.

NOVIEMBRE 26

HABITANDO EN EL CUARTO DE LA APRECIACION

Qué tal si a partir de hoy decides mudarte de cuarto si últimamente has pasado la mayor parte del tiempo viviendo en la habitación que devalúa a tu pareja?

Cuando escogemos instalarnos en el cuarto de la apreciación :

1) Practicamos una actitud de colaboración

2) Aprendemos a ceder

3) Vivimos con mayor flexibilidad y menor rigidez

4) Demostramos humildad

5) Hacemos permanente énfasis en las virtudes de nuestro ser amado

6) Pensamos lo mejor de esa persona

7) La elogiamos de forma constante y sincera

8) La escuchamos con atención y disposición positiva

9) Empleamos el buen humor para responder o reaccionar en situaciones difíciles

10) La tratamos con respeto, amabilidad y paciencia, como trataríamos a la más ilustre visita que pudiéramos recibir en nuestro hogar.

Finalmente, en el Cuarto de la Apreciación aplicamos la regla de la SEGUNDA PRIORIDAD: Después de Dios, nuestro cónyuge debería ser la persona más importante en nuestras vidas. Y permaneciendo en ese cuarto, se lo demostramos con hechos.

NOVIEMBRE 27

GRACIAS POR TODO!

El cuarto jueves de noviembre se celebra en los Estados Unidos "El Día de Acción de Gracias". Siempre he creído que una de las mas bellas virtudes que un ser humano puede poseer es la gratitud.

En este gran país, *Thanksgiving* es una fecha en que las familias se reúnen alrededor del pavo y del pastel de calabaza para dar gracias a Dios por todas sus bendiciones. A un norteamericano se le ocurrió la significativa frase: "Cuenta tus bendicones" Y es cierto que debiéramos contar nuestras bendiciones, una por una... y apreciar lo que Dios ha hecho en nuestra vida.

Dicen que de todos los sentimientos humanos la gratitud es el más efímero. Y no deja de haber algo de cierto en ello. El saber agradecer es un valor en el que pocas veces se piensa. Ser agradecido es más que saber pronunciar unas palabras de forma mecánica; la gratitud es aquella actitud que nace del corazón en aprecio a lo que alguien ha hecho por nosotros.

El camino para vivir el valor del agradecimiento implica:

-Reconocer en los demás el esfuerzo por servir.

-Acostumbrarnos a dar las gracias.

-Tener pequeños detalles de atención con todas las personas: sirviendo a otros como Jesós nos enseñó.

La persona que más sirve es la que sabe ser más agradecida.

NOVIEMBRE 28

EL VALOR DE LA MISERICORDIA (I)

"Sed pues misericordiosos, como también vuestro Padre es misericordioso. No juzguéis, y no seréis juzgados: no condenéis, y no seréis condenados: perdonad, y seréis perdonados." (Lucas 6;36-37)

Misericordia es un término que proviene del latín y hace referencia a una virtud del ánimo que lleva a los seres humanos a compadecerse de las miserias ajenas. Es la actitud bondadosa que una persona muestra a otra que está atravesando por un mal momento. Es la capacidad de sentir compasión por quien sufre y brindarle apoyo. De acuerdo a las palabras de Jesús, debemos ser misericordiosos con quienes nos rodean si deseamos ser tratados del mismo modo. Cuándo fue la última vez que mostraste misericordia a tu pareja?....

"Bienaventurados los misericordiosos, porque ellos alcanzarán misericordia" (Mt 5, 7). Si el matrimonio es lugar de la misericordia divina que comporta fidelidad, compasión y sentimientos entrañables, los esposos deben vivir esta virtud guardándose permanente fidelidad, de manera tal que cuando haya tropiezos y caídas salgan al encuentro del otro en compasión, mostrándole misericordia.

NOVIEMBRE 29

EL VALOR DE LA MISERICORDIA (II)

Los esposos cristianos, revestidos de compasión, misericordia, bondad, humildad, paciencia y mansedumbre, son llamados a un ministerio propio, el de la reconciliación. Es un ministerio, un servicio de caridad, un servicio de cruz, para guardar la unidad conyugal, para permanecer en el amor de Dios y el amor incondicional del uno hacia el otro por siempre y para siempre.

La perfecta trilogía del amor-misericordia-perdón tropieza muchas veces con las limitaciones de nuestros corazones. Por eso, estamos llamados a vivir desde un amor sobrenatural, que acoge el nuestro con sus imperfecciones, lo purifica y lo eleva a un acto de caridad en el amor de Cristo.. Se convierte así en un acto de amor divino sin dejar de ser también humano. No desfallezcas, no te sientas impotente, no se trata de mostrar misericordia con tu limitado amor humano: Es Jesús quien ama a tu cónyuge a través de tí. Podría haber acaso algo mejor?....

NOVIEMBRE 30

VALORA A QUIEN AMAS MIENTRAS LO TIENES A TU LADO

Sólo Dios sabe cuánto tiempo gozarás de su compañía. Sólo Dios sabe cuándo se separarán irremediablemente. Y no porque se vayan a divorciar, sino porque uno de los dos pasará a mejor vida....Entonces te darás cuenta completamente, abriendo los ojos como nunca lo hiciste antes, cuán importante y valiosa era esa persona en tu vida, a pesar de sus problemas, carencias y defectos.

Eso me pasó a mí cuando perdí a mi amado esposo Jorge, quien partió al encuentro del Señor el 22 de julio del 2003. Un día como hoy, un 29 de noviembre, cumplía años el padre de mis 3 hijos. Numerosos son los entrañables recuerdos que guardo de él en mi corazón después de tantos años... Me queda el consuelo de saber que fuimos felices durante 28 años (24 de casados y 4 de novios) y que algún día me reuniré con él en el cielo para permanecer unidos por toda la eternidad, donde ya la muerte no podrá separarnos.

Si tú y tu pareja vivieran un día a la vez, sabiendo que la muerte es impredecible y que nadie puede garantizar la permanencia del otro por un tiempo determinado...perderían menos minutos discutiendo y se darían más besos y abrazos.

Si tú y tu cónyuge supieran que uno de los dos va a morir mañana, no desperdiciarían ni un instante ofendiéndose sino que aprovecharían cada segundo

demostrándose cuánto se aprecian y quieren....Si tú y
tu ser amado tuvieran la certeza del pronto
fallecimiento de uno de los dos, se dirían Mutuamente
cuánto se aman no una sino varias veces al día!

Por qué, entonces, no valoras lo que Dios te ha dado
mientras lo tienes?...Esta es una de las enseñanzas que
la muerte nos deja....La otra es el DESAPEGO. No es
bueno apegarse a nuestros familiares y amigos porque
no nos pertenecen. Le pertenecen a Dios. *"El
SEÑOR me dio lo que tenía y el SEÑOR me lo ha
quitado. ¡Alabado sea el nombre del SEÑOR!"*
(Job 1:21)

DICIEMBRE 1

HAZ ESTO Y REDUCE TUS PROBABILIDADES DE DIVORCIO AL 0%(I)

Hay un pueblo escondido en Italia donde la tasa de divorcios es una de las más baja de Europa y todo esto gracias al sacerdote que realiza la boda religiosa de las parejas si y sólo si cumplen con dos requisitos..El sacerdote pone como primera condición que las parejas tengan una larga preparación matrimonial en la cual se entrenen en orar juntos y que luego se comprometan a lo siguiente: Tener un lugar de la casa reservado para la oración, donde se puedan poner de rodillas y donde cuelguen un crucifijo en la pared.

La segunda condición es que cuando empiece una discusión acalorada que va escalando a pleito, uno de los dos la detenga pidiéndole a su cónyuge acompañarlo al santuario de oración. Lo ideal es que lo haga el marido por ser la cabeza del hogar. Entonces, los dos tienen que ingresar a dicho lugar o rincón del hogar en silencio, bajar el crucifijo de su lugar y ponerse a orar para pedir a Dios que brinde una solución al conflicto. Una vez que puedan discutir civilizadamente y los ánimos se hayan calmado, el crucifijo puede volver a ser colgado en la pared.

A través de este ejercicio, las parejas se dan cuenta de que Dios no ve con buenos ojos que peleen como enemigos.

DICIEMBRE 2

HAZ ESTO Y REDUCE TUS PROBABILIDADES DE DIVORCIO AL 0%(II)

Cuando el crucifijo está en el suelo, la pareja se siente responsable de resolver el problema cristiana y rápidamente para volver a elevar al Hijo de Dios al lugar que le corresponde en su hogar y en sus corazones: un lugar central, un lugar prioritario.

En la solución de conflictos, le corresponde un importantísimo rol al esposo, como líder espiritual de su mujer: "De igual manera, ustedes esposos, sean comprensivos en su vida conyugal, tratando cada uno a su esposa con respeto, ya que como mujer es más delicada, y ambos son herederos del grato don de la vida. Así nada estorbará las oraciones de ustedes."..(1 de Pedro 3:7).El apóstol Pedro le dice a los hombres en este versículo que sus oraciones no van a ser escuchadas si no saben tratar a sus esposas como a vaso más frágil. Cuando el marido escoge detener la pelea para iniciar una oración con su esposa, se comporta tal y como el apóstol Pablo se lo solicita en Efesios 5:25 "Esposos, amen a sus esposas, así como Cristo amó a la iglesia y se entregó por ella, sacrificándose por ella".

El matrimonio más feliz es el de 2 SIERVOS ENAMORADOS. Dos personas comprometidas a servir a Dios y a servirse el uno al otro en humildad, bondad y misericordia.

DICIEMBRE 3

VIAS PARA DESINTOXICAR TU RELACION
(I)

Vamos a revisar tres de gran importancia, una por día, para que puedan reflexionar conjuntamente sobre los cambios que favorecerán su relación amorosa.

1) La primera vía es cambiar la forma en que te comunicas

Todos hemos escuchado alguna vez que lo que decimos es fiel reflejo de quienes somos. "De la abundancia del corazón habla la boca" es una conocida frase que pocos saben pertenece a Jesús de Nazareth. Pero no se necesita ser un perverso delincuente para usar la lengua de manera nefasta. La mayor parte de las parejas han experimentado los dardos venenosos provenientes de la boca del ser amado y le han devuelto algunos similares o hasta peores.

Una de las trampas verbales en las que la mayor parte de parejas cae es la de describir sus situaciones en términos negativos, en base a lo que NO quieren en la relación. Por ejemplo: "Quiero que paren las peleas, que se acaben los conflictos, que termine el abuso"...

Al elegir estas palabras el contenido negativo de las mismas pone mayor énfasis en la magnitud de los problemas, -generalmente sobredimensionándolos- y disminuye por ende la esperanza.

Esas *palabras negativas* generan en sí mismas un *estado emocional de baja energía basado en el miedo* -que es una emoción negativa poderosa- que nos aplasta y perjudica tanto o más que el problema mismo. Cuando tus palabras, emociones y acciones -así como las de tu pareja- sirven para alimentar los temores y miedos de ambos, esto los mantiene estancados en un estado de *amor atrofiado* donde cada quien culpa al otro de sus vivencias negativas desde una perspectiva derrotista.

La solución?...**Implementar un cambio radical en la forma en que nos expresamos. En vez de hablar con frases que describan los problemas que deseamos resolver, comuniquemos nuestras ideas con palabras positivas centradas en soluciones:** "Quiero que conectemos más empáticamente, que nos comuniquemos de corazón a corazón..." Esto trae a la mente imágenes agradables que moldearán nuestra conducta de manera saludable.

Para crear una mejor versión de ti mismo(a) como ser humano y de tu relación amorosa, comienza hoy a cambiar tu vocabulario y el tono en el que le hablas a tu pareja. Esa persona especial merece ser tratada inclusive mejor que tu jefe, tu pariente más querido o amigo más apreciado.

DICIEMBRE 4

VIAS PARA DESINTOXICAR TU RELACION (II)

2) *Haz un compromiso de sanar primero como individuo, como requisito para construir una relación saludable.*

La sanación emocional y espiritual debe ser vista como el primer objetivo individual que repercutirá en beneficio de la relación amorosa. Mientras más sanos y felices sean cada uno de ustedes, mayores las probabilidades de que lo sean como pareja.

Ahora bien, es menester que cada quien se ocupe de su propio cambio y no ande fisgoneando en el ajeno. El que tu pareja no cambie con la rapidez y efectividad que quisieras no es excusa para que tú detengas tu proceso. Nadie puede ni debe pretender cambiar a nadie. Ocúpate de tu propio cambio y punto.

Una de las percepciones que debemos cambiar como individuos es la que asume cualquier crítica del otro como ofensa y nos coloca en posición defensiva-negativa automáticamente. Esta percepción distorsiona la realidad y la forma en que contemplamos a nuestro ser amado. Lo que diga o haga no lo hace con la mala intención de herirnos deliberadamente.

Cuando percibimos los mensajes ajenos con ojos compasivos podemos controlar nuestras reacciones y no necesitamos recurrir a ataques verbales o repliegues silenciosos (ley del hielo) para "defendernos".

Lo que el otro nos está haciendo o diciendo procede de su propio dolor, de las heridas del pasado, de sus esquemas mentales tóxicos y no están destinados en primera instancia a hacernos daño. Tomemos lo que viene de nuestra pareja como información sobre sus carencias y lo que necesita mejorar. La forma en que tú respondes o reaccionas a lo que viene de esa persona habla de quién eres. Tu paz y tranquilidad no se basan en que tus circunstancias se ajusten a tus expectativas. Tu paz y tu felicidad emanan de la estabilidad de tu espíritu, de quien eres interiormente. Ninguna otra persona puede quitártelas si tú no se lo permites. Dejemos que el otro se exprese sin reaccionar negativamente y habremos ganado la primera batalla en favor de una relación más honesta, abierta y saludable.

DICIEMBRE 5

VIAS PARA DESINTOXICAR TU RELACION (III)

He aquí el tercer mecanismo que espero sea de gran utilidad para los dos:

3. *Desarrolla tu habilidad de permanecer abierto y consciente a la percepción de las emociones vulnerables (propias y ajenas) como una fortaleza y no como una debilidad.*

Cuán diferente sería tu relación si comenzaras a percibir los antes "dolorosos ataques" de tu pareja como sus gemidos por mayor contacto e intimidad...

El giro más importante en la búsqueda de soluciones tiene que ver con el reconocimiento de que no es posible formar ninguna conexión empática con tu ser amado sin primero comprender -practicando la compasión- que *las heridas de tu pareja son tan significativas como las tuyas.*

Tu fortaleza emocional y mental es gobernada por el mismo principio de "úsalo o piérdelo" que se aplica para el cuerpo. Del mismo modo que no puedes dejar de ejercitarte con regularidad si deseas proclamar que estás en perfecta forma, de igual manera no puedes crecer con tu pareja y alcanzar una relación saludable si ambos no aprenden a sentirse cómodos exponiendo sus sentimientos vulnerables.

El abrirle el corazón al otro para mostrarse vulnerable es uno de los mayores tesoros que se obtienen como resultado de la verdadera

intimidad de pareja. Y si aprendes a escuchar sin juzgar, tu ser amado logrará llegar al punto en que esté dispuesto a desnudar su alma ante ti como no lo hizo nunca antes delante de otro ser humano....

Otra lección a considerar durante el cambio es que "resolver" los problemas o conflictos es de mucho menor valor e importancia que aprender a tratarse mutuamente con mayor compasión y dignidad en el proceso, lo que de paso ayudará a resolver los problemas y conflictos más fácil y rápidamente.

Todo cambio es doloroso pero valdrá la pena. Sus frutos serán dulces y permanentes.

DICIEMBRE 6

COMO HABLAR DE SEXO CON TU CONYUGE (I)

Para la mayoría de los esposos resulta difícil hablar de sexo, pero el asunto se complica, aún más, cuando lo que quieres decir es que la relación sexual con él o ella ya no te satisface. Comienza elogiando. No divagues. No reproches, no recrimines, no eches la culpa. Hablar de monotonía o de falta de creatividad no aclarará nada, sugiérele algún cambio **concreto, claro y directo**. ES RECOMENDABLE EXPRESARSE CON HONESTIDAD EN LA CAMA Y FUERA DE LA CAMA, EN EL MOMENTO MISMO DEL ACTO Y EN OTROS MOMENTOS FAVORABLES PARA EL DIALOGO.

Te aconsejo tomar en cuenta los siguientes 5 criterios:

1) Uno de los pilares de la complicidad , satisfacción y química sexual es la comunicación. **Cuando el otro hace algo que te gusta tu respuesta instintiva debiera ser un sonido o una palabra de placer que denota que disfrutas,** entonces el otro sabrá siempre que esa es la manera de hacerlo.

2) Es muy importante en una relación **que el otro sepa acerca de tus gustos y preferencias sexuales y también que conozca sobre tus miedos, temores e inseguridades** para que juntos puedan trabajar tanto lo bueno como lo malo, de allí la importancia de conversar acerca del tema cuando no te sientes complacido(a) en la cama.

3) **No abordes el tema justo después del acto sexual, que es un momento de vulnerabilidad**, más bien elige una ocasión en el que ambos estén a gusto y relajados para iniciar la conversación. Tampoco lo pintes como algo de vida o muerte, pues podrías poner nerviosa a tu pareja.

4) Elige un **tono de voz y una forma de hablar que invite a la conciliación, a la confianza e intimidad**. Deja de lado el nerviosismo. Tienes que hablar con calma. Usa un lenguaje directo que sea fácil de entender por el otro e intenta siempre comenzar por ti: lo que te gusta, lo que te da más placer, lo que te agradaría experimentar. Elogia primero y lanza una pregunta como ésta antes de hacer tu crítica constructiva: *Qué crees que podríamos hacer para mejorar nuestra vida sexual aún más?*

Mañana veremos el último y daremos algunos ejemplos.

DICIEMBRE 7

COMO HABLAR DE SEXO (II)

El siguiente es el quinto criterio a considerar:

5) Nada de minar la autoestima del otro,por eso **nunca vayas directo a sus defectos** sino más bien a lo que tu quisieras mejorar. Haz que parezca una invitación a explorar y no un reproche.

Presta atención a los siguientes ejemplos concretos de cómo abordar el tema. Ejemplo para las mujeres:

Empieza a decirle algo como: *No sé si te has dado cuenta pero últimamente me cuesta mucho excitarme... por eso me gustaría que intentáramos hacer algo que a mi me excita....*

Me gusta como me besas y acaricias pero vas muy rápido y quiero disfrutarlo más...

La otra noche no disfrute como tú lo que hicimos, me gustaría que lo volviéramos a intentar pero hagamos esto otro que me gusta más, please...

Preguntas que pueden hacer los hombres:

-Parece que últimamente no disfrutas tanto lo que te hago ¿Estoy haciendo algo que no te gusta?

-¿Te has dado cuenta que hemos caído en una rutina a la hora de tener relaciones sexuales? ¿Alguna vez has pensado en ser más aventurera?

Una vez que empiezas la conversación vas a ver como todo es más fácil. Lo que no se debe hacer es callar.

DICIEMBRE 8

OTRO MIEDO MASCULINO QUE PARALIZA LA VIDA SEXUAL EN EL MATRIMONIO

En nuestra reflexión del 5 de junio describimos dos temores de los hombres que afectan su satisfacción en la intimidad: la falta de experiencia y la disfunción eréctil. El tercero, y es tal vez el más común, es el miedo a la eyaculación precoz. Muchos hombres sienten pánico de eyacular antes de tiempo.

Esta situación lo frustra a él tanto como a ella, y el hombre ve cuestionada su virilidad y capacidad de ser un buen amante. La ansiedad es un factor esencial y una de las principales causas de eyaculación precoz. Un alto nivel de estrés o nerviosismo, miedo a que la pareja quede embarazada o a hacer el ridículo, pueden tener como consecuencia que el hombre pierda el control durante el coito. Si la causa de la eyaculación precoz es psicológica, la solución pasa por un entrenamiento mental ya que controlando la mente puede controlarse la precocidad.

Uno de los peores efectos de estos miedos es el círculo vicioso que se produce cuando el hombre atemorizado por su posible deficiente desempeño sexual no le hace el amor a su esposa. Como consecuencia de esta falta de práctica y falta de conexión íntima, las probabilidades de que su próximo encuentro sexual resulte frustrante serán mayores.

DICIEMBRE 9

COMO FORTALECER TU MATRIMONIO EMOCIONALMENTE

Además de gozar de intimidad sexual, es muy importante que los esposos intimidad emocional.

Este tipo de intimidad es reservada para muy pocas personas en nuestra vida porque supone hacernos vulnerables y mostrarnos al otro tal y como somos. A mayor intimidad emocional, menos secretos se guardan. A mayor intimidad emocional, mayor es el conocimiento del otro. Conocer los defectos del ser amado y aceptarlos es la prueba de un amor incondicional que tiene todas las posibilidades de perdurar. Una mujer cuyo marido le guarda secretos y no le comunica sus sentimientos no logra conectar con él sexualmente, por lo menos como él desearía, porque para ella la intimidad incluye el plano emocional.

La intimidad está basada en la confianza y la vulnerabilidad. Ser vulnerable supone estar dispuesto a ponerse en la difícil situación de abrir el corazón ante el otro, de compartir los pensamientos y sentimientos más profundos, inclusive los traumas, los miedos, las fallas personales, y caídas del pasado, confiando en que el ser amado no nos acuchillará el corazón abierto, no se burlará de nosotros ni nos criticará destructivamente. El pacto del matrimonio incluye el pacto de la confidencialidad.

DICIEMBRE 10

TIPS PARA SIMPLIFICAR TU VIVENCIA AMOROSA

Se acaba el año y todos nos proponemos hacer algo que mejore nuestras relaciones en particular y nuestras vidas en general. Aquí les regalo unos consejos muy simples y directos para ayudarlos a no perder foco:

Solo porque alguien no te ame como tú quieres, no significa que no te ame con todo su ser. Respeta y entiende que la forma de amar de tu cónyuge no es la tuya.

No te aferres a la persona que amas. Si la amas de verdad, permítele ser libre, volar con sus propias alas, crecer como ser humano.

Predica con el ejemplo. Si quieres ser amado, ama tú primero.

Dile hoy mismo a tu pareja: "Te quiero no solo por quien eres, sino por quien soy cuando estoy contigo".

Puedes ser solamente una persona para el mundo, pero para una persona tú eres el mundo.

Aprende a aceptar y respetar a tu cónyuge como "legítimo yo" en la convivencia.

No te esfuerces tanto, relájate y goza de tu relación un día a la vez. No lo planifiques todo. Sé más espontáneo. Las mejores cosas suceden cuando menos las esperas.

DICIEMBRE 11

COMO AYUDAR A TU CONYUGE
A SER MEJOR

Todos sabemos que no podemos cambiar a nuestra pareja... y mucho menos de mala manera,"a la mala"...Pero sabías que puedes ayudarla a mejorar aquellas cosas en las que está perjudicando, inclusive sin saberlo, su relación amorosa contigo?

Veamos algunas recomendaciones concretas:

Tu transformación personal le servirá de motivación para superarse.

Quieres que adelgace... Ponte tú a dieta...

Quieres que haga ejercicio?... Inscríbete tú en un gimnasio y pídele que te acompañe.

Predica con el ejemplo.

Identifica las áreas de su vida que necesitan cambio.

Define tus expectativas en cuanto a esas mejoras y cambios.

Conversa con tu ser amado a propósito de cómo "ambos" pueden superarse juntos.

Hagan una lista de objetivos concretos que permitan medir sus avances. Reconstruyan su amistad y hagan cosas juntos que demuestren el cariño que se tienen.

No critiques, no te quejes, no acuses, no ataques, no reclames. Refuerza su autoestima con elogios y dile constantemente cuánta admiración le tienes.

DICIEMBRE 12

QUE DE BUENO SALE
DE UN CORAZON PARTIDO

Todos hemos experimentado alguna vez el dolor de una ruptura, de una decepción amorosa o por lo menos de algo que nuestro ser amado dijo o hizo que nos rompió el corazón. Al principio uno no entiende qué de bueno puede salir de una situación como ésta, pero la verdad sea dicha: A mediano o largo plazo las lecciones aprendidas como resultado de tal sufrimiento serán inmensamente poderosas.

1) Nos habremos vuelto más fuertes para confrontar la adversidad y salir adelante.

2) Tendremos mayor capacidad de practicar la empatía con otras personas que padecen de un problema similar, lo que nos permitirá inclusive ayudarlas en su momento de dolor.

3) Veremos con mayor claridad nuestros propios defectos y carencias dado que el sufrimiento nos conduce a escudriñar nuestra alma.

4) Aprenderemos a ver al otro con ojos de compasión y perdón, porque ése es el único camino para vivir en paz con esa persona y con nosotros mismos.

5) Tendremos mayores posibilidades de lidiar mejor con situaciones similares en el futuro y no repetir los mismos errores.

6) Creceremos espiritualmente, porque no hay nada que purifique mejor el alma humana, -limpiándola de mezquindades-, que el sufrimiento.

7) Estaremos más cerca de Dios.

Nada pasa en vano en esta vida. Todo tiene un propósito. Aprendamos a mirar el lado positivo de los momentos negativos. Saltemos las vallas. No perdamos la esperanza. Después de cada tormenta, viene la calma. Después de la oscuridad, sale el sol cada mañana. Un nuevo año nos depara la opción de empezar de nuevo, la opción de volver a nacer.

"Ustedes deben tenerse por muy dichosos cuando se vean sometidos a pruebas de toda clase. Pues ya saben que cuando su fe es puesta a prueba, ustedes aprenden a soportar con fortaleza el sufrimiento. Pero procuren que esa fortaleza los lleve a la perfección, a la madurez plena, sin que les falte nada." (Santiago 1:2-5)

DICIEMBRE 13

COMO REVELAR A TU PAREJA TUS VERDADEROS SENTIMIENTOS

Uno de los mejores regalos que una persona puede hacerle a su pareja, potencial o presente, es expresarle sus sentimientos con sinceridad, honestidad, transparencia y autenticidad. Lo que impide a mucha gente "abrirse" al otro es el miedo al rechazo.

Pero el apóstol Juan nos recuerda que "En el amor no hay temor, sino que el perfecto amor echa fuera el temor.... De donde el que teme, no ha sido perfeccionado en el amor" (1 Juan 4:18)

El tiempo de Navidad es época perfecta para entregar el regalo de tu confianza plena. Después del amor que le tienes, ningún otro valor es más requerido para que la relación se mantenga que la confianza.

Es importante que aprendas cómo decir lo que tienes que decir. Primero considera que tu tono al hablar debe se respetuoso. Elige las palabras cuidadosamente. Piensa en lo que le vas a revelar. Luego comienza la frase con algo como esto: "Siento que ha llegado la hora de darte el regalo de un corazón vulnerable, por lo que he decidido confiar en ti y confesarte algo que tú no sabías y que considero importante que sepas....Confío en que esto quedará entre tú y yo... A nadie más le he revelado mis sentimientos sobre esto, lo que te demuestra la persona especial que eres para mí....Yo siento que...."

DICIEMBRE 14

CUANDO LA IRA PUEDE SERVIR PARA PROFUNDIZAR LA RELACION

Hay días en los que quisieras estallar y decirle a tu cónyuge sus 4 verdades, sobre todo si has ido acumulando y acumulando tensiones y frustraciones. Hay momentos en que no queda más remedio que echar para afuera esas emociones incubadas y es probable que te atrevas a decirle a tu pareja lo mal que te está tratando, lo mal que te hace sentir.

Si la ira va acompañada de crítica. quejas, ataques y acusaciones, lo más probable es que tu cónyuge no se sienta ni respetado ni amado en ese momento. Y lo que es peor, si ese tipo de reacciones se producen con relativa frecuencia, es probable que el amor que tu pareja siente por ti comience a debilitarse porque simplemente ya no se siente bien en tu presencia.

LLegará el momento en que esa persona te confronte y te diga que está contemplando la separación. Y entonces te quedarán 2 opciones: o dejarla ir o cambiar radicalmente la forma en que expresas tu ira.

El apóstol Pablo nos exhora en Efesios 4:26 "Airáos, pero no pequéis; no se ponga el sol sobre vuestro enojo", lo que significa que la ira en sí misma no es pecado, lo que nos hace pecar es la manera en la que afectamos a otros con nuestra ira.

Más aún si guardamos esa ira en nuestras mentes y corazones distanciándonos de nuestro cónyuge al darle la espalda durante toda la noche. Cómo podemos sentir ira y no pecar entonces? La primera idea a considerar es la necesidad de no herir a nuestros ser amado con nuestra ira.

Con el fin de lograr esto se puede utilizar el recurso de la huída de la conversación e inclusive huída del sitio diciéndole algo como éste: "Siento que estoy por estallar porque mi ira está creciendo y no quiero herirte. No podemos seguir hablando sobre esto ahora. Déjame calmarme, por favor"... Ahora bien, imaginemos que la calma no ha llegado aún a la hora de dormir. El cónyuge que verdaderamente ama a su pareja y tiene temor de Dios le dará las buenas noches con palabras como éstas: "Lamento seguir molesto pero deseo que sepas que mi amor por ti es el mismo de siempre... Espero que podamos hablar mañana de manera pacífica...Que descanses...." Estas palabras le quitarán a ella un gran peso de encima...y no habrá pecado.... porque el sol no se estará poniendo sobre su enojo.

DICIEMBRE 15

PASOS PARA CANALIZAR LA IRA EN PRO DE MEJORES RELACIONES HUMANAS

Si ya estás cansado (a) de explotar y lanzar tus palabras como dardos venenosos, es hora de que reconozcas que la ira se ha vuelto un hábito en tu vida, un hábito que vas a tener que cambiar radicalmente.

He aquí algunos pasos para lograrlo:

1) Cuando comiences a experimentar la ira, analiza qué es lo que sientes y por qué lo estás sintiendo.

2) Expresa esto en voz alta, diciéndotelo a ti mismo o escribiéndolo para que puedas meditar más sobre tus emociones.

3) Reconoce que las emociones que estás experimentando vienen acompañadas de otras ocultas que pueden ser las que causan tu ira: miedo, dolor y culpa.

4) Reconoce que las emociones ocultas que producen tu ira están a un nivel tan oculto que es probable que tengan relación con algún trauma de niñez o alguna experiencia amorosa traumática y que es por eso que con frecuencia no logras entender por qué reaccionas de la forma en que lo haces.

5) Reconoce que NO interesa tanto qué es lo que causa tu ira como saber QUE HACER con esas emociones, cómo controlarlas, cómo manejarlas.

Lo más importante es que las emociones negativas no te controles, sino que tú estés en condiciones de controlarlas.

6) Concéntrate ahora en los sentimientos positivos y buenos que residen en ti al lado de los malos. Vuelva tu atención hacia ellos. Deja de focalizar en lo negativo. Al lado de la culpa se encuentra el perdón. Al lado del temor se halla la fe. Al lado del fastidio se ubica el sentido del humor.

7) Respira profundo, serénate y da gracias a Dios poque tienes la posibilidad de elegir NO pecar contra tu ser amado perjudicándolo con tu ira. Decide elegir una reacción calmada, no hiriente. Con el tiempo esta práctica será natural en ti. Y entonces ya ni siquiera experimentarás la ira como emoción de desfogue de tus tensiones y frustraciones. La vida de gozo y paz que te espera como resultado de ello, al lado de tu cónyuge, bien vale la pena!

DICIEMBRE 16

POR QUE LOS HOMBRES SE RESISTEN A RECIBIR CONSEJERIA

Hoy tuve en consulta a 3 damas deseosas de salvar sus relaciones. Dos de ellas en consulta telefónica y una en persona. Esta última se quejó principalmente de falta de comunicación. El marido ecuatoriano le ha salido parco, poco comunicativo y expresivo. Llevan casi 13 años juntos pero no quiere seguir viviendo de incomprensión en incomprensión porque todos sus intentos comunicativos terminan fallando. Le expliqué cómo abordar al esposo para traerlo a la consejería. La mayor parte de hombres, sobre todo los latinos machistas, se resisten a recibir consejos de sus mujeres. La dama que me llamó por la mañana me contó el problema sexual que los aqueja: su esposo es eyaculador precoz. Tiene 45 años pero lo ha sido durante toda su vida. Dice que él ha venido sometiéndose a tratamiento con testosterona pero no le ha dado resultado. Curiosamente, el doctor no le ha recomendado Viagra. Le comenté que lo más probable es que, como he constatado en otros casos en mi consulta, el marido se masturbe viendo pornografía. Con mucha pena, ella cree que tengo razón.

La tercera dama tenía un problema menor, aparentemente más sencillo de resolver: se siente desconectada de su esposo porque él trabaja demasiado y no tiene tiempo para ella. Dos hijas del matrimonio anterior y una madre absorbente le acaparan gran parte de su tiempo libre. Y el lenguaje del amor de ella es, precisamente, "tiempo compartido": el que su marido no le da. Las tres señoras se comprometieron a traer a los esposos a mi consulta. Dios permita que lo logren porque los problemas de pareja se resuelven en pareja.

A la mayor parte de los hombres les cuesta aceptar que necesitan ayuda de un especialista. Por varias razones: Una de ellas es que reconocerlo supondría admitir que han fallado, que están mal o que no saben lo que hacen. Otra es que creen saber más sobre su problema de pareja que la especialista que los va a aconsejar (sobre todo si la profesional es mujer!) y otra excusa es que el problema no es tan grave como parece y que se solucionará solo. Pero la verdad sea dicha: Si no se solicita ayuda tiempo, las probabilidades de divorcio son sumamente altas. Es como un cáncer que se diagnostica demasiado tarde.

DICIEMBRE 17

RENOVANDO TU MENTE PARA BENEFICIO DE TI MISMO Y DE TU RELACION

Cuando tengas cierta práctica reconociendo tus sentimientos y decidiendo cuáles manifestar y cuáles no, te será cada día más fácil también enfatizar en pensamientos y sentimientos positivos hacia tu pareja, priorizando lo bueno, eligiendo focalizar en sus virtudes y no en sus defectos.

Lo mismo sucederá con tu autoestima y la percepción que tienes de ti mismo(a). Tal vez hubo una época en tu vida en la que la que creías que había algo que no funcionaba en ti. Quizás creías que habías nacido para tener mala suerte o ser un perdedor(a). Lo que no sabías es que ese tipo de pensamiento era el que estaba moldeando tu realidad, creando la mala suerte de la que te quejabas.

En Romanos 12:2, el apóstol Pablo nos alienta a no conformarnos a este mundo sino a asumir el desafío de la RENOVACION DE NUESTRA MENTE... Qué significa esto?.... Significa dejar de pensar como el mundo piensa, para cambiar nuestros pensamientos de negativos a positivos, de destructivos a edificantes, de tóxicos a saludables, de oscuros a pensamientos de luz.

Es hora de empezar a pensar y declarar con nuestros labios todo aquello de bueno, digno, encomiable y loable que esperamos para el nuevo año, con la certeza de que la fe mueve montañas y de que no hay nada imposible para Dios. El mismo Pablo nos dice que los cristianos "tenemos la mente de Cristo" (1 de Corintios 2:16) y lo afirma en tiempo presente no en futuro o condicional. El cristiano maduro que camina y vive con el Espíritu, en Su presencia, adquiere la mente de Cristo a partir del conocimiento de Las Sagradas Escrituras y de la revelación del Espíritu Santo, quien le brinda poder, sabiduría y discernimiento para elegir la puerta angosta, crucificar la carne y vivir por y para El. Por ende, para poder renovar tu mente y cosechar los beneficios de tal cambio, es imprescindible que busques a Dios como prioridad # 1 en tu vida y estudies y medites en Su Palabra.

""Entren por la puerta estrecha, porque ancha es la puerta y amplia es la senda que lleva a la perdición y muchos son los que entran por ella." (Mateo 7:13)

DICIEMBRE 18

CONDICION PARA LA RENOVACION DE LA MENTE = REDUCCION DEL EGO

El ego es algo muy arraigado en la psiquis masculina pero las mujeres también lo tienen. Del ego inflado se derivan el orgullo,la arrogancia y la terquedad. Y ninguna de estas emociones es positiva para la relación de pareja.

Hay dos estilos de vida:

1)La vida dirigida por el Ego:

Si éste es tu caso, el Ego está sentado en el trono de tu vida y Jesús está fuera de tu vida. El Ego dirige tus intereses, pero éstos siempre terminan en fracaso.

Si reconoces que tu vida ha sido conducida por el ego, es hora de hacerlo morir. "De la misma manera, también ustedes considérense muertos al pecado, pero vivos para Dios en Cristo Jesús. Por lo tanto, no permitan que el pecado reine en su cuerpo mortal, ni obedezcan a sus malos deseos.". (Romanos 6:11-13)

2) La vida dirigida por Cristo:

Jesús está sentado en el trono de tu vida y el Ego se somete a Jesús. El dirige tus intereses, y éstos resultan en una armonía con Dios.

No confíes en la carne, no confíes en tu ego, confía en el Poder del Espíritu Santo para transformarte y convertirte en una nueva creatura.

DICIEMBRE 19

COMO HACEMOS PARA CAMINAR EN EL ESPIRITU?

Las parejas que tienen un alto nivel de conexión espiritual son las que suelen presentar relaciones más estables y duraderas. Por eso es de tanta importancia que cada uno camine en el Espíritu a lo largo del día.

Para andar en el Espíritu, son necesarias tres cosas:

1.-Tenemos que fijar nuestra mente en las cosas del Espíritu.

2.-Tenemos que ceder al Espíritu.

La palabra "ceder" quiere decir "rendirse" o "cesar la resistencia a una cosa". Debemos decir ¡Sí! al Espíritu Santo, y debemos decir ¡No! a la carne. En vez de ceder a la carne, debemos darle muerte por medio del Espíritu Santo.

3.-Tenemos que confiar en el Espíritu.

No podemos vencer la carne con nuestra propia fuerza. Es el Espíritu Santo quien vence a la carne y Él hace esto conforme confiamos en Él. A medida que dependemos de Él, Él produce la vida de Cristo en nosotros y la vida de Cristo vence a la carne.

El Espíritu Santo no solamente lucha contra la carne, sino que hace algo más: nos regala la mente de Cristo. La Biblia nos dice cómo se manifiesta esa vida: ". . . el fruto del Espíritu es amor, gozo, paz, paciencia, benignidad, bondad, fe, mansedumbre y dominio propio" (Gálatas 5:22-23).

DICIEMBRE 20

AMOR SACRIFICADO

Recientemente tuve a un caballero en consulta que vino hoy a contarme la tristeza de un matrimonio en yugo desigual.

El recibió a Jesús como su Salvador personal hace como un año pero ella mantiene una terquedad absoluta en su negativa de acompañarlo. Ni siquiera deja que lleve a los hijos a la iglesia.

Este hombre profesional y de buen corazón ha contemplado la idea de divorciarse de su esposa de 20 años y creo que venía a verme para que le diera mi venia. Pero no lo pude alentar a ello. Le pedí que practique el amor sacrificado que el apóstol Pablo demanda a los esposos en Efesios 5:35. Que ore por ella, que la invite a hacer un devocional diario y un Estudio Bíblico semanal con él y que confíe en que el Señor actuará y en que su amor dará frutos, para beneficio no solo de su matrimonio, sino también de sus hijos.

La esperanza que un hombre cristiano abriga es que si él lleva a su esposa al encuentro con Jesucristo, estará cumpliendo con su rol de esposo, de líder espiritual de su mujer. Mas difícil resulta la posición de la mujer creyente casada con un no-creyente, quien en su rol de ayuda idónea debe contentarse con orar por él y demostrarle los frutos del espírotu en su vida diaria, con su conducta casta y respetuosa. (1 de Pedro 3:2)

DICIEMBRE 21

PERDONAR NO ES DAR LICENCIA PARA VOLVER A PECAR

Muchas personas temen que al perdonar le van a dar a la otra persona el poder de seguirlas ofendiendo, o que se van a rebajar o humillar. Sin embargo, es importante saber que: Perdonar no es aceptar lo inaceptable ni justificar males como maltratos, abusos o infidelidades. Perdonar es liberarse de los sentimientos negativos y destructivos, tales como el rencor, la rabia, la indignación, que un mal padecido nos despertó y optar por entender que está en mis manos agregarle sufrimiento al daño recibido o poner el problema donde debe situarse: en la limitación que tuvo mi cónyuge de amar mejor, en una determinada circunstancia.

Perdonar es poder mirar a mi cónyuge y sus acciones negativas, con el realismo y la misericordia propias de Dios que, sin desconocer nuestras faltas, no nos identifica con el pecado y nos da la ocasión de ser mejores.

Mientras con el odio y el rencor quedamos atados al mal que nos han hecho y estancamos la relación concentrándonos sólo en el error cometido y el dolor que una determinada acción nos causó, el perdón nos da la oportunidad de ver la falta como un error real pero sin la carga emocional que nos daña. Entonces, además de recuperar la paz, recobramos la lucidez para evaluar el daño en su dimensión real y tomar las medidas necesarias frente a la relación.

Porque soy yo mismo(a) quien es responsable de producir la rabia o el odio y de aferrarme a ellos. La rabia, es una forma de satisfacer el ego herido. Porque mi cónyuge es mucho más que su error. Sin querer justificar su falta,queda claro que detrás de su acción hay un niño o niña herido (a) por los condicionamientos de su pasado, pidiéndonos, a través de su rabia, violencia o agresión, que lo auxiliemos, lo amemos, lo respetemos.

Es claro igualmente que si mi cónyuge me entregó un día su vida en matrimonio es porque me ama y que por tanto, lo más seguro es que su equivocación no fue deliberada sino el fruto de sus limitaciones como ser humano en proceso. Porque amar al cónyuge supone aceptar que es limitado, imperfecto y pecador y renunciar a las expectativas a cambio de aceptar su realidad y buena voluntad de hacer lo mejor posible.

DICIEMBRE 22

CUAL ES LA DIFERENCIA ENTRE EL PERDON Y LA RECONCILIACION?

Mientras el perdón es una decisión de cada persona, al interior de su propio corazón, la reconciliación supone la recuperación de la relación entre los dos. Lo ideal es por tanto que, una vez me libere de la rabia, nos dispongamos juntos a analizar el daño y buscar, en la medida de lo posible, una reparación.

Dicha reparación supone que el ofensor reconozca su error, valore el efecto de lo que causó y pida perdón. El ofendido debe entonces igualmente aceptar las disculpas y ofrecer su perdón como base para iniciar de nuevo una relación, sin rabia ni rencores, pero sabiendo que hay mucho trabajo en conjunto que realizar. Mientras exista por tanto la voluntad de cambiar y la sensibilidad para aceptar las propias limitaciones y lo que ellas pueden causar, el perdón y la reconciliación serán posibles.

Esta oferta de perdón y reconciliación no debe sin embargo ser forzada con manipulaciones como "si me amas realmente debes..."; tampoco con presiones como: "yo he hecho mucho por ti, por tanto tú....". No. La oferta del perdón debe ser gratis y la reconciliación un acto que los dos ofrecen y se comprometen de manera igualmente gratuita a realizar, porque nace del deseo de seguir amando y del dolor de haber herido al otro, sin pretenderlo o sin saberlo.

481

DICIEMBRE 23

EL PODER DE PEDIR PERDON
EN NAVIDAD

No hay mejor regalo que le podamos dar a nuestros hijos en Navidad que el don de la reconciliación familiar. Nuestros niños no pueden ser felices si sus padres se ignoran o se pelean como perros y gatos delante de ellos.

Es hora de hacer algo que marque la diferencia de esta Navidad con respecto a las anteriores. Y he aquí mi sugerencia: Cuando todos estén reunidos, antes o después de la Cena de Nochebuena, pide un minuto de atención a los presentes para que la petición de perdón sea pública. Cuando Jesús perdonaba los pecados de quienes le pedían sanación, lo hacía en público. Cuando todo el mundo esté callado escuchando lo que vas a decir, te diriges al lugar de tu cónyuge, le tomas las manos y mirándole a los ojos, le dices algo como esto: "Desde lo más profundo de mi corazón te pido perdón por las veces que durante el año que termina dije o hice algo que te hirió. Lo lamento mucho. Te ruego me perdones. Voy a intentar cambiar durante el 2015 por tí, por nuestra familia, por mi mismo y sobre todo por Dios.Te amo mucho... Perdóname, por favor". Y luego sellas el precioso momento con un fuerte y prolongado abrazo.

DICIEMBRE 24

RESTAURANDO RELACIONES
EN NAVIDAD

Todos sabemos que la Navidad es una época propicia para expresar amor, afecto y ternura hacia nuestros seres queridos y también es una época muy propicia para pedir perdón. Pero aunque todos sabemos esto en teoría, muy pocos lo hacemos en la práctica...qué hay que hacer para perdonar esta Navidad?

Para restaurar una relación tienes que estar dispuesto a admitir tu falta, estar dispuesto a decir "lo siento" "He pecado contra ti y contra Dios" Estar dispuesto a arrepentirse y no volver a cometer el mismo pecado otra vez. Las ofensas provenientes de nuestros seres queridos suelen doler más porque, al daño recibido se le suma el sentimiento de haber sido de alguna manera traicionados en nuestra confianza, nuestros afectos o nuestras expectativas.

Por eso los errores entre esposos tienden a convertirse no sólo en "problemas por resolver" sino en "dolores del corazón" que amenazan la relación misma y que hacen hasta dudar del amor. Muchas parejas empiezan así por preguntarse: ¿pero cómo pudo hacerme esto? ¿Cómo a mí que tanto lo quiero, o que tanto he hecho o dado por él o por ella?

Lo primero que debemos entender es que toda persona se equivoca pues está siempre en proceso de aprender y desarrollarse.

Y tu cónyuge no es la excepción. Además, muchas de las limitaciones de los adultos para expresar el amor, como se debiera, provienen de las heridas emocionales que esa persona recibió en su infancia. Por eso, lo más probable es que detrás de los errores de tu pareja hay un niño o una niña herida que todavía debe crecer. Las personas con heridas hieren a otras personas.

Paz y amor se dan la mano en gran forma en la vivencia de la fiesta de Navidad. Por ser el amor el mandato supremo del Señor, es la ley fundamental de la perfección humana, y por lo tanto de la transformación del mundo. En el centro del concepto de amor se encuentra el concepto de COMPASION, la compasión bien entendida de quien sabe que el otro le va a fallar tarde o temprano y que no castiga cuando el otro falla sino que soporta con humildad y paciencia.

DICIEMBRE 25

LA LECCION DEL PESEBRE

Por qué Jesús tuvo que nacer en un pesebre? Qué significa, qué mensaje nos estaba dando Dios padre con este hecho?...

Es verdad que Jesucristo, el Hijo de Dios, nació en una situación inusual. Jesús nació en un establo (con el olor de los animales y del guano, y no con hojas de pino y galletas de Navidad), arropado con tiras de trapos comunes (posiblemente la ropa interior de sus padres). Un pesebre es un comedero con la baba de animales y pedazos de paja masticada.

Él nació en medio de una escándalo de aparente ilegitimidad. José y María estaban comprometidos, pero no casados. Por supuesto ella estaba embarazada por el Espíritu Santo, pero la mayoría de la gente creía que María se había quedado embarazada al tener relaciones sexuales antes del matrimonio con José o con otro hombre. Este en gran parte es el escenario de este nacimiento (y tal vez la razón de porqué nadie les dio alojamiento), y fue algo que continuó fastidiando a Jesús a través de toda su vida.

Es asombroso constatar que Dios prefirió el camino de lo simple, lo sencillo, lo modesto, el camino de la humildad absoluta para nacer....como un anticipo de lo que sería su humildad en su ministerio y en su muerte de cruz... La misma humildad aparece con el anuncio de los ángeles a los pastores, quienes fueron los primeros en visitar a Jesús recién nacido. Ellos eran la escoria de la sociedad judía. Los pastores no eran precisamente los que tenían el control político, económico ni cultural de Israel.

Dios hizo que su Hijo naciera de esta manera – y Jesús aceptó que esto fuera de esta manera. Asi como Dios soberanamente a traves del censo Romano cumplió la profecía de Micah acerca del lugar de nacimiento de Jesús, asi también soberanamente orquestó estos detalles. El nacimiento de Jesús, al igual que cualquier otro aspecto de su vida y muerte, eran parte de un plan determinado por Dios (Hechos 2:23). Jesús también estaba involucrado en esta elección. A diferencia del resto de nosotros, los cuales no tenemos elección a cerca de las condiciones de nuestro nacimiento, Jesús existía previamente a su nacimiento y eligió nacer de esta manera, dándonos una clara señal del PODER REDENTOR DE LA HUMILDAD.

DICIEMBRE 26

SEIS PASOS PARA RESTAURAR TU MATRIMONIO

1 - Decida vivir para siempre con su cónyuge: Ustedes No se van a divorciar.

El divorcio no es una opción. El divorcio debe ser una palabra inexistente en su relación. Entienda que usted asumió un compromiso ante Dios. Su cónyuge merece una atención exclusiva, dedíquele su esfuerzo, su atención, su amor y su tiempo.

2 - Decida hacer de esta relación la mejor y mas importante de su vida

Cambie su manera de pensar. Reprográmese, no permita que otros matrimonios que fallaron dicten el futuro del suyo. Decida no ser como la mayoría. Invierta en su matrimonio lo que sea necesario, libros, seminarios... Decida también que será un mejor cónyuge. Amar es una decisión.

3 - Demuestre el amor en la práctica

Haga lo mismo que cuando eran novios. Amar es dar. Para recibir, primero es necesario dar. Invierta en su conyuge. Las palabras de cariño, declaraciones, caricias, besos, tiempo de calidad... Invierta en acciones que demuestran afecto e interés. Eleve el espíritu uno del otro, transmita la paz. Trate su conyuge con honor, con amor, con dignidad, como un igual y Dios contestará sus oraciones.

4 - Practique el perdón divino

No espere que su cónyuge sea perfecto   Jesús nos amó cuando nosotros éramos pecadores. No guarde amargura.   No duerma sin perdonar

5 - Crea que Dios tiene un plan para su vida y para la vida de su cónyuge

Dios conoció su cónyuge mucho antes que usted Dios ama a su pareja. ¿Si él o ella es tan importante para Dios, porque no lo es para usted?   Véalo(a) con los ojos de Dios .

6 - Disfruten el uno del otro

Cuando las barreras de la expectativa desaparecen, cuando usted   esforzarse para mejorar su relación, cuando usted lo acepta como él que es, como Dios que lo hizo, ahora sólo hay una cosa que hacer...   Sean una sola carne .

DICIEMBRE 27

RENOVANDO TUS VOTOS MATRIMONIALES (I)

Una idea muy bella e inspiradora para el 31 de diciembre o el primero de enero es la de la renovación de los votos matrimoniales, en público o en privado.

Una razón muy conmovedora por la que algunas parejas deciden renovar sus votos matrimoniales es después de recuperarse de una grieta que tenía el potencial de poner fin al matrimonio. En este caso, recitar los votos no es algo meramente simbólico, sino que conlleva la renovación del compromiso con la relación. También puede ser visto como un nuevo comienzo para el matrimonio, una manera de poner el pasado atrás. A menudo, la inestabilidad de la unión no era ningún secreto para cualquiera de los amigos de la pareja o familiares. Cuando este es el caso, es aconsejable limitar la celebración de renovación de votos a la familia inmediata que realmente puede ser de apoyo al marido y la esposa en el compromiso de sanar su matrimonio.

Cuando dos personas se casan, Dios está presente como testigo de esa ceremonia, sellándola con la palabra más fuerte: pacto. Un «pacto» nos habla de fidelidad y de un compromiso duradero. Es como si Dios se convirtiera en centinela del matrimonio, para bendición o juicio.

DICIEMBRE 28

RENOVANDO TUS VOTOS
MATRIMONIALES (II)

La acción de renovar los votos matrimoniales consiste en el hecho de que la pareja quiera reafirmar su compromiso y fortalecer su relación.

Te regalo un texto de promesas de amor para que te inspires y le pidas a tu pareja dar el paso cuando cumplan su aniversario:

"Este es el sueño que es el compartimos...
El que queremos cuidar a través de los años...
El que hablará por nosotros, más que toda palabra...
El que nos reencontrará a través de cualquier distancia...
Este es el sueño que compartimos, y se llama Amor."
Dios nos eligió el uno para el otro.
Dios juntó nuestras manos y nos señaló el camino, nosotros unimos nuestras vidas y lo recorreremos con amor y fe."

Un pacto es una alianza, un tratado, un acuerdo, un compromiso.

Nunca es demasiado tarde o demasiado temprano para renovarlo.

DICIEMBRE 29

DECLARACIONES PARA AMAR MAS EN EL NUEVO AÑO

Me abro al amor en todas sus manifestaciones y formas, especialmente al amor de pareja

Declaro que mi cónyuge ha sido elegido por Dios para mí y que por tanto lo honro, amo, respeto y valoro como a nadie más después de Dios.

Reclamo la sabiduría del Espíritu Santo para saber reaccionar ante las situaciones difíciles que se puedan presentar.

Retiro cualquier barrera u obstáculo que pueda interponerse en nuestro camino.

Acepto los defectos y limitaciones de mi ser amado sabiendo que me va a fallar, aunque no lo desee, y que deberé estar preparado(a) para perdonarlo.

Acepto inclusive el sufrimiento que mi entrega al amor pueda traer consigo,porque el sufrimiento refina y purifica mi alma para mi futura pareja y para la convivencia en armonía con otros seres humanos.

Mi meta para este año es la paz interior y la superación espiritual para amar como Dios quiere que ame.

Abro mis brazos y mi corazón al amor.

Amo y soy amado(a) incondicionalmente.

Amen.

DICIEMBRE 30

AÑO NUEVO = VIDA NUEVA

Qué bueno sería si todos nos tomáramos en serio esta frasecita. Nada mejor que empezar de cero después de un año que no resultó lo que hubiéramos querido. Pero más importante aún es reconocer nuestra necesidad de VOLVER A NACER cuando la forma en la que hemos estado viviendo no es la que agrada a Dios, cuando nos hemos alejado de El y sufrimos las consecuencias de dicha separación.

Los cristianos creemos que la verdadera vida, la vida del espíritu, empieza cuando morimos a la carne y vivimos en El Espíritu. El mismo Jesús se lo dijo a Nicodemo, un rico fariseo, maestro en Israel y miembro del Sanedrín. "Había un fariseo llamado Nicodemo, que era un hombre importante entre los judíos. Éste fue de noche a visitar a Jesús, y le dijo: — Maestro, sabemos que Dios te ha enviado a enseñarnos, porque nadie podría hacer los milagros que tú haces, si Dios no estuviera con él. Jesús le dijo: —Te aseguro que el que no nace de nuevo, no puede ver el reino de Dios... el que no nace de agua y del Espíritu, no puede entrar en el reino de Dios. Lo que nace de padres humanos, es humano; lo que nace del Espíritu, es espíritu." (Juan 3:1-6)

En otro pasaje del Nuevo Testamento Jesós declaró que cualquiera que cree en El nunca morirá sino que tendrá vida eterna....Por tanto, cuando naces de nuevo, cuando crucificamos la carne y nacemos a la vida del Espíritu, gozamos de la mayor de las recompensas posibles: la vida eterna. Entregando nuestra vida a Jesús, reconociendo que El es el hijo de Dios, nuestro Señor y Salvador, no sólo accedemos a la promesa de la vida eterna, sino que también gozamos de una vida plena en este mundo, porque vivir en el Espíritu es mil veces mejor que vivir en la carne. Porque "El enemigo no viene más que a robar, matar y destruir; mientras que Yo he venido para que tengan vida, y la tengan en abundancia." (Juan 10:10)

La vida eterna está disponible para nosotros desde el momento en que VOLVEMOS A NACER, como Jesús le explicó a Nicodemo, quien era un hombre que creía cumplir todos los mandamientos. Podemos experimentar la RESURRECCION en el presente cuando dejamos morir el hombre viejo para nacer a una VIDA NUEVA EN EL ESPIRITU. Mi oración por ti es que aceptes a Jesucristo como tu Salvador personal -si todavía no lo has hecho- para que El te enseñe el camino. Sólo El tiene el poder de cambiarte radicalmente si deseas ser cambiado. "Yo soy el camino, y la verdad, y la vida; y nadie viene al Padre, sino es por Mí." (Juan 14:6).

DICIEMBRE 31

PROPOSITOS DE PAREJA
PARA EL AÑO NUEVO

Nada mejor que el inicio de un nuevo año para hacer ajustes en la relación, escribiendo LOS PROPOSITOS DE PAREJA PARA EL AÑO NUEVO. Estos se pueden escribir, a manera de "brain storming" (lluvia de ideas) antes de que termine el 31 de diciembre o durante el mismo 1 de enero.

Lo ideal es dividir los propósitos en áreas para hacerlos más prácticos y aterrizados. Sugiero áreas como las siguientes: Comunicación, Sexo, Finanzas, Manifestaciones de Afecto, Relación con la familia extendida, etc. conversan entre los dos, los redactan y luego imprimen una copia para cada uno, para tenerlos presentes en un lugar visible. Nunca es demasiado tarde para darle un buen empujón a la relación de pareja...para beneficio de ambos y de quienes desean verlos felices.

Cerremos el año con una oración para leer a dos voces:

Padre Celestial, dueño del tiempo y de la eternidad. Tuyo es el hoy y el mañana, el pasado y el futuro. Al empezar un año más, detenemos nuestra vida ante el nuevo calendario, aun sin estrenar, y te presentamos estos días que solo Tú sabes si llegaremos a vivir.

Te pedimos nos des Tu paz y Tu gozo, fuerza y prudencia, claridad y sabiduría, paciencia y dominio propio para el año venidero. Queremos vivir cada día con optimismo y bondad, llevando a todas partes un corazón lleno de compresión y paz.

Que nuestro espíritu se llene solo de bendiciones y las derramemos a nuestro paso.

Renueva nuestro amor y fortalécelo. Cólmanos de bondad y de alegría para que cuantos se acerquen a nosotros, encuentren en nuestras vidas un poquito de Ti. Danos un año feliz y enséñanos a repartir felicidad. En el nombre de tu hijo Jesucristo nuestro Señor. Amen.

CECILIA ALEGRIA

La escritora y periodista, consejera de parejas, love & life coach, conferencista internacional, profesora universitaria y conductora de radio y TV, destaca en los medios latinos en Miami -donde se la conoce como La Doctora Amor- dando consejos sobre cómo triunfar en el terreno amoroso y ayudando a miles de parejas a resolver sus problemas.

Tiene otros 5 libros publicados: "Comunicación Afectiva=Comunicación Afectiva" (Espasa Calpe, España, 2000). "120 preguntas y respuestas para ser mejores personas"(Editorial Norma, Colombia,2004), "Secretos para encontrar pareja en Internet"(Editorial Aguilar, Argentina, 2009) , "No hay amor más grande" (Editorial Aragón,USA,2012) y "Mucho amor con harto palo"(Editorial Aragón, Miami, 2014).

Desde su mudanza a los Estados Unidos en agosto del 2003, ha combinado sus presentaciones en los medios de comunicación con la consejería privada y la realización de eventos como sus terapias grupales para mujeres, seminarios para parejas, talleres para solteros y conferencias internacionales sobre temas de su especialidad .